Praxisleitfaden

Dysphagie

Diagnostik und Therapie von Schluckstörungen

Herausgeber: Mario Prosiegel

A.J. Dormann, P. Emmerling, H. Feussner, C. Hannig, W. Herbst, I. Högl, W. Kauer, A. Kwetkat, M. Prosiegel, A. Schelling, P. Schomerus, B. Sönnichsen, E. Wagner-Sonntag, A. Wuttge-Hannig

1. Auflage 2002 · ISBN 3-922298-21-4

Printed in Germany · Verlag Hygieneplan, Bad Homburg 2002

Ein Buch von Fresenius Kabi, Bad Homburg

Inhaltsverzeichnis

Vorwort des Herausgebers

Der Entschluss, dieses Buch über Schluckstörungen in Angriff zu nehmen, hatte mehrere Gründe:

- Im Jahre 2000 wurde durch Vertreter des Bayerischen Sozialministeriums am Neurologischen Krankenhaus München die *Akademie für Schlucktherapie und Schlucktherapieforschung bei Patienten mit neurologischen Erkrankungen (AST)* eröffnet. Bei zahlreichen Seminaren dieser Akademie war der Wunsch der Teilnehmer unverkennbar, die vermittelten theoretischen und praktischen Kurs-Inhalte auch nachlesen zu können.

- Im Bereich Schlucktherapie besteht in Deutschland immer noch ein gewisser Nachholbedarf, etwa verglichen mit der Situation in den USA. Unter anderem wegen der zunehmenden Zahl von Stroke Units bzw. neurologischer/neurochirurgischer Frührehabilitationseinrichtungen in unserem Land wird einer optimalen Dysphagie-Diagnostik und -Therapie aber eine immer wichtigere Rolle zukommen.

- Schließlich wurde das Vorgehen in der Schlucktherapie bis vor nicht all zu langer Zeit mitunter von (dogmatisch vertretenen) „Schlucktherapie-Schulen“ bestimmt. Inzwischen hat erfreulicherweise eine „Öffnung“ der Therapeuten für evidenz-basierte Verfahren stattgefunden; auch werden Methoden der Diagnostik und der Therapie zunehmend kritisch hinterfragt.

Daher sind wir es den uns anvertrauten Patientinnen und Patienten schuldig, dass wir – natürlich nur soweit es möglich ist – diagnostische und therapeutische Verfahren einsetzen, deren Effizienz überprüft ist oder von denen zumindest auf Grund der individuellen Erfahrungen und pathophysiologischer Überlegungen eine Wirksamkeit wahrscheinlich ist. Das bedeutet aber nicht, dass dieses Buch Leitlinien im streng wissenschaftlichen Sinn enthält. Vielmehr wurde von allen Autorinnen und Autoren der Versuch unternommen – auf der Basis der eigenen Erfahrung, der wissenschaftlichen Literatur und vor allem des interdisziplinären Denkens und Handels –, den derzeitigen Kenntnisstand im Dysphagiebereich im Sinne von *Empfehlungen* weiterzugeben.

Zu allererst sei dafür allen Autorinnen und Autoren der unterschiedlichsten Fachdisziplinen herzlichst gedankt.

Besonderer Dank gilt meinen beiden Sekretärinnen Frau Angela Geißler und Frau Hildegard Tokmaschi für die große Hilfe bei der Anfertigung und beim Einscannen der Abbildungen, bei der Zusammenstellung des Gesamtmanuskripts sowie für das häufige und geduldige Korrekturlesen bzw. das wiederholte Korrigieren.

Dem Bayerischen Sozialministerium, insbesondere Herrn Ministerialdirigent Dr. Knorr, möchte ich dafür danken, dass es den Aufbau der Schluckakademie an unserem Hause – und damit eine wichtige Fortbildungsstätte und die Geburtsstätte dieses Buches – sowie eine angegliederte

Selbsthilfegruppe in unbürokratischer Weise inhaltlich sehr engagiert unterstützt hat und weiterhin unterstützt.

Schließlich gilt mein ganz besonderer Dank der Firma Fresenius Kabi für die großzügige Unterstützung des interdisziplinären Unterfangens. Ohne sie hätte dieser „Praxisleitfaden Dysphagie" nicht in der kurzen Zeit und auch nicht in der, wie ich finde, gelungenen „Aufmachung" entstehen können.

Wir haben uns bemüht, die Kapitel möglichst praxisbezogen und gut verständlich abzufassen. Ich hoffe sehr, dass es uns dabei gelungen ist, dem Anfänger den Einstieg in das Dysphagiegebiet zu erleichtern und dem Fortgeschrittenen die Möglichkeit zur Wiederholung bzw. Vertiefung bestimmter Teilbereiche dieser faszinierenden Materie zu bieten.

Gerade weil es sich um die erste Auflage handelt, spreche ich im Namen aller Autorinnen und Autoren sowie des Verlages, wenn ich um konstruktive Kritik und möglichst viele Anregungen bitte.

Möge dieses Buch den Leserinnen und Lesern Spaß bereiten und sich auf das Wohlergehen der betroffenen Patientinnen und Patienten positiv auswirken.

Mario Prosiegel im Namen aller Autorinnen und Autoren
München, 2002

Einleitung

Michaela Heintze und Felicitas Koch

„Essen und Trinken hält Leib und Seele zusammen." Wer würde diesem Sprichwort nicht zustimmen? Was aber, wenn Essen und Trinken nicht mehr normal funktionieren, wenn man plötzlich Probleme damit hat oder sogar überhaupt nicht mehr schlucken kann? Schon bei leichteren Schluckstörungen kann es sehr schwierig sein, unter niedergelassenen Ärzten und Therapeuten jemanden zu finden, der das Problem erkennt und dann über die entsprechenden diagnostischen Verfahren und das therapeutische Know-how verfügt. Zwar hat das Wissen über die Dysphagie und ihr häufiges Vorkommen in den letzten Jahren deutlich zugenommen, gehört jedoch bei weitem noch nicht zum Standard. Der Ausspruch „Da kann man nichts machen, damit müssen sie leben" ist leider keine Seltenheit. So kann es für viele Patienten zu einer langen Suche nach der Ursache des Problems kommen und der Alltag zum Albtraum werden. Nahrung, die im Hals stecken bleibt, Hustenattacken, länger zu essen als alle anderen – dies jemandem zu erklären, ist fast unmöglich. Essen und Trinken – das kann man, das ist selbstverständlich, darüber wird nicht nachgedacht. Nicht normal essen und trinken zu können, ist nicht gesellschaftsfähig. Man schämt sich selbst vor engen Angehörigen. Die ständige Konfrontation mit der eigenen Unfähigkeit und das Nicht-Verstanden-Werden führen häufig zur Vermeidung von Essen in Gesellschaft. Viele Dysphagiebetroffene leiden daher unter Isolation und seelischen Belastungen.

Bei Schluckstörungen auf Grund schwerer Erkrankungen, die einen Krankenhausaufenthalt erfordern, kann der Patient Glück haben, an Ärzte und Therapeuten zu geraten, die sowohl über diagnostische als auch über therapeutische Kenntnisse im Bereich der Dysphagie verfügen. Aus medizinischer Sicht stehen die gesundheitlichen Risiken bei der Nahrungsaufnahme im Vordergrund. Schluckbeschwerden können immer eine akute gesundheitliche Beeinträchtigung bis hin zur Lebensgefahr durch Steckenbleiben eines Speisebolus in der Luftröhre bedeuten. Dies ist jedoch den Patienten selbst in den wenigsten Fällen bewusst – meist erst nach intensiver Aufklärung durch den geschulten Diagnostiker. Wenn Gefährdung oder Verlust der *Gesundheit* auf dem Spiel stehen, wird dem Betroffenen möglicherweise die Nahrung künstlich zugeführt. Die Beeinträchtigung oder der Verlust von *elementaren Lebensqualitäten* wird zwar erkannt und die Wiederherstellung derselben als Therapieziel definiert, aber vom medizinisch/therapeutischen Standpunkt aus ist schon ein Erfolg gegeben, wenn sich die Schluckfunktion des Patienten verbessert, er also weniger oder überhaupt nicht mehr abhängig von der Ernährungssonde und – falls vorhanden – von der Trachealkanüle ist. Oft müssen unsere Patienten jedoch mit einer Restsymptomatik leben. Wie z.B. ein 52-jähriger Patient, der 10 Jahre lang ausschließlich über eine nasogastrale Sonde ernährt war. Nach jahrelangen erfolglosen Therapieversuchen konnte er nach 6-monatiger funktioneller Schlucktherapie in unserer Klinik voll oral ernährt entlassen werden. Zwar musste er konsequent eine aufwändige Schlucktechnik anwenden, die bei jeder Mahlzeit viel Disziplin und Kraft erforderte, dennoch war er froh, nicht mehr von der Ernährungssonde abhängig zu sein. Auch andere Patienten müssen sich damit abfinden, dass (zumindest für einen längeren Zeitraum) die Einnahme der Mahlzeiten den Tagesablauf bestimmt. Was, wann, wo, wie viel und wie lange gegessen und getrunken werden kann, muss sorgfältig bedacht und organisiert werden. „Kaum bin ich mit dem Frühstück fertig, muss ich schon wieder an das Mittagessen denken. Eigentlich macht es keinen Spaß, aber ich esse, weil ich essen muss!" Dass Essen und Trinken ein *elementares Grundbedürfnis* ist, wird erst demjenigen wirklich bewusst, der darauf eine Zeit lang verzichten muss.

Bei mehr als der Hälfte unserer Patienten kann sich glücklicherweise mit Hilfe einer kompetenten und konsequenten Diagnostik und Therapie die orale Nahrungsaufnahme wieder völlig normalisieren. Auf dem Weg dorthin schreibt z.B. eine 37-jährige Patientin ein halbes Jahr nach einer schweren kanülenpflichtigen Schluckstörung: „Die ersten Löffel Apfelmus waren eine Offenbarung, obwohl ich früher Obst und Pudding nie anrührte. Viel zu süß. Aber nach drei Monaten nur Sonde schmeckt alles lecker".

Selbst wenn eine Restsymptomatik zurückbleibt und die alte Lebensqualität des Patienten nicht wieder vollständig hergestellt werden kann, erfahren wir in der Regel große Dankbarkeit. Verstanden worden zu sein und Hilfe erfahren zu haben, erleichtert den meisten Patienten zumindest den Umgang mit ihren Beschwerden.

So sollte es allen auf unserem Gebiet und benachbarten Disziplinen tätigen Ärzten, Therapeuten und Pflegekräften ein besonderes Anliegen sein, bei Patienten vermehrt auf Schluckstörungen zu achten und geeignete diagnostische und therapeutische Maßnahmen einzuleiten. Unsere jahrelange Erfahrung zeigt immer wieder, dass Essen und Trinken in der Tat Leib und Seele zusammenhalten.

Michaela Heintze, M.A. und Felicitas Koch, M.A. (Sprachheilpädagoginnen) sind im Rahmen der *AST (Akademie für Schlucktherapie und Schlucktherapieforschung bei Patienten mit neurologischen Erkrankungen am Neurologischen Krankenhaus München)* Initiatorinnen und Organisatorinnen der *MÜSS (Münchner Selbsthilfegruppe und Beratungsstelle für Menschen mit Schluckstörungen und deren Angehörige).*

1 Neurologie von Schluckstörungen

Mario Prosiegel

In diesem Kapitel wird zunächst die Anatomie schluckrelevanter Gehirnstrukturen dargestellt; dies erleichtert das Verständnis der Entstehung von neurogenen Dysphagien (ND) infolge verschiedener Erkrankungen bzw. Läsionsmuster. Im zweiten Teil des Kapitels wird auf solche neurologische Erkrankungen eingegangen, deren klinische Manifestation häufig durch ND mitbestimmt oder gar dominiert wird.

(Die radiologische Untersuchung des Schluckens mittels Videofluoroskopie und die fiberendoskopische Untersuchung werden im gesamten Text – nach den angloamerikanischen Bezeichnungen „Video Fluoroscopic Swallowing Study" bzw. „Fiberoptic Endoscopic Evaluation of Swallowing" – mit VFSS bzw. mit FEES abgekürzt.)

1.1 Anatomie schluckrelevanter zentralnervöser Strukturen

1.1.1 Einleitung

Während der oralen (Vorbereitungs- und Transport-)Phase sowie der pharyngealen Phase sind etwa 50 – überwiegend gepaarte – Schluckmuskeln aktiv (Tab. 1.1). Doty & Bosma vermuteten bereits 1956 in ihrer bekannten tierexperimentellen Arbeit, dass das räumlich-zeitliche Zusammenspiel dieser Muskeln von „Swallowing Centers" des unteren Hirnstamms (Medulla oblongata) kontrolliert wird. Unser Wissen über die Anatomie schluckrelevanter ZNS-Areale des *Menschen* war bis vor einigen Jahren noch spärlich, ist aber seither durch den Einsatz moderner Untersuchungsverfahren – transkranielle Magnetstimulation (TMS), Positronen-Emissions-Tomographie (PET) sowie funktionelle Kernspintomographie (fMRT) – sprunghaft angewachsen.

ND können durch Läsionen auf folgenden anatomischen Etagen entstehen:

- Großhirnkortex
- Deszendierende Fasersysteme vom Großhirnkortex zu Hirnnervenkernen (sog. kortikobulbäre Bahnen)
- Hirnnervenkerne und Schluckzentren des Hirnstamms
- Motorische und sensible Fasern der Hirnnerven V (N. trigeminus), VII (N. facialis), IX (N. glossopharyngeus), X (N. vagus) und XII (N. hypoglossus)
- Neuromuskuläre Übergangsregion/neuromuskuläre Synapse; präsynaptisch: Axone der Hirnnerven, die Azetylcholin (ACh) freisetzen; postsynaptisch: ACh-Rezeptoren enthaltende Endplattenregion einzelner Fasern der Schluckmuskulatur
- Schluckmuskulatur.

Die folgenden Abschnitte folgen dieser kranio-kaudalen Richtung.

1.1.2 Cortex cerebri und absteigende Fasersysteme

Eine empfehlenswerte Übersicht über die kortikale Organisation des Schluckens findet sich bei Martin & Sessle (1993).

1.1.2.1 Bilaterale Läsionen

Untersuchungen mittels TMS, PET und fMRT haben gezeigt, dass die menschliche Schluckmuskulatur auf dem Kortex beider Großhirnhemisphären repräsentiert ist, besonders im Bereich des untersten Abschnitts der sensomotorischen Rinde (sog. frontoparietales Operculum[1]) und im Bereich der vorderen Insel (Hamdy et al., 1996, 1999a, 1999b). Es gilt als gesichert, dass die beim Schlucken involvierten Hirnnervenkerne ihre Faserprojektionen jeweils von beiden Großhirnhemisphären erhalten (Abb. 1.1).

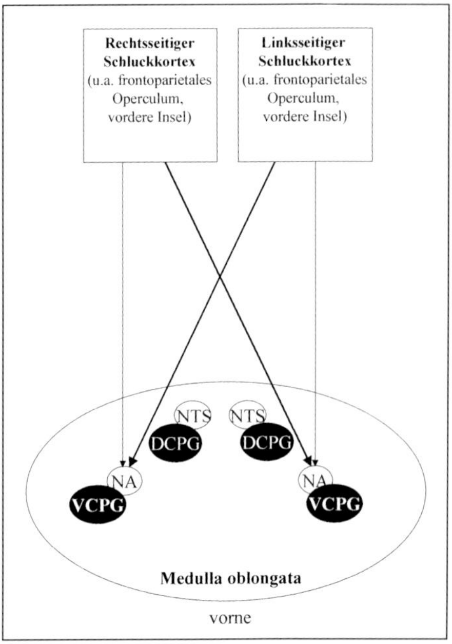

Abb. 1.1: Schematische Darstellung des Schluck-Kortex und seiner deszendierenden Bahnen zum unteren Hirnstamm; stellvertretend für die schluckrelevanten Hirnnervenkerne ist der Nucleus ambiguus (NA) – das Kerngebiet des IX. und X. Hirnnerven (N. glossopharyngeus und N. vagus) – dargestellt; außerdem ist die vermutliche Lage der dorsomedialen und ventrolateralen „Central Pattern Generators (CPGs) for Swallowing" hervorgehoben.

VCPG = ventrolateraler CPG, DCPG = dorsomedialer CPG, NTS = Nucleus tractus solitarii, NA = Nucleus ambiguus.

Eine beidseitige Läsion des „Schluckkortex" und/oder der absteigenden (kortikobulbären) Fasern isoliert daher die Hirnnervenkerne von allen kortikalen Zuflüssen mit der Folge einer sehr schweren ND. Die beiden wichtigsten klinischen Beispiele sind:

- *Vorderes bilaterales Operculumsyndrom* (Foix-Chavany-Marie-Syndrom) infolge beidseitiger Läsionen des frontoparietalen Operculums; neben einer ND leiden die betroffenen Patienten auch an einer Anarthrie und einer Parese der Kaumuskulatur („anarthria and bilateral central facio-linguo-velo-pharyngeo-masticatory paralysis") (Abb. 1.2A).
- *Pseudobulbärparalyse* (s. 1.3) auf Grund beidseitiger Läsionen der kortikobulbären Fasern (Abb. 1.2B).

[1]) Operculum bedeutet auf Lateinisch „Deckel"; der untere Abschnitt des Gyrus praecentralis und des Gyrus postcentralis (frontoparietales Operculum) liegt wie ein Deckel über der Insel (Abb. 1.3).

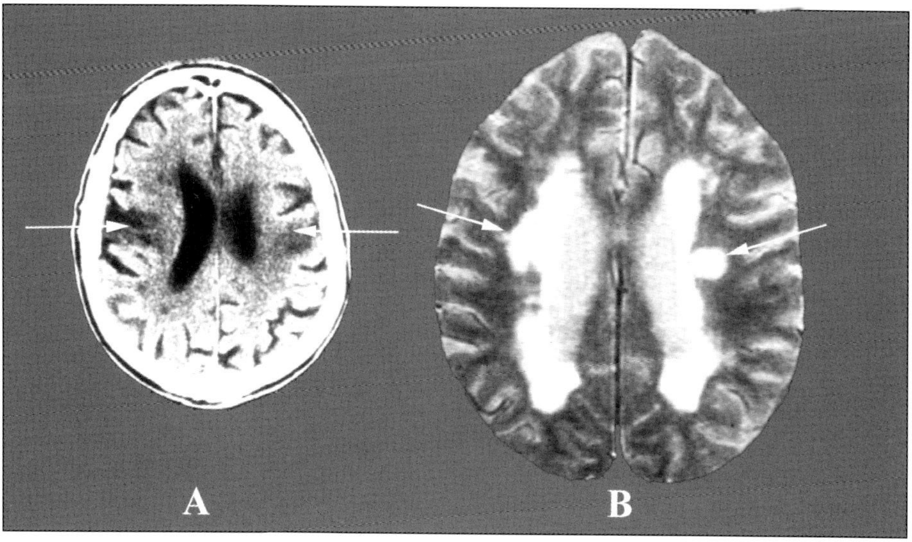

Abb. 1.2: Bilaterale Großhirnläsionen mit resultierender schwerer Dysphagie.

A: CCT eines Patienten mit schwerer Dysphagie, Anarthrie, Aphonie und Kaustörung infolge von bilateral-symmetrischen Mediateilinfarkten (Pfeile); sog. bilaterales vorderes Operkulumsyndrom (Foix-Chavany-Marie-Syndrom).

B: T2-gewichtetes MRT eines Patienten mit schwerer Dysphagie im Rahmen einer Pseudobulbärparalyse infolge von bilateralen Endstrominfrakten (Pfeile); betroffen sind die kortikobulbären Bahnen beidseits.

1.1.2.2 Unilaterale Läsionen

Bereits im Jahr 1898 wurde von H.C. Bastian ein Patient beschrieben, der neben einer rechtsseitigen Hemiplegie und einer Aphasie auch an einer transienten ND litt; die Autopsie zeigte ausschließlich Läsionen der linken Großhirnhemisphäre. 1973 berichtete J. Meadows über sechs Patienten mit unilateralen Großhirnläsionen und ND; die Läsionen betrafen immer das frontale Operculum und waren bei 5 Patienten rechtshemisphärisch gelegen. Robbins & Levin (1988) beschrieben weitere Patienten mit ND nach einseitigen Großhirnläsionen und stellten die Hypothese auf, ND bei linksseitigen Läsionen seien Folge einer „Schluckapraxie" bzw. bei rechtsseitiger Schädigung Ausdruck eines „Schluck-Neglect" oder eines „vorschnell-impulsiven Schluckens". (Auf das Problem, ob es sinnvoll ist, von einer *„Schluckapraxie"* zu sprechen, wird in der empfehlenswerten Arbeit von Daniels [2000] eingegangen, der zu dem Schluss kommt, dass diese Frage derzeit nicht ausreichend sicher beantwortbar ist.)

Daniels & Foundas (1997) berichteten über vier Patienten mit relativ isolierter unilateraler Läsion der vorderen Insel: Zwei rechtsseitige, zwei linksseitige Läsionen; drei Läsionen der vorderen, eine Läsion der hinteren Insel. Da die drei Patienten mit Affektion der vorderen Insel an einer ND litten, schlussfolgerten die Autoren, dass der vorderen Insel eine Schlüsselrolle bei der Entstehung von ND zukäme.

Noch war aber nicht geklärt, warum – bei gleicher Läsionslokalisation – bei einigen (Schlaganfall-) Patienten linksseitige, bei anderen rechtsseitige Großhirnschädigungen zu ND führen. Zur Beantwortung dieser Frage wurden die efferenten Faserprojektionen beider Hemisphären zu den Schluckmuskeln bei 20 Patienten mit einseitigen Großhirninfarkten, von denen 8 an einer ND litten, mittels TMS untersucht (Hamdy et al., 1997). Die Ergebnisse dieser Studie zeigten: 1) TMS der geschädigten Hemisphäre führte in beiden Patientengruppen zu keinen oder nur zu niedrigen muskulären Antworten; 2) TMS der nicht-betroffenen Hemisphäre evozierte bedeutend größere muskuläre Antworten (als Ausdruck eines größeren „Schluckareals") bei den nicht-schluckgestörten als bei den schluckgestörten Patienten.

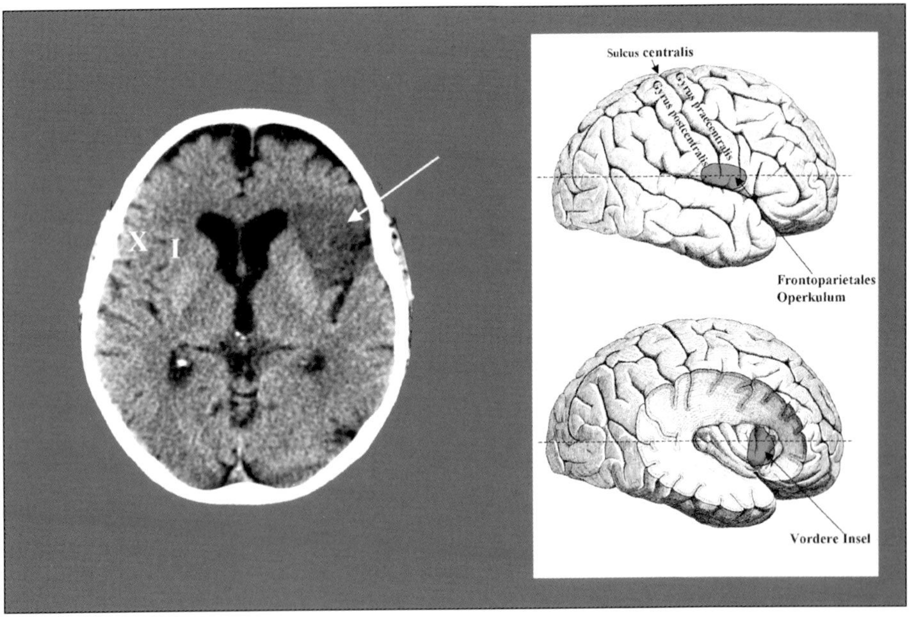

Abb. 1.3: Links: CCT eines Patienten mit neurogener Dysphagie aufgrund eines rechtsseitigen Hirninfarkts des frontalen Operkulums und der vorderen Insel (Pfeil). Da es sich um eine schwere Dysphagie handelt, sind die schluckrelevanten Areale dieses Patienten wahrscheinlich in der rechten (geschädigten) Gehirnhälfte repräsentiert (rechtshirnige Schluckdominanz). In der gesunden linken Gehirnhälfte sind die vordere Insel mit „I" und das lateral von ihr gelegene frontale Operculum mit „X" markiert. Die unmittelbar lateral von der Inselrinde gelegene Sylvische Fissur stellt sich linkshirnig als hypodense Furche dar, rechtshirnig ist nur der hintere Teil der Sylvischen Fissur (lateral von der nicht betroffenen hinteren Insel) zu erkennen.

Rechts: Schematische Darstellung wichtiger Teile des Schluckkortex der rechten Großhirn-Hemisphäre; oben frontoparietales Operkulum, unten vordere Insel.

Auf den beiden rechten Hirnbildern ist die horizontale Schnittebene der linken CCT-Aufnahme eingezeichnet (gestrichelte Linie).

Aus der Tatsache, dass das „Schluckzentrum" der nicht-betroffenen Hemisphäre bei den schluckgestörten Patienten kleiner war als bei den nicht-schluckgestörten Patienten, wurde geschlossen, dass bei den Patienten mit ND der Hirninfarkt auf der Seite des größeren kortikalen „Schluckzentrums" aufgetreten war. Anders ausgedrückt: *Bei unilateraler Läsion schluckrelevanter Areale der „schluckdominanten" Großhirnhemisphäre – d.h. der Großhirnhälfte mit den größeren schluckrelevanten Arealen – tritt eine Dysphagie auf.* Die Abb. 1.3 zeigt das CCT eines Patienten mit ND infolge eines unilateralen Großhirninfarktes und rechts daneben eine schematische Darstellung des Schluckkortex.

1.1.2.3 Der Schluckkortex

Die Frage, wo sich der Schluckkortex des Menschen befindet, konnte erst durch in den letzten Jahren durchgeführte Untersuchungen mittel TMS, PET und fMRT einigermaßen befriedigend geklärt werden.

Bei 20 gesunden Probanden (und 2 Schlaganfallpatienten) wurden mittels TMS die kortikalen Repräsentationsareale der oralen, pharyngealen und ösophagealen Schluckmuskulatur ermittelt (Hamdy et al., 1996). Es zeigte sich, dass die Schluckmuskulatur stets auf beiden Hemisphären repräsentiert ist, aber bzgl. der Größe der Repräsentationsareale eine Hemisphären-Asymmetrie vorliegt. Außerdem besteht eine somatotopische Gliederung dahingehend, dass auf der Kortexoberfläche die orale Muskulatur weiter ventral (also unten) als die pharyngeale und diese wiederum weiter ventral als die ösophageale Muskulatur repräsentiert ist.

Hamdy et al. (1999a) untersuchten mittels PET die ZNS-Areale, die beim willkürlichen Schlucken acht gesunder Probanden Aktivationen zeigten. Auf Grund der Gruppenanalyse wiesen folgende Hirnregionen eine erhöhte Aktivität auf: Sensomotorischer Kortex beidseits (Brodmann-Area [BA] 3,4 und 6), rechte vordere Insel (BA 16), rechter orbito-frontaler und temporo-polarer Kortex (BA 11 und 38), linke supplementär-motorische Area (SMA) und linker Gyrus cinguli (BA 6 und 24), linker temporopolarer Kortex einschließlich Mandelkern (BA 38 und 34), linkes Kleinhirn und dorsaler Hirnstamm im pontomesenzephalen Übergangsbereich beidseits. Interessant war die Analyse der individuellen PET-Daten; sie zeigte nämlich bei 6 der 8 untersuchten Individuen eine asymmetrische Repräsentation im Bereich des sensomotorischen Kortex: Bei 4 Personen lag der Schluckkortex in der rechten, bei 2 Individuen in der linken Hemisphäre, bei 2 Individuen war er links und rechts gleich groß. Diese Daten wurden kürzlich von Hamdy et al (1999b) in einer fMRT-Studie an 10 Gesunden bestätigt (die rechte Insel zeigte bei 7, die linke Insel bei 2 Probanden eine Aktivität, in einem Fall war keine Aktivität nachzuweisen). (Die bislang durchgeführten PET- und fMRT-Studien über schluckrelevante ZNS-Areale weisen etwas unterschiedliche Ergebnisse auf, worauf hier nicht näher eingegangen wird.) Im rechten Teil der Abb. 1.3 ist das Epizentrum des menschlichen Schluckkortex schematisch dargestellt.

Zusammenfassend lässt sich feststellen, dass bei der Mehrzahl der Menschen wohl eine asymmetrische Repräsentation schluckrelevanter Areale in den beiden Großhirnhemisphären vorliegt (übrigens unabhängig von der Händigkeit).

1.1.2.4 Plastizität des Schluckkortex

Hamdy et al. (1998a) untersuchten mittels TMS bei 28 Patienten 1 Woche, 1 Monat und 3 Monate nach einseitigem Großhirninfarkt die kortikale Repräsentation des Schluckens. 71% der Patienten waren initial schluckgestört. Die Patienten, bei denen die ND eine gute Rückbildungstendenz zeigte, wiesen nach 1 Monat und nach 3 Monaten ein vergrößertes Repräsentationsareal des pharyngealen Schluckkortex in der nicht-betroffenen Hemisphäre auf. Dies war in der betroffenen Hemisphäre nicht der Fall und auch nicht bei den Patienten, die keine (gute) Rückbildung der ND gezeigt hatten.
Durch elektrische Reizung des Pharynx konnte eine mindestens 30 Minuten anhaltende Vergrößerung des Schluckkortex (verbunden mit einer erniedrigten Reizschwelle) erreicht werden (Hamdy et al., 1998b), was in Zukunft möglicherweise auch therapeutisch genutzt werden kann.

Aufgrund dieser Ergebnisse kann vermutet werden, dass die Rückbildung neurogener Dysphagien (nach Schlaganfall) auf Reorganisationsprozesse in der nicht-betroffenen Großhirnhemisphäre zurückzuführen ist und dass es sich um Vorgänge handelt, die sich offensichtlich schon innerhalb eines Zeitraumes von mehreren Wochen nach Eintritt der ZNS-Läsion abspielen. Möglicherweise lassen sich derartige Reorganisationsprozesse in Zukunft durch therapeutische Interventionen beschleunigen bzw. verstärken.

1.1.3 Hirnstamm

Die Rolle des Hirnstamms für die Kontrolle des Schluckvorgangs wurde bereits zu Beginn des 20. Jahrhunderts erkannt: F.R. Miller und sein bekannter Lehrer, der Neurophysiologe und Nobelpreisträger Charles Sherrington, konnten 1916 zeigen, dass dezerebrierte Katzen weitgehend normal schlucken. Doty wies 1968 nach, dass der menschliche Fetus schon schluckt, bevor die deszendierenden kortikobulbären Fasern den Hirnstamm erreicht haben (Übersicht: Miller, 1993).

1.1.3.1 Motorische Hirnnervenkerne (Abb. 1.4A, Abb. 1.5)

Bei der zentralnervösen Kontrolle der oralen Phase sind etwa 20 gepaarte Muskeln beteiligt (Tab.1.1). Die motorischen Hirnnervenkerne des V. und VII. Hirnnerven liegen in der Brücke, die des XII. Hirnnerven in der Medulla oblongata. Der N. trigeminus versorgt die Kaumuskulatur, der N. facialis die Gesichtsmuskulatur, der N. hypoglossus die intrinsische und extrinsische Zungenmuskulatur.

Bei der zentralnervösen Kontrolle der pharyngealen Phase sind etwa 30 gepaarte Muskeln beteiligt (Tab. 1.1). Die motorischen Hirnnerven V, VII und XII versorgen die suprahyoidale Muskulatur (Elevation von Hyoid und Larynx). Der N. glossopharyngeus und der N. vagus versorgen die Pharynxmuskulatur, der N. vagus außerdem die Larynxmuskulatur. Der motorische Kern des IX. und X. Hirnnerven - der Nucleus ambiguus (NA) - liegt in der Medulla oblongata. Der N. glossopharyngeus verlässt den NA im rostralen (oberen), der Vagusnerv im kaudalen (unteren) Abschnitt. Fasern des XII. Hirnnerven (in der Medulla oblongata entspringend) und Nervenfasern der Zervikalsegmente C1-C3 bilden gemeinsam die sog. Ansa cervicalis; diese

Nervenschlinge versorgt mit ihren Ästen die infrahyoidalen Muskeln (Senkung von Hyoid und Larynx)

1.1.3.2 Afferentes System (Abb. 1.4B, Abb. 1.5)

Experimentelle Stimulation des sensiblen Anteils des N. laryngeus superior (NLS) *und* des Cortex cerebri bewirkt häufigeres Schlucken als die alleinige Stimulation des NLS oder des Großhirnkortex (Miller, 1986). Es handelt sich um einen Summationseffekt, der auch beim Schlucken unter natürlichen Bedingungen eine Rolle spielt: Schluckvorgänge können nämlich

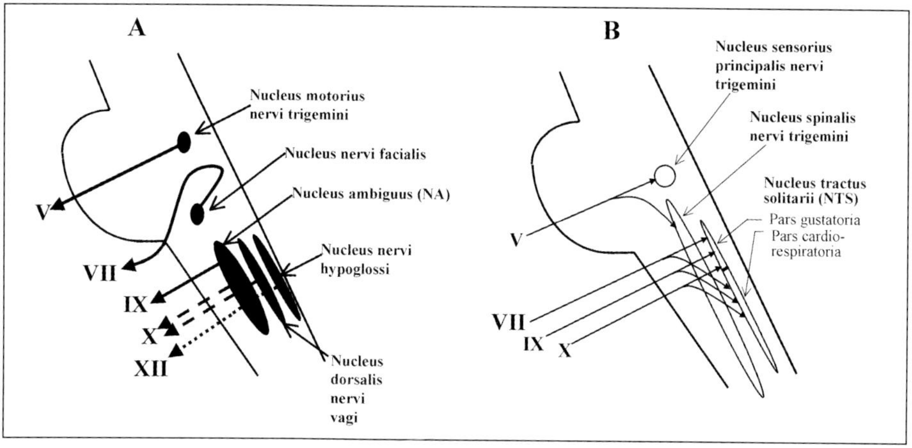

Abb. 1.4; A: Motorische schluckrelevante Hirnnerven und Hirnnervenkerne (schematische Abbildung; Sagittalschnitt durch den Hirnstamm) V, VII, IX, X und XII. Der IX. Hirnnerv (N. glossopharyngeus) verlässt den Nucleus ambiguus (NA) weiter rostral als der X. Hirnnerv (N. vagus). Die motorischen Fasern des N. vagus entspringen im NA und im Nucleus dorsalis nervi vagi.
B: Sensible schluckrelevante Hirnnerven und Hirnnervenkerne (schematische Abbildung; Sagittalschnitt durch den Hirnstamm). Sensible Fasern des V. Hirnnerven (N. trigeminus) treten in den Nucleus sensorius principalis nervi trigemini und in den Nucleus spinalis nervi trigemini ein. Sensible Fasern des VII. (N. facialis), IX. (N. glossopharyngeus) und X. (N. vagus) Hirnnerven treten in den unteren Teil (Pars cardiorespiratoria) des Nucleus tractus solitarii (NTS) ein; die Geschmacksfasern dieser drei Nerven treten in den oberen Teil (Pars gustatoria) des NTS ein.

sowohl durch Boluseigenschaften (Konsistenz, Größe, Temperatur, Geschmack etc.) als auch durch kortikale Einflüsse moduliert, also in sehr fein abgestimmter Weise den jeweiligen Gegebenheiten angepasst werden (Beispiel: Der obere Ösophagussphinkter bleibt bei größeren Bolusmengen länger geöffnet als bei kleineren Bolusvolumina). Diese Modulation, die zugleich eine Feedback-Kontrolle darstellt, findet während aller Schluckphasen statt und wird überwiegend über den kaudalen Teil des Nucleus tractus solitarii (NTS) vermittelt. Der NTS liegt im hinteren Anteil der Medulla oblongata, direkt neben dem Nucleus dorsalis nervi vagi. Der rostrale Teil des NTS wird als Pars gustatoria, der kaudale Teil als Pars cardiorespiratoria bezeichnet.

Kontinuierlich ablaufende sensible/sensorische Rückmeldungen erfolgen über den V. Hirnnerven zum Nucleus sensorius principalis nervi trigemini und zum Nucleus spinalis nervi trigemini bzw.

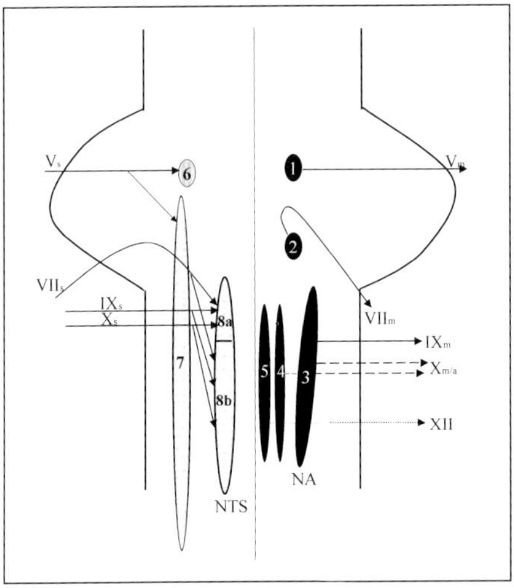

Abb. 1. 5: Schematische Darstellung der motorischen (rechter Teil der Abbildung) und der sensiblen (linker Teil der Abbildung) schluckrelevanten Hirnnerven und Hirnnervenkerne (Koronarschnitt durch den Hirnstamm).
Die in den Hirnstamm eintretenden sensiblen Fasern sind neben der Nummer des Hirnnerven zusätzlich mit „s", die aus dem Hirnstamm austretenden motorischen Fasern zusätzlich mit „m", die autonomen Fasern mit „a" gekennzeichnet; der XII. Hirnnerv (N. hypoglossus) enthält als rein motorischer Nerv keine sensiblen Fasern.
1 = Nucleus motorius nervi trigemini; 2 = Nucleus nervi facialis; 3 = Nucleus ambiguus (NA); 4 = Nucleus dorsalis nervi vagi; 5 = Nucleus nervi hypoglossi; 6 = Nucleus sensorius principalis nervi trigemini; 7 = Nucleus spinalis nervi trigemini; 8 = Nucleus tractus solitarii (NTS): 8a = Pars gustatoria, 8b = Pars cardiorespiratoria.

über die Hirnnerven VII, IX und X zum kaudalen NTS (Pars cardiorespiratoria); die sensiblen Anteile des IX. Hirnnerven treten weiter rostral in den NTS ein als die des X. Hirnnerven. Geschmacksafferenzen des VII. und IX. Hirnnerven ziehen zum rostralen NTS (Pars gustatoria). Von diesen Relaisstationen werden Meldungen sowohl an die Hirnnervenkerne als auch an sensible Areale des Großhirns weitergegeben, die ihrerseits aktiv werden und Nachkorrekturen vornehmen (Übersicht: Miller, 1993).

1.1.3.3 Central Pattern Generators (Abb. 1.6, Abb. 1.7, Abb. 1.8)

Doty bzw. Jean prägten 1968 bzw. 1972 den Begriff „Central Pattern Generators (CPGs) for Swallowing", die sie im unteren Hirnstamm nachgewiesen hatten. Diese CPGs für Schlucken sind definiert als „Gruppe von Interneuronen innerhalb des ZNS", die „einmal getriggert, in der Lage sind Motoneurone in einer spezifischen Sequenz zu aktivieren"; wenn CPGs geschädigt sind, „kann Stimulation peripherer Nerven (etwa des N. laryngeus superior) nicht mehr (wie sonst üblich) ein pharyngeales Schluckmuster evozieren" (zitiert in deutscher Übersetzung: nach Miller, 1993).

In tierexperimentellen Studien konnten auf jeder Hirnstammseite zwei CPGs identifiziert werden, ein dorsomedialer und ein ventrolateraler CPG. Die dorsomedialen CPGs (DCPGs) liegen in unmittelbarer Nähe des NTS und in der umgebenden Formatio reticularis (FR); in den DCPGs befinden sich sog. „Master/Generator Neurons", die verantwortlich sind für die zentralnervöse Kontrolle des pharyngealen Schluckens. Die ventrolateralen CPGs (VCPGs) liegen in unmittelbarer Nähe des NA und in der umgebenden FR; in den VCPGs befinden sich sog. „Switching Neurons", die den zeitlich-sequenzierten Output der DCPG zu den Hirnnervenkernen V, VII, IX, X und XII weiterleiten (Abb. 1.6). (Bei der Katze wurde zusätzlich ein pontines „Schluckzentrum" nachgewiesen [Holstege et al., 1983]).

Abb. 1.6: Die dorsomedialen und ventrolateralen „Central Pattern Generators (CPGs) for Swallowing“ in der Medulla oblongata und ihre (beim Tier nachgewiesenen) Aufgaben.

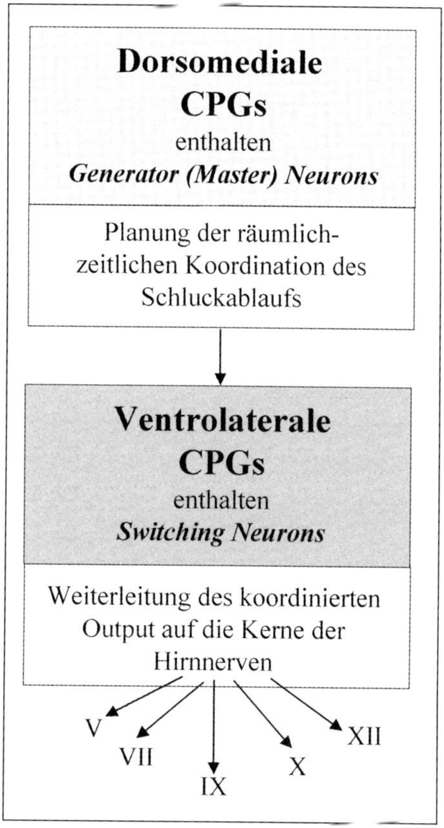

Direkte neuroanatomische Evidenz, dass der menschliche Hirnstamm beim Schlucken involviert ist, beruht auf der PET-Studie von Hamdy et al. (1999a). In dieser Studie fand sich u.a. eine bilaterale Aktivität im dorsalen Abschnitt des ponto-medullären Übergangs. Möglicherweise ist diese Region beim Menschen homolog zu der dorsalen Hirnstammregion, in der beim Tier die CPGs liegen (Abb. 1.7, Abb. 1.8).

Prosiegel et al. (1997) vermuten, dass bei Patienten mit ND infolge eines Wallenberg-Syndroms oder von Tumoren des IV. Ventrikels CPGs affiziert sind. Dies würde erklären, warum die resultierenden ND in der Regel schwerer sind als bei Patienten mit Tumoren von Hirnnerven. Letztere verursachen üblicherweise nur leichte und vorübergehende ND trotz schwerer Paresen der denervierten Muskeln: So leiden Patienten mit Neurinomen des X. bzw. des XII. Hirnnerven an einer einseitigen Parese des ipsilateralen Hemipharynx bzw. der ipsilateralen Zungenhälfte, die begleitende ND besitzt jedoch in der Regel eine sehr gute Rehabilitationsprognose (Abb. 1.9).

Ähnlich sind die Verhältnisse beim sog. Avellis-Syndrom. Es wird durch kleine Infarkte der Medulla oblongata verursacht, die die Gegend des NA (und damit wahrscheinlich auch den VCPG) betreffen (Abb. 1.10). Die Folge ist eine Parese des IX. und X.

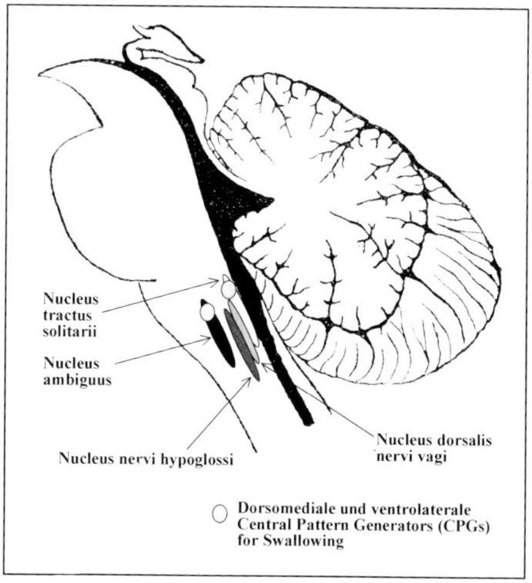

Abb. 1.7: Vermutliche Lage der „Central Pattern Generators (CPGs) for Swallowing“ in der Medulla oblongata des Menschen (schematische Abbildung; Sagittalschnitt durch Hirnstamm und Kleinhirn). Der dorsomediale CPG liegt in unmittelbarer Umgebung des Nucleus tractus solitarii, der ventrolaterale CPG unmittelbar neben dem Nucleus ambiguus.

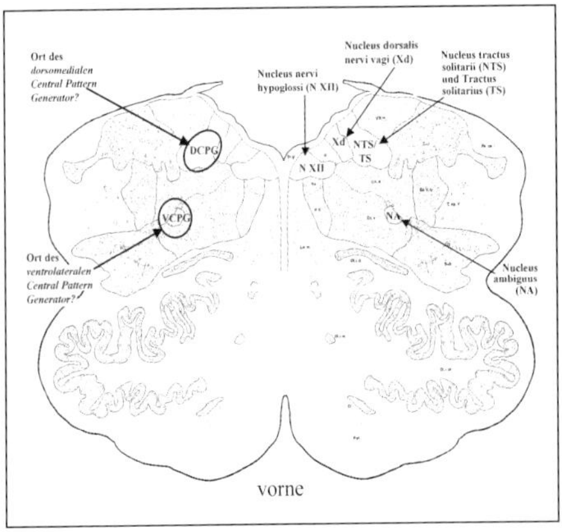

Abb. 1.8: Horizontalschnitt durch die menschliche Medulla oblongata (modifiziert nach Olszewski & Baxter, 1982). Hinten median liegt der Nucleus nervi hypoglossi. Besonders herausgehoben ist die vermutliche Lage des ventrolateralen und dorsomedialen „Central Pattern Generator for Swallowing" (VCPG und DCPG) neben dem Nucleus ambiguus (NA) bzw. dem Nucleus tractus solitarii (NTS).

Hirnnerven mit konsekutiver „palato-laryngealer Hemiplegie" (es könnte sich um einen Teil der Menschen handeln, bei denen HNO-ärztlicherseits keine Ursache für eine plötzlich aufgetretene Stimmbandparese gefunden wird).

Die Situation ist völlig anders beim Wallenberg-Syndrom infolge von Infarkten der dorsolateralen Medulla oblongata (Abb. 1.11) (Versorgungsgebiet der meist aus der A. vertebralis abgehenden A. cerebelli inferior posterior; angloamerikanisch abgek. PICA). Die Häufigkeitsangaben

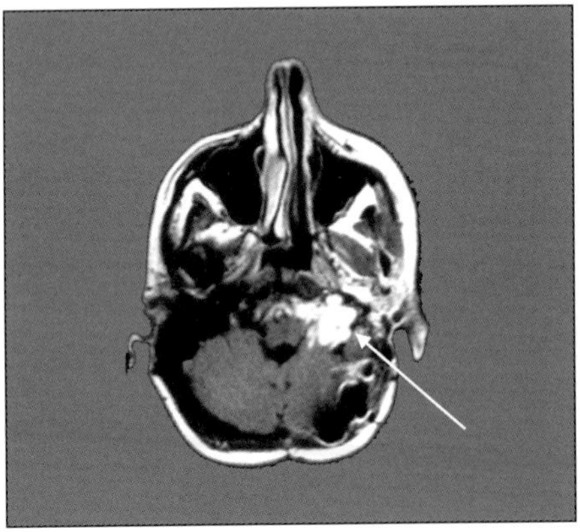

Abb. 1.9: T1-gewichtetes MRT einer Patientin mit einer rechtsseitigen peripheren Zungenparese (Abweichen nach rechts beim Herausstrecken; Atrophie und Fibrillationen der rechten Zungenhälfte) und einer Dysphagie infolge dieses rechtsseitigen Tumors, der sich (nach Kontrastmittelgabe) hyperintens darstellt (Pfeil). Es handelte sich um ein Neurinom des N. hypoglossus. Nach operativer Entfernung des Tumors und anschließender Schlucktherapie zeigte die Dysphagie eine sehr gute Rückbildung.

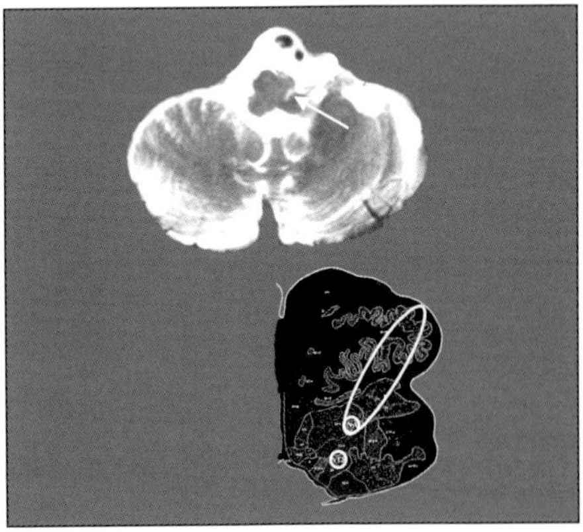

Abb. 1.10: Oben: T2-gewichtete horizontale MRT-Aufnahme eines Patienten mit Avellis-Syndrom („palato-laryngeale Hemiplegie") infolge eines kleinen rechtsseitigen Infarktes der Medulla oblongata (Pfeil); klinisch imponierte eine akut aufgetretene leichte Dysphagie, eine Stimmstörung (infolge einer rechtsseitigen Stimmbandparese) und eine rechtsseitige Pharynxparese. Unten: Entsprechende Schnittführung durch den Hirnstamm (Atlas von Olszewski & Baxter, 1982; vgl. Abb. 1.8); eingezeichnet sind der Infarkt (ovale Struktur) sowie der Nucleus ambiguus (NA) und der Nucleus tractus solitarii (NTS) (Kreise); der NA (und damit wahrscheinlich auch der ventrolaterale CPG) ist vom Infarkt betroffen, der NTS (und damit der dorsomediale CPG) nicht.

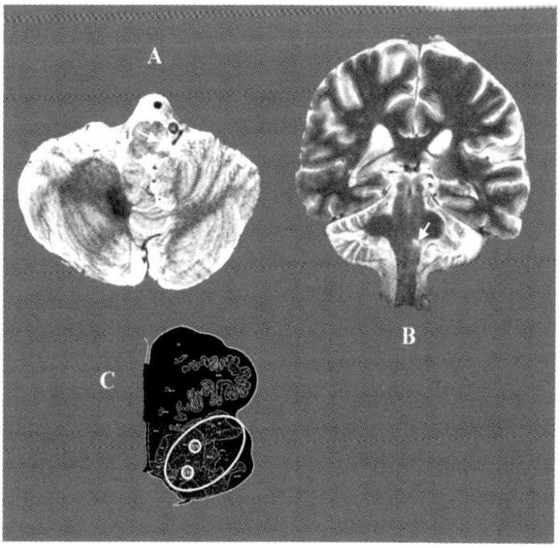

Abb.1.11: A: T2-gewichtete horizontale MRT-Aufnahme eines Patienten mit Wallenberg-Syndrom infolge eines rechtsseitigen Infarktes der dorsolateralen Medulla oblongata (Pfeil); die Dysphagie war sehr stark ausgeprägt.
B: T2-gewichtete koronare MRT-Aufnahme desselben Patienten, die zeigt, dass sich der Infarkt im oberen (rostralen) Abschnitt der rechten Medulla oblongata befindet (Pfeil).
C: Horizontaler Schnitt durch die obere Medulla oblongata (Atlas von Olszewski & Baxter, 1982; vgl. auch Abb. 1.8 und 1.10); eingezeichnet sind der Infarkt (ovale Struktur) sowie der Nucleus ambiguus (NA) und der Nucleus tractus solitarii (NTS) (Kreise); der NA (und damit wahrscheinlich auch der ventrolaterale CPG) und der NTS (und damit wahrscheinlich auch der dorsomediale CPG) sind vom Infarkt betroffen. Die Affektion beider CPG könnte die schwere Dysphagie erklären.

neurogener Dysphagien beim Wallenberg-Syndrom variieren in der Literatur zwischen 51-100% (Sacco et al., 1993). In einer Studie (Kim et al., 1994) an 33 Patienten mit lateralem medullären Syndrom trat eine neurogene Dysphagie bei 61% der Betroffenen auf. Die Autoren betonen die Tatsache, dass „[...] the most distinguishing rostrocaudal symptomatic difference was dysphagia, which was distinctly more severe in the rostral group [...]". Eine andere in diesem Zusammenhang relevante Studie ist die von Vuilleumier et al. (1995) an 28 Patienten mit Infarkten des unteren Hirnstamms. Diese Autoren fanden, dass eine ND bei ca. 90% der Patienten mit dorsolateralen Infarkten vorlag, jedoch nur bei 33% der Patienten mit inferiorlateralen Infarkten (d.h. bei Infarkten der unteren Medulla oblongata). Patienten mit Infarzierungen nur der dorsalen Region der Medulla oblongata wiesen keine ND auf.

Fasst man die Befunde zusammen, so scheinen mittelgradige bis schwere neurogene Dysphagien überwiegend bei Infarkten im Bereich des dorsolateralen Abschnittes der rostralen Medulla oblongata aufzutreten (s. Abb. 1.11). Möglicherweise erklärt sich der oft erhebliche Schweregrad der ND bei einigen Patienten mit Wallenberg-Syndrom dadurch, dass beide CPGs einer Hirnstammseite - DCPG *und* VCPG – betroffen sind. Auch Patienten mit Tumoren des IV. Ventrikels können schwere ND entwickeln, obwohl Hirnnerven selbst meist nicht betroffen sind. (Wenn, dann ist meist der N. hypoglossus bzw. sein sehr weit hinten in der Medulla oblongata gelegener Kern, affiziert). Übrigens entwickeln sich die ND oft erst nach operativer Entfernung des Tumors (z.B. Ependymom), wobei Prosiegel et al. (1997) als Ursache kleine Blutungen (venöser Genese?) im dorsalen Abschnitt der rostralen Medulla oblongata fanden (Abb. 1.12). Diese Beispiele lassen vermuten, dass es im Falle von Tumoren des IV. Ventrikels zu (bilateralen) Schädigungen der DCPGs kommen kann.

Es existiert indirekte Evidenz für die Existenz von CPGs beim Menschen, die auf folgenden Befunden beruht:

1. In der PET-Studie von Hamdy et al. (1999a) konnte während des Schluckens eine beidseitige Aktivitätszunahme im Bereich der dorsalen ponto-medullären Übergangsregion nachgewiesen werden.

Abb. 1.12: T1-gewichtetes MRT einer Patientin mit einem Ependymom des IV. Ventrikels.
A: Präoperativer Befund eines (nach Kontrastmittelgabe) hyperintensen rundlichen Tumors, der den IV. Ventrikel weitgehend ausfüllt (Pfeil); es lag keine Dysphagie vor.
B: Postoperativ zeigt sich auf dem sagittalen MRT (ohne Kontrastmittel) eine hyperintense Zone im Bereich der hinteren oberen Medulla oblongata am Übergang zur Brücke (Pfeil); es handelt sich um eine intraoperativ enstandene Blutung (venöser Genese?); es lag eine schwere Dysphagie vor.
C: Die Blutung stellt sich auch auf dem horizontalen Schnitt als schmaler hyperintenser Saum im hinteren Bereich der Medulla oblongata dar (Pfeile). Möglicherweise sind die hinteren Schluckzentren (DCPGs) beidseits betroffen, was die schwere Dysphagie erklären könnte.

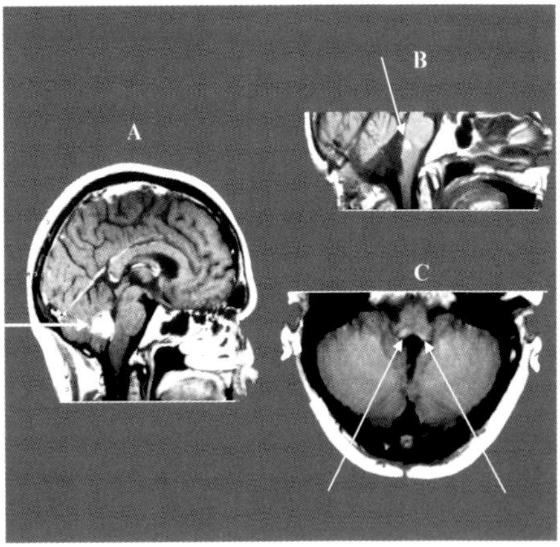

2. Infarkte des unteren Hirnstamms können schwere neurogene Dysphagien verursachen, wenn die rostrale, dorsolaterale Medulla oblongata einseitig geschädigt ist (Affektion des VCPG und des DCPG?).

3. Tumoren des IV. Ventrikels können schwere Dysphagien verursachen. Die Läsionen liegen in diesen Fällen im dorsalen und rostralen Bereich der Medulla oblongata beidseits (Affektion beider DCPGs?).

1.1.4 Schluckmuskulatur (Tab. 1.1)

Die Gesichtsmuskulatur und die Muskulatur der Zunge, des Pharynx und des Larynx sind quergestreift. Es handelt sich überwiegend um - für rasche Bewegungen zuständige - phasische (Typ-II-)Fasern.

Der obere Ösophagussphinkter (OÖS)/das pharyngo-ösophageale Segmentes (PÖS) ist eine C-förmige, zu 80% aus tonischen (Typ-I-)Fasern bestehende, Muskelschlinge. Den Hauptteil bildet der M. cricopharyngeus (CP), der am Ringknorpel inseriert. Der OÖS besteht neben dem CP aus unteren Anteilen des M. constrictor pharyngis inferior (CPI) sowie aus obersten Anteilen des Ösophagus (OÖ). Der CPI wird vom Plexus pharyngeus des Nervus vagus, der CP und OÖ vom Nervus laryngeus inferior („Recurrens“) versorgt; zwischen Recurrens und Plexus pharyngeus bestehen dabei ausgeprägte Anastomosen (Mu & Sanders, 1996).

Die Öffnung des OÖS/PÖS ist eines der wichtigsten Vorgänge während der pharyngealen Phase (Übersicht: Pouderoux & Kahrilas, 1995). Die OÖS/PÖS-Öffnung ist das Resultat folgender Vorgänge: Relaxation des OÖS (die etwa 100–200 ms vor der Öffnung stattfindet), Zungenschubkräfte, Pharynxperistaltik sowie anterior-superiore Bewegung des Hyoid-Larynxkomplexes („Elevation“), die durch die Aktivität der suprahyoidalen Muskulatur bewirkt wird. Da der CP, die Hauptkomponente des OÖS, am Ringknorpel (Cricoid) inseriert, führt die anterior-superiore Cricoid-Bewegung zur Öffnung des relaxierten CP. Bei ca. 70% der Patienten mit Hirnstamminfarkten fehlt die Öffnung des OÖS oder sie ist inkomplett oder verzögert und/oder der OÖS schließt vorzeitig. Das Resultat ist eine sog. zervikale Achalasie, wörtlich übersetzt „Nichterschlaffen" (des OÖS mit der Folge eines pharyngealen Aufstaus).

Der Ösophagus besteht aus einer inneren Ringmuskelschicht und einer äußeren Längsmuskelschicht. Die Muskulatur im oberen Ösophagus ist quergestreift, im unteren Abschnitt glatt, im Übergangsbereich findet sich glatte neben quergestreifter Muskulatur. Die Peristaltik des Ösophagus unterliegt einerseits einer zentralen Kontrolle, andererseits ist sie das Resultat von intrinsischen Mechanismen, d.h. von Vorgängen, die auf neuromuskulären Abläufen im Ösophagus selbst beruhen. Man unterscheidet eine primäre Ösophagusperistaltik – ausgelöst im Rahmen des pharyngealen Schluckaktes – von einer sekundären Ösophagusperistaltik, verursacht durch bolusbedingte (Dehnungs-)Reize der Speiseröhre, die nicht an den Schlucktakt gekoppelt sind. Zahlreiche Studienergebnisse deuten darauf hin, dass Zellen im rostralen Abschnitt des NA eine dominierende Kontrolle bei der zentralen Kontrolle der Peristaltik der quergestreiften Ösophagusmuskulatur spielen. Der Nucleus dorsalis nervi vagi spielt hingegen wahrscheinlich eine Rolle bei der Peristaltik im Bereich der glatten Ösophagusmuskulatur und damit auch für Vorgänge im Bereich des unteren Ösophagussphinkters (UÖS) (Mittal & Balaban, 1997). Man vermutet, dass bei der Kontrolle der (primären und sekundären) Peristaltik des quergestreiften Ösophagus ein Unterkern des NTS – solitarial subnucleus centralis (NTS_c) – dem Nucleus ambiguus vorgeschaltet ist, ihn also gewissermaßen kontrolliert. Der NTS_c wiederum ist auf afferenten Input angewiesen, der im Falle der primären Peristaltik von cholinergen Interneuronen der sog. intermediate zone of the parvicellular reticular formation (ZIRP) ausgeht. Für die sekundäre Peristaltik spielen durch ösophageale Dehnungsreize aktivierte sensible Vagusfasern, die vom Auerbachschen Plexus des Ösophagus zum NTSc projizieren, eine wichtige Rolle; diese Fasern sind zumindest teilweise cholinerg. Auf Grund von Tierstudien kann angenommen werden, dass bei der Impulsübertragung zwischen NTS_c und Nucleus ambiguus u.a. Somatostatin und die exzitatorischen Aminosäuren Glutamat und Aspartat als Transmitter fungieren. Der Vagusnerv scheint im glattmuskulären Bereich der Speiseröhre nur eine modulatorische Wirkung zu entfalten. Die Peristaltik im unteren Ösophagusbereich scheint also überwiegend durch das intramurale Nervensystem gesteuert zu werden (Azetylcholin als exzitatorischer Transmitter, inhibitorische nicht-cholinerge nervale – u.a. über Stickoxid [NO] und Vasointestinal Inhibitory Peptide [VIP] vermittelte – Mechanismen). Als Übersicht empfiehlt sich der Artikel „The enteric nervous system" von Goyal & Hirano (1996).

Tab. 1.1: Muskeln der oralen Schluckphase.

Muskel	Nerv	Nervenkern	Hauptfunktion
Gesichtsmuskulatur • M. levator labii superioris • M. levator labii superioris alaeque nasi • M. zygomaticus major • M. zygomaticus minor • M. risorius • M. depressor labii inferioris • M. depressor anguli oris • M. orbicularis oris • M. buccinator • Platysma	N. facialis	Nucleus nervi facialis	Lippenbewegung, Lippenschluss, Wangentonisierung (M. buccinator), Kieferöffnung (Platysma)
M. temporalis	N. trigeminus	Nucleus motorius nervi trigemini	„Zubeiss-Muskel"
M. masseter			Kaumuskel
M. pterygoideus medialis			Kaumuskel
M. pterygoideus lateralis			Kiefer-Öffnung
Intrinsische Zungenmuskulatur (Binnenmuskulatur der Zunge)	N. hypoglossus	Nucleus nervi hypoglossi	Formveränderung der Zunge
Extrinsische Zungenmuskulatur (Außenmuskulatur der Zunge) • M. genioglossus • M. styloglossus • M. hyoglossus			Zungenbewegung nach • vorne und unten (zur Gegenseite) • hinten und oben (zur gleichen Seite) • unten und hinten

Tab. 1.1: Muskeln der pharyngealen Schluckphase.

Muskel	Nerv(engeflecht)	Nervenkern	Hauptfunktion
M. mylohyoideus	N. trigeminus	Nucleus motorius nervi trigemini	Hyoid-Larynx-Elevation
M. digastricus ant.			
M. tensor veli palatini			Abdichtung Nasopharynx
M. geniohyoideus	N. hypoglossus	Nucleus nervi hypoglossi	Hyoid-Larynx-Elevation
M. hyoglossus			
M. styloglossus			Abdichtung Pharynxeingang, Bolustransport
M. pterygopharyngeus	Plexus pharyngeus	Nucleus ambiguus (NA)	
M. palatoglossus			
M. palatopharyngeus			
M. stylopharyngeus			
M. salpingopharyngeus			
M. levator veli palatini			Abdichtung Nasopharynx
M. uvulae			
M. stylohyoideus M. digastricus posterior	N. facialis	Nucleus nervi facialis	Abdichtung Pharynxeingang, Hyoidelevation
M. constrictor pharyngis sup.	Plexus pharyngeus	Nucleus ambiguus (NA)	Bildung des Passavantschen Wulstes
M. thyreohyoideus	Ansa cervicalis	Nucleus nervi hypoglossi und Motoneurone der Segmente C1-C3	Hyoid- bzw. Larynx-Senkung
M. sternohyoideus			
M. sternothyroideus			
M. omohyoideus			
M. hypopharyngeus (M. constrictor pharyngis medius)	Plexus pharyngeus	Nucleus ambiguus (NA)	Bolustransport
M. thyropharyngeus (Teil des M. constrictor pharyngis inf.)			
M. cricopharyngeus (Teil des M. constrictor pharyngis inf.)	N. laryngeus inferior und Plexus pharyngeus		Verschluss/Öffnung des oberen Ösophagusphinkters
M. aryepiglotticus	N. laryngeus inferior		Konstriktion des Kehlkopfeingangs
M. cricoarytenoideus lat.			Adduktion der Stimmbänder
M. arytenoideus transversus			
M. arytenoideus obliquus			
M. thyroarytenoideus			
M. cricothyroideus	N. laryngeus superior		Spannung der Stimmbänder

1.1.5 Schlucken und Atmung

Schutz vor Aspiration bietet neben Glottisschluss und Abkippen der Epiglottis insbesondere eine Atempause während des Schluckens (Schluck-Apnoe). Die Dauer der Schluck-Apnoe beträgt ca. 0.6-2 s; bei den meisten Gesunden folgt auf diese Apnoe eine Exspiration, was das pharyngeale „Clearing“ von Bolusresten nach dem Schlucken begünstigt. Die Steuerung von Atmung, Schlucken sowie ihrer Interaktion erfolgt hauptsächlich in der Medulla oblongata, in der man eine dorsale und eine ventrale respiratorische Gruppe (DRG, VRG) unterscheidet. Die DRG liegt im Bereich des NTS, empfängt Afferenzen über den IX. und X. Hirnnerven (bes. von Chemorezeptoren der A. carotis) und schickt Efferenzen zu inspiratorischen spinalen Motoneuronen sowie zur VRG. Die VRG besteht aus einem rostralen – dem Nucleus ambiguus zugehörigen – Teil, der den Larynx inspiratorisch und exspiratorisch versorgt und einem kaudalen Teil – Nucleus retroambiguus –, der das Zwerchfell und die Interkostalmuskulatur inspiratorisch und exspiratorisch versorgt. Die absteigenden Bahnen liegen im Rückenmark vor der Pyramidenbahn im ventrolateralen Trakt. Bei der Mehrzahl der Patienten mit ND findet sich nach der Schluck-Apnoe eine Inspiration, was jedoch Aspirationen bzw. das Auftreten von Aspirationspneumonien nicht zu begünstigen scheint (Hadjikoutis et al., 2000).

Anatomie des Schluckens

Die zentralnervöse Kontrolle des Schluckens auf der Ebene des ***Cortex cerebri*** beruht auf der Aktivität *umschriebener Schluckareale, bes. des unteren Gyrus prae- und postcentralis (frontoparietales Operculum) und der vorderen Insel („Schluckkortex“).*
Die zentralnervöse Kontrolle des Schluckens auf ***Hirnstammniveau*** umfasst folgende Systeme:

1) Efferentes System: Motorische Hirnnervenkerne V, VII, IX, X und XII sowie entsprechende Hirnnerven einschließlich Ansa cervicalis.
2) Afferentes System: Sensorische Fasern der Hirnnerven V, VII, IX, X; Nucleus tractus solitarii (NTS) als wichtige sensorische Relaisstation; Modulation der Schluckvorgänge in Abhängigkeit von der Bolusbeschaffenheit sowie von kortikalen Einflüssen.
3) Schluckzentren = Central Pattern Generators (CPGs) for Swallowing: Sie koordinieren das zeitlich-räumliche Zusammenspiel der Schluckmuskeln; es besteht indirekte Evidenz, dass die Schluckzentren des Menschen homolog sind zu den CPGs der Tiere. Die CPGs befinden sich beim Menschen wahrscheinlich im rostralen Abschnitt der Medulla oblongata; auf jeder Seite sind zwei CPGs zu vermuten, jeweils ein dorsomedialer und ein ventrolateraler CPG (DCPG und VCPG).

Die ***Schluckmuskulatur*** ist mit Ausnahme des mittleren und unteren Ösophagus quergestreift. Eine besondere Rolle spielt der (überwiegend aus tonischen Fasern bestehende) M. cricopharyngeus (CP), der den Hauptbestandteil des oberen Ösophagussphinkters (OÖS) darstellt. OÖS-Dysfunktionen finden sich bei ND sehr häufig.

Die genannten ZNS-Strukturen, die den „Schluckkortex“ bilden (u.a. frontoparietales Operculum, vordere Insel), sind lediglich kritische Epizentren in einem weitverzweigten Netzwerk. D. h., dass Läsionen in diesen Bereichen allenfalls eine notwendige, aber keinesfalls eine hinreichende Voraussetzung für das Auftreten von ND sind. Zudem ist die hohe interindividuelle Variabilität der Repräsentation kortikaler „Funktionsbereiche“ zu beachten; das ist kürzlich für den primär-motorischen Kortex und die Pyramidenbahnen eindrucksvoll nachgewiesen worden (Rademacher et al., 2001).

1.2 Neurologische Erkrankungen und neurogene Dysphagien

1.2.1 Einleitung

In den folgenden Abschnitten werden nur neurologische Erkrankungen behandelt, bei denen ND das klinische Bild mit bestimmen oder gar dominieren. Wie in den Abschnitten über anatomische Aspekte wird dabei in kranio-kaudaler Richtung vorgegangen – von Erkrankungen des ZNS zu solchen der Schluckmuskulatur.

Die Häufigkeitsangaben von ND sind dabei mit Vorsicht zu interpretieren: Es gibt bislang nur eine Studie, in der die Epidemiologie von Schluckstörungen explizit behandelt wird (Kuhlemeier, 1994). In Studien, die sich mit der Inzidenz bzw. Prävalenz (im Folgenden mit „I" bzw. „P" abgekürzt) von ND bei ausgewählten Erkrankungen befassen, werden entweder klinische Parameter (z.B. Husten infolge von Aspirationen, Aspirationspneumonie) oder Surrogatmarker (z.B. VFSS-Befunde) verwendet. Es erstaunt nicht, dass Surrogatmarker in der Regel sensibler als klinische Parameter sind; es stellt sich aber die Frage, wann von einer ND zu sprechen ist: Bei pathologischen VFSS- und/oder FEES-Befunden oder aber wenn sich die/der Betroffene krank fühlt oder objektive klinische Zeichen/Folgen einer ND aufweist, etwa einen Gewichtsverlust oder Zeichen der Malnutrition?

Insofern wäre es bei der Häufigkeitsangabe von ND immer sinnvoll zu erwähnen, welche Behinderungsebene nach der ICIDH-2 (International Classification of Functioning, Disability and Health=ICF; deutsch: Internationale Klassifikation der Funktionsfähigkeit und Behinderung) gemeint ist. (Die bisherige ICIDH-1 wurde 2001 durch die ICF abgelöst):

- Schädigung (Impairment)
  - Strukturschaden; z.B. klinisch und/oder mittels VFSS nachgewiesene einseitige Pharynxparese
  - Funktionsstörung; z.B. Schluckstörung mit Hustenattacken infolge von Aspirationen

- Beeinträchtigung der Aktivitäten (Activity Limitation) (früher: Disability = Fähigkeitsstörung); z.B. schwere Beeinträchtigung der oralen Nahrungszufuhr und dadurch Abhängigkeit von einer Ernährungssonde.

- Beeinträchtigung der Partizipation (Participation Restriction) (früher: Handicap = soziale Beeinträchtigung); z. B. Vermeidung sozialer Kontakte beim Essen (etwa kein Restaurantbesuch mehr) bzw. reduzierte Lebensqualität.

In den meisten Studien fehlt ein derartiges systematisches Vorgehen, d.h. eine Mixtur der verschiedenen Behinderungsebenen ist häufig die Grundlage für Häufigkeitsangaben von ND.

In den folgenden Abschnitten wird vorausgesetzt, dass die Charakteristika einer zentralen und einer peripheren Parese – wie sie für sensomotorische Störungen der übrigen Körpermuskulatur auch gelten – bekannt sind. Bei zentralen Paresen – Affektion des 1. Motoneurons (im primären sensomotorischen Kortex) oder der absteigenden kortikospinalen oder kortikobulbären Fasern – finden sich ein gesteigerter Muskeltonus, gesteigerte und/oder pathologische Reflexe sowie

Mitbewegungen/Massenbewegungen; primäre Atrophien fehlen (hingegen können Inaktivitätsatrophien vorliegen). Bei peripheren Paresen – Affektion des 2. Motoneurons (Zellen in den Hirnnervenkernen bzw. motorische Vorderhornzellen des Rückenmarkes), der im Hirnstamm verlaufenden Hirnnervenanteile, der Hirnnerven nach Austritt aus dem Hirnstamm, der neuromuskulären Übergangsregion und schließlich des Muskels – ist der Muskeltonus schlaff, es finden sich Atrophien und abgeschwächte/fehlende Muskeleigenreflexe; auch können Faszikulationen (spontane Aktivität von Muskelfaser-Gruppen) oder Fibrillationen (spontane Aktivität einzelner Muskelfasern; an der Zunge sichtbar) hinzukommen. Sind die motorischen Hirnnervenkerne betroffen – z.B. N. V mit resultierender Kaustörung und N. XII mit konsekutiver Zungenparese und -atrophie –, spricht man von „bulbären" Zeichen oder von „Bulbärparalyse" (fälschlicherweise, weil „bulbär" eigentlich die Medulla oblongata meint, aber z.B. der motorische Trigeminuskern in der Brücke liegt).

1.2.2 Erkrankungen mit vorwiegendem Befall des ZNS

1.2.2.1 Schlaganfall

Die häufigste zu ND führende Erkrankung ist der Schlaganfall (Hirninfarkte, Hirnblutungen, Subarachnoidalblutungen), wobei Hirninfarkte mit etwa 80% zahlenmäßig führen (I.: 240/100 000, P.: 900/100 000). Die Häufigkeit von ND beträgt in der *Akutphase* nach Schlaganfall über 50%, bei Hirnstammläsionen über 60%; mehr als 2/3 der Aspirationen verlaufen stumm („silent aspirations") (Horner et al., 1991; Daniels et al., 1998). Legt man die VFSS als diagnostischen Goldstandard zu Grunde, so werden ND klinisch unterschätzt (51% klinisch vs 64% VFSS), Aspirationen hingegen überschätzt (49% klinisch vs 22% VFSS) (Mann et al., 2000). Eine oder mehrere Aspirationspneumonie(n) tritt/treten innerhalb eines Jahres nach Schlaganfall bei 10-20% aller Patienten auf bzw. bei ca. 50% der Patienten, die sich wegen ND-Verdachts einer VFSS unterziehen (Johnson et al., 1993; Mann et al., 1999). Ein halbes Jahr nach Schlaganfall waren in der Studie von Mann et al. (1999) 87% der Patienten wieder in der Lage sich voll-oral zu ernähren, obwohl zu diesem Zeitpunkt bei fast der Hälfte der Patienten noch eine Penetration oder Aspiration mittels VFSS nachgewiesen werden konnte.

Lakunäre Infarkte (meist multipel und bilateral) haben definitionsgemäß einen Durchmesser < 2 cm; ihre Prädilektionsstellen sind das periventrikuläre Marklager, der Stammganglienbereich sowie der Hirnstamm. Ursache ist meist eine hypertensive oder diabetische Mikroangiopathie. ND im Rahmen multipler Lakunen entwickeln sich oft subakut oder chronisch, da sich die Auswirkung der Lakunen im Laufe der Zeit „addieren" kann. Allerdings gibt es Fälle, in denen auf einer Hirnseite ein strategisch ungünstig gelegener lakunärer Infarkt (z.B. im Bereich der kortikobulbären Bahn) zunächst keine Ausfälle verursacht, dann aber ein zweiter lakunärer Infarkt, der an bilateral-symmetrischer Stelle auftritt, plötzlich zu einer ND führt. Die Kombination von Lakunen und ischämisch bedingter Marklagererweichung des Großhirns (sog. Leukoaraiose; „white matter lesions") wird als *subkortikale arteriosklerotische Encephalopathie (SAE)* bezeichnet. Das Ausmaß der SAE korreliert einerseits mit der Bolustransitzeit, andererseits mit Aufmerksamkeitsstörungen, so dass eine ausgeprägte SAE einen negativen Einflussfaktor bzgl. der Rückbildung von Dysphagien darstellt. Da eine SAE oft einen Zufallsbefund darstellt, darf sie als Ursache einer ND nur angeschuldigt werden, wenn andere Erkrankungen ausgeschlossen sind! Eine besonders schlechte Restitutionsprognose haben ND bei Pseudobulbärparalyse bzw. beim bilateralen vorderen Operculum-Syndrom (s. 1.1.2.1 und Abb. 1.2).

Bei Vaskulitiden (Gefäßentzündungen) können je nach Lokalisation der Läsionen auch ND vorkommen; häufig sind ND bei der Wegener-Granulomatose, da einerseits Hirnnerven befallen sein können, andererseits vaskulitische ZNS-Herde vorkommen (positive „classic Anti-Neutrophil Cytoplasmic Antibodies“ = c-ANCAs). Auf die Vielzahl der Erkrankungen, die mit Vaskulitiden einhergehen können, sowie auf die Diagnostik, u.a. durch Nachweis antinukleärer Antikörper (ANA), wird hier nicht näher eingegangen (s. 1.3).

1.2.2.2 Parkinson-Syndrome und sonstige Erkrankungen mit Bewegungsstörungen

Unter den Parkinson-Syndromen ist der *Morbus Parkinson (MP)/die Parkinson-Erkrankung/Parkinson's disease (PD)* mit über 90% am häufigsten (I.: 20/100 000, P.: 150/100 000). Es kommt zu einem ätiologisch ungeklärten Untergang von Neuronen in der Pars compacta der Substantia nigra (schwarze Substanz) des Mittelhirns. Es finden sich intrazelluläre Einschlusskörper, sog. Lewy bodies (ausgesprochen /levi/), in der Substantia nigra und anderen Gehirnregionen. Beim MP liegen neben der klassischen Symptomatik mit Rigor, Tremor, Akinese, Störung der posturalen Kontrolle, kognitiven und vegetativen Störungen in etwa 50% ND vor (Kuhlemeier, 1994). Neben Problemen in der oralen Phase („Pumpbewegungen der Zunge“, „pumping motion“), Störung der Zungenbasisretraktion, gestörtem Glottisschluss und OÖS-Dysfunktion kommen auch Störungen der ösophagealen Phase vor. Speiseröhre, aber auch Magen und Darm, sind beim MP oft im Sinne eines gestörten Bolusweitertransports betroffen; ursächlich spielen wohl Lewy bodies in den Zellen des parasympathischen Auerbachschen Plexus eine wichtige Rolle. Erfahrungsgemäß sprechen die oropharyngealen ND nicht so gut auf Dopa oder Dopa-Agonisten an wie die anderen MP-Symptome. Grund hierfür ist, dass sich die Lewy bodies nicht nur in Zellen der Substantia nigra befinden, sondern z.B. auch im Nucleus dorsalis nervi vagi und anderen schluckrelevanten Hirnstammkernen, etwa dem Nucleus pedunculopontinus (Hunter et al., 1997). Gegen die gastrointestinalen Transportstörungen kann oft erfolgreich Domperidon (Motilium®) eingesetzt werden.

Anfänglich ist die differenzialdiagnostische Abgrenzung der *progressiven supranukleären Blickparese (progressive supranuclear palsy, PSP)(Steele-Richardson-Olszewski-Syndrom)* vom MP bisweilen schwierig. Die PSP ist eine neurodegenerative Erkrankung, bei der neben parkinsonähnlichen Symptomen eine axiale Dystonie und Rigidität (besonders der Nackenregion), eine vertikale Blickparese (insbesondere nach unten), ein dementielles Syndrom sowie pseudobulbäre Zeichen und ND häufig vorkommen. Die mittlere Überlebenszeit beträgt 5 Jahre (1-23 Jahre), das Ansprechen auf Medikamente ist schlecht.

Beim autosomal-rezessiven *Morbus Wilson (Wilson-Krankheit, hepatolentikuläre Degeneration)* handelt es sich um eine Kupferstoffwechselstörung mit übermäßiger Kupfereinlagerung in Leber, ZNS, Hornhaut und anderen Organen. Die Erkrankung beginnt entweder früh (zwischen dem 5. und 20. Lebensjahr) oder im Erwachsenenalter (dann meist zwischen dem 20.-40. Lebensjahr). Im Vordergrund stehen psychische Auffälligkeiten, ein typischer Tremor, eine Rigidität sowie eine Dysarthrie und auch ND. Eine medikamentöse Therapie, die letztendlich eine vermehrte Kupferausscheidung zum Ziel hat, steht zur Verfügung.

Tardive Dyskinesien (Spätdyskinesien), die nach Langzeitmedikation mit Neuroleptika vorkommen, können zu ND führen.

Die autosomal-dominante *Chorea Huntington* ist durch choreatische Hyperkinesen und eine zunehmende dementielle Entwicklung gekennzeichnet. Typischerweise entwickelt sich im Verlauf dieser Erkrankung auch eine ND.

Die sog. *zervikale Dystonie (Torticollis spasmodicus)* ist durch fokale Dystonien (unwillkürliche, anhaltende, zu teilweise bizarren Bewegungsabläufen führende Muskelkontraktionen) im Bereich der Hals- und Nackenmuskulatur mit Kopfdrehungen (rotatorischer Tortikollis) oder Kopffehlstellungen (Anterokollis, Retrokollis, Laterokollis) gekennzeichnet. ND können sowohl durch sekundäre Beeinträchtigungen des oro-pharyngealen Traktes infolge der unkoordinierten Kontraktionen der Hals-/Nackenmuskeln als auch primär durch dystone Bewegungen der oro-pharyngealen Muskulatur selbst entstehen.

Multisystematrophien (MSA) werden in die striatonigrale Degeneration (SND), die olivopontozerebelläre Atrophie (OPCA) und das Shy-Drager-Syndrom (SDS) unterteilt. Bei SND dominieren Parkinson-Symptome, die schlecht auf Dopa(-Agonisten) ansprechen. Bei der OPCA steht eine progrediente zerebelläre Ataxie im Vordergrund. Beim SDS dominieren autonome Funktionsstörungen. Bei allen MSA-Formen ist das autonome Nervensystem mitbetroffen (u.a. arterielle Hypotonie, gastrointestinale Störungen, Blasenstörungen durch Befall des Nucleus Onuf[rowicz] im sakralen Rückenmark). Demenzen sind eher selten bzw. relativ milde. Der Tod tritt meist infolge ND-bedingter Aspirationspneumonien oder respiratorischer Probleme ein. Japanische Studien berichten eine ND-Häufigkeit von ca. 50% bei MSA. Bei inspiratorischem Stridor, der bei der MSA nicht selten (initial) auftritt, ist die Indikation zur Tracheotomie zu überdenken. Im MRT können evtl. gefunden werden: cross sign der Brücke, Hyperintensitäten im Kleinhirn(stiel), hypointenser Linsenkern mit hyperintensem Randsaum lateral-hinten (Abb. 1.13); auch das EMG des Blasensphinkters ist oft pathologisch. Im IBZM-SPECT findet sich im Gegensatz zum MP eine verminderte Radionuklidanreicherung im Striatum, was auch bei PSP der Fall ist. Diese Untersuchungen sind bei der Diagnosestellung bzgl. Spezifität und Sensitivität vorsichtig und nur im Kontext aller klinischer Befunde zu interpretieren.

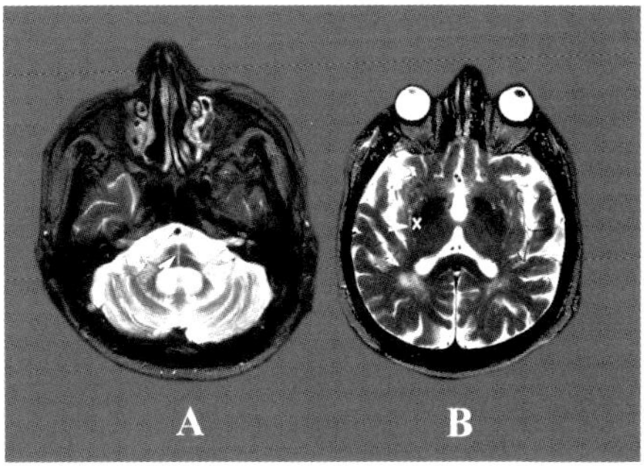

Abb. 1.13: T2-gewichtetes MRT eines Patienten mit Multisystematrophie (MSA) und ausgeprägter Dysphagie. **A:** „Cross sign“ (Pfeilspitze) in der Brücke. **B:** Hypointense Linsenkerne (linkshirnig mit X markiert) mit schmalem hyperintensen Randsaum (linkshirnig mit Pfeilspitze markiert).

Myoklonien können das wohlkoordinierte Zusammenspiel der Schluckmuskeln stören und ND verursachen oder verstärken. Sie treten bei unterschiedlichsten Erkrankungen und unterschiedlichsten Läsionslokalisationen auf (kortikal, subkortikal, Hirnstamm, spinal). Beim symptomatischen Gaumensegel-Myoklonus (heute als Gaumensegel-Tremor, früher als Gaumensegel–Myorhythmie bezeichnet) tritt ein Tremor von 1-3/s (ca. 120/Min.) auf, der auch die Gesichts-, orale, pharyngeale, laryngeale und Extremitäten-Muskulatur in unterschiedlichem Maße mit betreffen kann. Ursache sind Hirnstamm- oder Kleinhirnläsionen, die Komponenten des sog. Guillain-Mollaret-Dreieck betreffen (s. Abb. 1.14): Nucleus ruber des Mittelhirns – zentrale Haubenbahn – untere Olive der Medulla oblongata – Fasern (über den unteren Kleinhirnstiel) zum kontralateralen Kleinhirn – Fasern (über den oberen Kleinhirnstiel) zum kontralateralen Nucleus ruber); die zentrale Haubenbahn (Tractus tegmentalis centralis) ist besonders empfindlich (Trauma, MS, Hypoxie etc.). In der MRT kann bei Unterbrechung in diesem Funktionskreis evtl. eine Olivenhypertrophie nachgewiesen werden (Degenerationsvorgänge führen in der unteren Olive – zumindest vorübergehend – zu Vergrößerungen der Neuronen). Auch bei den posthypoxischen Aktionsmyoklonien (Lance-Adams-Syndrom) können Schluckmuskeln mitbetroffen sein. Myoklonien können medikamentös meist gelindert, selten völlig zum Verschwinden gebracht werden (eingesetzt werden u.a. Antiepileptica wie Phenytoin, Carbamazepin oder Levetiracetam = Keppra®, beim Lance-Adams-Syndrom Piracetam = z.B. Nootrop® oder Levetiracetam). Eigener Erfahrung nach treten Myoklonien oft mit einer Latenz von Wochen oder Monaten nach Erkrankungsbeginn auf, nehmen nicht selten im weiteren Verlauf zu und sind therapeutisch meist schlecht angehbar, weil die Nebenwirkungen der o.g. Medikamente bei Aufdosierung einen limitierenden Faktor darstellen.

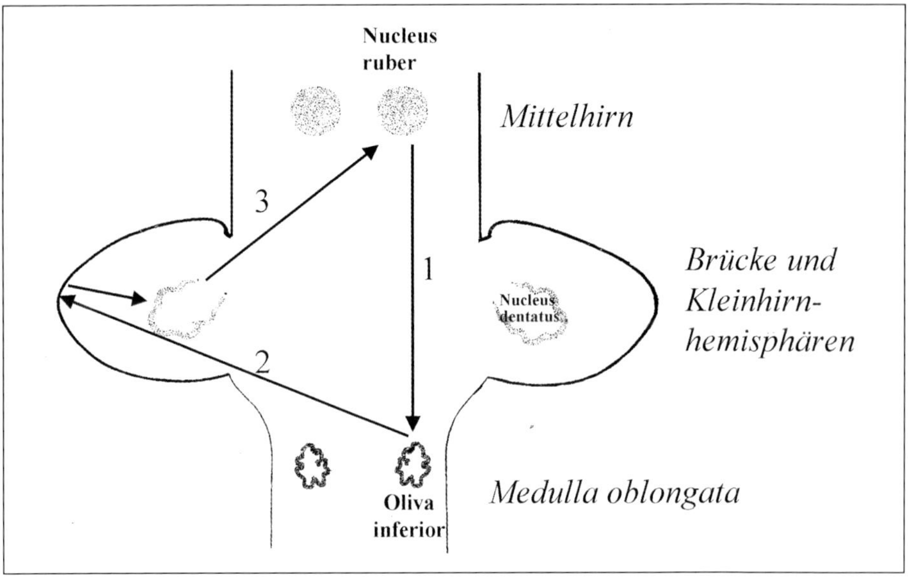

Abb. 1.14: Guillain-Mollaret-Dreieck (schematische Abbildung; Koronarschnitt durch Hirnstamm und Kleinhirnhemisphären). Bei Läsionen in diesem Funktionskreis kommt es zum Gaumensegeltremor (1-3/s); besonders empfindlich ist die zentrale Haubenbahn (daher oft bei MS, Trauma, Hypoxie etc. betroffen); die untere Olive vergrößert sich nach Läsionen in diesem Funktionskreis (diese Oliven-Hypertrophie ist manchmal in der MRT nachweisbar). 1 = Zentrale Haubenbahn (Tractus tegmentalis centralis); 2 = Verbindung zwischen Oliva inferior und kontralateraler Kleinhirnrinde (über unteren Kleinhirnstiel); 3 = Verbindung zwischen Nucleus dentatus und kontralateralem Nucleus ruber (über oberen Kleinhirnstiel).

In einer kürzlich publizierten Studie über Patienten mit extrapyramidal-motorischen Erkrankungen (Müller et al., 2001) variierte der Zeitraum zwischen Erkrankungsbeginn und Auftreten von ND stark (von im Mittel 42 Monaten bei PSP bis zu 130 Monaten bei MP); allerdings war die Dauer der Überlebenszeit *nach* Einsetzen einer ND bei allen extrapyramidalen Erkrankungen ziemlich identisch (15-24 Monate). Insofern sind ND bei diesen Erkrankungen auch von erheblicher prognostischer Bedeutung (Müller et al., 2001).

1.2.2.3 Schädelhirntrauma (SHT)

Die ND sind meist Folge von hirndruckbedingten sekundären oder primären Hirnstammschädigungen sowie der sog. diffusen axonalen Schädigung (diffuse axonal injury = DAI), einer vom Marklager des Großhirns (einschließlich Balken) bis in den Hirnstamm reichende Schädigung der weißen Substanz. Oft sind die ND mit einer durch Hirnstammschädigung bedingten Aphonie/Dysphonie und/oder Anarthrie/Dysarthrie assoziiert. Seit dem in den letzten Jahren forcierten Aufbau von neurologisch-neurochirurgischen Frührehabilitationsabteilungen (Phase B) in Deutschland wird deutlich, dass ND bei Patienten nach schwerem SHT viel häufiger sind als früher vermutet wurde. Die ND-Häufigkeit bei neurologisch-neurochirurgischen Frührehabilitationspatienten dürfte über 70% betragen (Prosiegel et al., 2000). Systematische Studien zum Outcome gibt es m.W. bislang nicht.

1.2.2.4 Tumoren

ND werden insbesondere durch Tumoren verursacht, die den Hirnstamm direkt oder indirekt (z.B. durch Druck) betreffen und/oder zu einer Affektion der Hirnnerven V, VII, IX, X oder XII führen. Im eigenen Patientengut dominieren Kleinhirnbrückenwinkeltumoren, Tumoren des IV. Ventrikels, Tumoren der Schädelbasis (z.B. Chondrome, Chondrosarkome), Glomustumoren und Cavernome des (unteren) Hirnstamms. Der ND-Schweregrad hängt von der Art, vom Ort und vom Ausmaß der Raumforderung ab. Nicht selten treten ND erst *nach* Operationen von Tumoren auf. Beispiele sind ND *nach* Operation von Raumforderungen des IV. Ventrikels (z.B. Ependymome); wir fanden in derartigen Fällen kleine intraoperativ entstandene (venöse?) Blutungen im Bereich der hinteren Medulla oblongata (Affektion beider DCPGs?) (Prosiegel et al., 1997), ohne dass Hirnnerven nennenswert befallen waren. Der Neurochirurg muss daher entscheiden, ob er es vorzieht, evtl. einen flachen Tumor-Rasen am Boden der Rautengrube zu belassen; dies ist im Falle langsam wachsender Tumoren vielleicht hinsichtlich ND vorteilhafter als eine totale Tumorentfernung mit dem Risiko von (venösen?) Blutungen. Neurinome des N. hypoglossus, N. glossopharyngeus oder N. vagus haben eine gute Prognose, sofern der Hirnstamm nicht druckgeschädigt ist. Das Outcome von ND nach Operation von Tumoren, die mehrere schluckrelevante Hirnnerven affizieren – etwa Raumforderungen des Foramen jugulare (z.B. Glomus-jugulare-Tumoren) – ist meist schlechter (Paulig et al., 2001).

1.2.2.5 Multiple Sklerose (MS)

Die MS ist eine entzündliche ZNS-Erkrankung (I.: 5/100 000, P.: 100/100 000) mit autoimmuner Pathogenese und ungeklärter Ätiologie. Nach neueren Untersuchungen kommen ND bei knapp über 40% der MS-Patienten vor. Dabei besteht eine positive Korrelation zwischen dem Schweregrad der Behinderung und der Auftretenswahrscheinlichkeit von ND (von den MS-Patienten mit ND-Symptomen haben aber immerhin 17% nur eine geringe Behinderung). Es gibt keine MS-typischen ND-Störungsmuster (Übersicht: Prosiegel, 2001).

1.2.2.6 Zentrale pontine Myelinolyse (ZPM)

Bei der ZPM handelt es sich um eine Entmarkung zentraler Abschnitte der Brücke, meist bei Elektrolyt-Stoffwechelstörungen (z.B. zu rasch ausgeglichene Hyponatriämie) und/oder bei Alkoholismus; auch extrapontine Myelinolysen sind nicht selten. ND sind bei der ZPM sehr häufig und bilden sich unter Schlucktherapie meist gut zurück.

1.2.2.7 Amyotrophe Lateralsklerose (ALS) und andere Motoneuron-Erkrankungen

Die amyotrophe Lateralskerose (ALS) ist die häufigste degenerative Motoneuron-Erkrankung des Erwachsenen (I.: 2/100 000; P.: 7/100 000), die in über 90% sporadisch und beim Rest genetisch-determiniert auftritt.
Im angloamerikanischen Schrifttum wird von Motor Neurone Disease (MND) gesprochen; je nach dem, ob das 1. oder das 2. Motoneuron betroffen ist, wird dabei zwischen Upper Motor Neurone bzw. Lower Motor Neurone Disease (UMND bzw. LMND) unterschieden; die ALS ist danach eine spezielle Variante im Sinne einer kombinierten UMND und LMND.

Es handelt sich um eine pathogenetisch und ätiologisch bislang unklare Degeneration des 1. und des 2. Motoneurons. Der Befall der Motoneurone im primär-motorischen Kortex führt zu einer Degeneration der kortikobulbären und kortikospinalen Bahnen – da letztere im Rückenmark lateral verlaufen, spricht man auch von „Lateralsklerose" –, die Degeneration der Motoneurone der Hirnstammkerne (V, VII, IX, X, XII) und der spinalen Vorderhörner bewirkt schlaffe Paresen und Atrophien der „bulbären" und Extremitätenmuskulatur (daher „amyotroph"). Charakteristisch ist also ein Nebeneinander von Spastik/spastischen Paresen, Pyramidenbahnzeichen und gesteigerten Reflexen (1. Motoneuron) einerseits sowie von schlaffen Paresen, Muskelatrophien und Faszikulieren/Fibrillieren (2. Motoneuron) andererseits. Die mittlere Überlebensdauer beträgt 3-5 Jahre; eine Lebensverlängerung um etwa 3-6 Monate ist bei Gabe des einzigen bislang zugelassenen Medikamentes Riluzol (Rilutek®) möglich. In etwa 25% beginnt die ALS in Form der Bulbärparalyse; diese sog. bulbäre Verlaufsform der ALS ist besonders rasch progredient. Die Häufigkeitsangaben von ND variieren zwischen 48% und 100%; letztendlich versterben alle Patienten an Ateminsuffizienz und/oder an ND-bedingter Aspirationspneumonie. Je nach Verlaufsart und Dauer der ALS können in unterschiedlicher Kombination eine gestörte orale Boluskontrolle, eine gestörte Zungenbasisretraktion, eine verzögerte Schluckreflexauslösung, ein insuffizienter Glottisschluss oder eine OÖS-Dysfunktion dominieren. Die Therapie ist palliativ; bei starker Verschleimung können Acetylcystein (z.B. ACC®), bei starker Speichelsekretion anticholinerge Substanzen (z.B. Scopoderm-Pflaster®), sehr selten auch Botulinum-Toxin-Injektionen in die Speicheldrüsen indiziert sein (Prosiegel et al., 2002a). ALS-Patienten profitieren von Schlucktherapie; rechtzeitig sind sie über die Möglichkeit einer (partiellen) Nahrungszufuhr über eine PEG-Sonde zu informieren, insbesondere auch darüber, dass die PEG-Anlage bei einer Reduktion der Vitalkapazität unter 50% ein erhöhtes Risiko birgt (Prosiegel et al., 2002a).

Bei sonstigen Motoneuron-Erkrankungen sind ND selten, können jedoch vorkommen. Beispiele sind unter den LMND die folgenden spinalen Muskelatrophien (SMA): SMA Werdnig-Hoffmann (Säuglinge), SMA Wohlfart-Kugelberg-Welander (Kinder/Jugendliche), SMA Aran-Duchenne und SMA Vulpian-Bernhardt (Erwachsene); unter den UMND ist die (meist autosomal-dominant vererbte) spastische Spinalparalyse zu erwähnen.

Bei der seltenen X-chromosomal vererbten spinobulbären Muskelatrophie (SBMA) Typ Kennedy (Kennedy´s disease) stehen ND sowie Atrophien und Faszikulieren/Fibrillieren der Gesichts- und Zungenmuskulatur klinisch neben sehr langsam fortschreitenden Atrophien der Extremitätenmuskeln im Vordergrund. Die von Frauen vererbte Erkrankung manifestiert sich nur bei Männern, erstmals meist im jungen Erwachsenenalter. Es finden sich oft eine Gynäkomastie, eine Hodenatrophie sowie niedrige Serum-Testosteron- und erhöhte Serum-Östrogen-Spiegel.

1.2.2.8 Hohe Querschnittslähmungen

Bei traumatisch bedingten zervikalen Läsionen des Rückenmarks können ND auftreten, was in der Studie von Kirshblum et al. (1999) bei 16,5% der Betroffenen der Fall war. Die Autoren fanden drei Hauptprädiktoren für das Auftreten einer ND: 1) höheres Alter, 2) Tracheostoma bzw. Notwendigkeit der Beatmung und 3) anteriorer operativer Zugang zur Halswirbelsäule. Besonders ungünstig hinsichtlich ND scheint dabei die Kombination aus 2) (gestörte Larynxelevation?) und 3) (Verletzung des vagalen Plexus pharyngeus?) zu sein.

1.2.2.9 Psychogene Dysphagie

Meist handelt es sich um junge Frauen mit einer Störung der Schluckinitiierung und der Klage „Beim Schlucken bleibt etwas in der Kehle stecken". Unter objektivierbaren klinischen Zeichen findet sich nur ein Gewichtsverlust; die VFSS ist bis auf die orale Störung, die an eine „Schluckapraxie" erinnert, normal. Vor der Diagnosestellung müssen andere Ursachen ausgeschlossen sein. Psychogene Dysphagien sind seltener als ND, die als psychogen fehlinterpretiert werden!

1.2.2.10 Entzündliche Erkrankungen

Die *Poliomyelitis* ist eine fäkal-oral übertragene Virusinfektion, die die Motoneurone des Hirnstamms und des Rückenmarks befällt, heute jedoch in Europa in Folge der Impfungen nur noch sehr selten vorkommt und mit ND einhergehen kann. Das sog. *Postpolio-Syndroms (PPS)* tritt im Mittel ca. 30 Jahre nach durchgemachter Poliomyelitis bei mehr als 50% der ehemals Betroffenen auf und zwar in zwei Varianten (Borg, 1996). Bei der ersten Variante klagen die Patienten über Muskel- und Gelenkschmerzen sowie über eine Kälteintoleranz bzw. über ein subjektives Kältegefühl. Die zweite Variante – die Postpolio-Muskeldysfunktion oder -atrophie (PPMD oder PPMA) – geht mit Muskelschwächen (Verstärkung vorbestehender Schwächen oder Schwächen vormals nicht befallener Muskeln) und/oder mit Muskelatrophien einher. Im Rahmen der PPMD/PPMA können ND auftreten, bzw. vorbestehende ND können sich verstärken.

Eine Patientin meiner Klinik entwickelte nach einer Polioauffrischimpfung eine sog. postvakzinale Hirnstamm-Enzephalitis (selten; ca. 1/1 Million Impfungen). *Meningitiden/Enzephalitiden,* die den Hirnstamm (mit)betreffen, verursachen besonders häufig ND. Unter den Erregern befallen bes. die grampositiven Listerien den Hirnstamm *(Listerien-Meningoenzephalitis)*.

Bei HIV-1-Infektionen des zentralen oder peripheren Nervensystems bzw. bei Neuro-AIDS können ND auf vielfältige Weise entstehen. Als Beispiele seien genannt: HIV-1-assoziierte Enzephalopathie bis hin zum AIDS-Demenz-Komplex, progressive multifokale Leukenzephalopathie (PML), Meningo-Enzephalitiden durch Kryptokokken, Toxoplasmen, Cytomegalievirus (CMV), Herpes-simplex-Virus (HSV), Varizella-Zoster-Virus (VZV), Mykobakterien, Candida und Syphiliserreger, außerdem ZNS-Lymphome, HIV-Myopathie, HIV-Neuropathien (z.B. AIDP; s. 1.2.3.1).

Bei der PML, verursacht durch das JC-Virus (ein Papova-Virus), sind ND häufig. Die Progredienz der PML kann durch Gabe von Cidofovir (VISTIDE®) zusätzlich zu HAART (highly active antiretroviral therapy) vermutlich hinausgezögert werden. Bei CMV-Infektion wurde eine mit ND einhergehende Polyneuritis cranialis s. 1.2.3.1) beschrieben. Bei HIV-Infizierten ist immer auch an eine Ösophagitis (z.B. durch Candida oder CMV) zu denken (Prosiegel et al., 2002a).

1.2.2.11 Alter und Demenzen

Die Ursachen von ND im Alter und bei Demenzen sind vielfältig. Neben Alterserkrankungen wie Schlaganfall, Parkinson-Syndrom etc. sind (in unterschiedlicher Kombination) zu berücksichtigen: „White matter lesions“ (s. 1.2.2.1), verlängerte Bolustransitzeit, HWS-Spondylophyten, verminderte Elastizität des OÖS„ schlechter Zahnstatus, verminderte Speichelsekretion, kognitive Störungen etc. Eine Protein Energy Malnutrition (PEM) führt zu muskulärer Schwäche, die auch die Schluck- und Atemmuskulatur betrifft; außerdem begünstigt PEM das Auftreten von Infektionen. Damit entsteht ein gefährlicher Circulus vitiosus (Alter – ND – PEM – muskuläre Insuffizienz, Infektionsneigung – Zunahme der ND), der in einer tödlichen Aspirationspneumonie enden kann (Übersicht: Hudson et al., 2000). Zu geriatrischen Aspekten von ND s. Kap. 14.

1.2.3 Erkrankungen mit überwiegendem Befall des peripheren Nervensystems

1.2.3.1 Akute inflammatorische demyelinisierende Polyneuropathie (AIDP)/akutes Guillain-Barré-Syndrom (GBS)

Die AIDP/das akute GBS beruht auf einer immunvermittelten Demyelinisierung peripherer Nerven(wurzeln) (Polyneuritis, Polyradikulitis), die oft – mit einer Latenz von etwa 10 Tagen – im Gefolge von Atemwegs- oder gastrointestinalen Infekten (bes. Campylobacter jejuni; Verläufe bei Nachweis dieses Erregers schwerer und Restitutionsprognose schlechter) oder nach Operationen bzw. Impfungen auftritt (I.: 1,5/100 000). Im Liquor findet sich ein erhöhter Eiweißgehalt bei weitgehend normaler Zellzahl. Oft sind Hirnnerven mit resultierenden mehr oder weniger schweren ND affiziert.

Eine AIDP/GBS-Sonderform ist das *Miller-Fisher-Syndrom (MFS)*, das durch eine externe Ophthalmoplegie, ND, Ataxie, Parästhesien und Areflexie charakterisiert ist. Auch die *Polyneuritis cranialis*, ein symmetrischer Befall kaudaler Hirnnerven mit ND, gilt als AIDP/GBS-Sonderform.

1.2.3.2 Langzeitbeatmung, Critical-Illness-Polyneuropathie und -Myopathie (CIP, CIM)

Tolep et al. (1996) fanden bei langzeitbeatmeten Patienten in etwa 80% Schluckstörungen (bei Patienten mit neuromuskulären Erkrankungen in 85%). Die Critical-Illness-Polyneuropathie (CIP) tritt bes. bei Patienten auf, die auf Intensivstationen längere Zeit wegen Multiorganversagens (Multiple Organ Dysfunction Syndrome; MODS) bzw. Sepsis/systemischer Entzündungsreaktion (Systemic Inflammatory Response Syndrome; SIRS) behandelt/beatmet wurden; es entwickeln sich eine Tetraplegie sowie Probleme bei der Entwöhnung von der Beatmung („Weaning") infolge einer Schwäche der Atemmuskulatur. In pathogenetischer Hinsicht wird eine hypoxische Schädigung motorischer und sensibler Axone diskutiert. Bei der Critical-Illness-Myopathie (CIM) scheint hochdosierte Kortikosteroidbehandlung bzw. die Gabe von nichtdepolarisierenden Endplattenblockern und/oder von Aminoglykosidantibiotika zu einem selektiven Verlust vom Myosinfilamenten zu führen. Da auch begleitende Enzephalopathien auftreten, ist es oft schwer, bei ND zu unterscheiden, ob sie Folge der CIP, der CIM, der begleitenden Enzephalopathie oder der Langzeitbeatmung per se sind. Unserer Erfahrung nach ist die Restitutionsprognose von ND bei Patienten nach Langzeitbeatmung/CIP/CIM gut. CIP und CIM sind häufig; Häufigkeitsangaben von ND bei CIP/CIM sind mir allerdings nicht bekannt.

1.2.4 Erkrankungen der neuromuskulären Übergangsregion

Die *Myasthenia gravis* (I.: 0,5/100 000, P.: 5/100 000) ist eine Autoimmunerkrankung, bei der Autoantikörper die Azetylcholinrezeptoren der Muskelendplatte besetzen und damit die Rezeptorbindung von präsynaptisch freigesetztem Azetylcholin blockieren. Die daraus resultierende Schwäche betrifft insbesondere die Muskeln der Augen, der proximalen Extremitätenabschnitte und sehr häufig auch des Pharynx sowie die Kaumuskulatur. Die abnorme Ermüdbarkeit der Muskulatur ist wechselnd ausgeprägt und wird im klassischen Fall besonders deutlich bei Belastung bzw. am Abend. Myasthenie-bedingte ND gehen häufig mit einer beidseitigen belastungsabhängigen Pharynxkontraktionsschwäche und einer Kaustörung einher. Die Häufigkeit der Dysphagie wird als Erstsymptom mit 17%, im späteren Verlauf mit 53% angegeben.

Das *Lambert-Eaton-Rooke/Lambert-Eaton-myasthene-Syndrom (LEMS)* ist ein immunvermitteltes paraneoplastisches Syndrom, dem meist ein kleinzelliges Bronchialkarzinom zu Grunde liegt. Antikörper gegen Voltage-Gated Calcium Channels (VGCC) behindern die präsynaptische Freisetzung von Azetylcholin in den synaptischen Spalt. Die vorschnelle Ermüdbarkeit betrifft vorwiegend die Beckengürtelmuskulatur. Ptose, Doppelbilder und ND sowie vegetative Störungen treten im weiteren Verlauf nicht selten auf.

Die drei humanpathogenen Formen des Botulinumtoxins (A, B, E) sind das Stoffwechselprodukt anaerober Bakterien (Clostridium botulinum) und können zum Botulismus führen. Meist bildet sich dieses Toxin in Nahrungsmitteln, die bakteriell kontaminiert und ohne ausreichende Hygiene verarbeitet wurden. Bei Kindern kann auch eine bakterielle Besiedelung des Darms mit anschließender Toxin-Produktion zum Botulismus führen. Das Gift wirkt präsynaptisch, d.h. es behindert die Freisetzung von Azetylcholin aus den Nervenendigungen und somit letztendlich auch die Muskelkontraktion. Initiale Symptome sind Doppelbilder, Akkomodationsstörungen, Dysarthrie und ND, später folgen Extremitätenlähmungen sowie Mundtrockenheit und Mydriasis der Pupillen ohne Lichtreaktion.

ND können nach i.m. Botulinum-Toxin-A-Injektion (z.B. zur Behandlung des Torticollis spasmodicus) auftreten.

1.2.5 Muskelerkrankungen

1.2.5.1 Muskeldystrophien und Myopathien

Die *Dystrophia myotonica Curschmann-Steinert-Batten* (dystrophische Myotonie, myotone Dystrophie) ist eine autosomal-dominant vererbbare Muskelerkrankung (P.: 10-20/100 000). Sie geht mit einer Schwäche der Gesichts- und Pharynxmuskulatur sowie der distalen Extremitätenmuskeln einher. Der Ausdruck „Myotonie" weist auf die verzögerte Muskelerschlaffung nach stattgehabter Kontraktion hin. So kann es den Patienten z.B. Schwierigkeiten bereiten, nach einem kräftigen Händedruck die Hand wieder loszulassen oder die Zunge kontrahiert sich nach einer Perkussion mit dem Reflexhammer bzw. die resultierende „Delle" löst sich nur langsam (sog. Perkussionsmyotonie). In einer kürzlich durchgeführten Studie lag bei 70% der Patienten mit dystrophischer Myotonie eine ND vor, wobei oropharyngeale Symptome und eine OÖS-Dysfunktion dominierten (Ertekin et al., 2001).

Die *okulopharyngeale Muskeldystrophie (OPMD)* des mittleren bis höheren Erwachsenenalters ist eine autosomal-dominante Erkrankung, die mit einer progredienten Ptose und einer ND in Folge einer Muskelschwäche der Augenlider und des Pharynx einhergeht (P.: 0.5/100 000; bei Personen französisch-kanadischer Abstammung häufiger). Da meist auch eine Relaxationsstörung des OÖS vorliegt, können die Patienten von einer cricopharyngealen Myotomie profitieren (s. Kap. 13).

Andere Arten der Muskeldystrophie, z.B. die X-chromosomal vererbte und daher nur bei männlichen Patienten (im Kindesalter) auftretende Muskeldystrophie vom Typ Duchenne, führen selten zu Dysphagien.

Unter den *hereditären metabolischen Myopathien* werden (seltene) Störungen im Kohlenhydrat-, Lipid-, Purin- und Mitochondrienstoffwechsel sowie die Ophthalmoplegia plus bzw. das Kearns-Sayre-Syndrom zusammengefasst. Es handelt sich um Muskelerkrankungen, die auf einem Defekt eines oder mehrerer mitochondrialer Enzyme, die die Energiegewinnung der Muskelzelle katalysieren, beruhen. In der Trichromfärbung finden sich als typischer mikroskopischer Befund so genannte „ragged red fibers" („zerlumpte rote Fasern"). Bei der Opthalmoplegia plus kommen Ptose, Augenmuskellähmungen sowie Befall mimischer und Kaumuskeln und ND vor; das Kearns-Sayre-Syndrom ist eine Variante, bei der zusätzlich u.a. eine Retinitis pigmentosa und kardiale Reizleitungsstörungen hinzutreten.

Eine Hyper- oder Hypothyreose kann (pharyngeale) Muskelschwächen verursachen (Schilddrüsendiagnostik s. 1.3), ebenso erhöhte Kortison-Spiegel (bei Cushing-Syndrom bzw. viel häufiger im Rahmen einer Kortikosteroid-Therapie).

1.2.5.2 Muskelentzündungen (Myositiden)

Polymyositis (PM), Dermatomyositis (DM) und *Einschlusskörpermyositis (Inclusion Body Myositis, IBM)* sind entzündliche Muskelerkrankungen, die im Sinne von Autoimmunvorgängen sowohl spontan, aber auch im Rahmen von Kollagenosen wie etwa dem systemischen Lupus erythematodes oder (Malignome begleitend) als paraneoplastische Syndrome auftreten können. Die Assoziation mit Malignomen ist bei der DM höher als bei der PM und bei der PM höher als bei der IBM. Die ND-Häufigkeit bei der PM und der DM (I.: 0,5-1/100 000) wird in der Literatur mit 12-54% veranschlagt (Kuhlemeier, 1994). Bedeutend häufiger als früher angenommen sind ND bei der IBM (P.: 0,5-1/100 000), sie sollen bei bis zu 80% der IBM-Patienten vorkommen (Houser et al., 1998)

Die *granulomatöse Myositis* – meist im Rahmen einer Sarkoidose (Morbus Boeck) – sowie die *Trichinose* (Trichinenbefall) sind andere Beispiele entzündlicher Muskelerkrankungen (Nachweis durch Muskelbiopsie).

1.2.6 Iatrogene Ursachen

Zahlreiche *Medikamente* können auf unterschiedliche Weise ND verursachen: Benzodiazepine über Sedierung; Aminogylosid-Antibiotika und D-Penicillamin über eine Beeinflussung der neuromuskulären Übergangsregion; Kortikosteroide, das Gichtmittel Colchicin, Cholesterinsenker und L-Tryptophan über die Auslösung einer Myopathie; Neuroleptica und das Antiemeticum Metoclopramid (Paspertin®) durch Dopaminantagonismus im ZNS; zahlreiche Medikamente mit anticholinergen (Neben-) Wirkungen durch Antagonismus von Azetylcholin im ZNS.

Bestrahlungen von Tumoren des oropharyngealen Bereiches gehen oft mit ND einher. Die Ursachen sind vielfältig: Strahlenschäden von Hirnnerven, bestrahlungsbedingte Indurationen von Haut und Bindegewebe im Halsbereich mit mechanischer Behinderung der Larynxelevation, durch Strahleneinwirkung bedingte Verhärtung der oropharyngealen Muskulatur einschließlich des OÖS sowie ausgeprägte Xerostomie.

Nach folgenden *Operationen* können ND vorkommen. Carotisendarteriektomien (CEA) können zu Vagusschädigungen mit den Folgen einer ipsilateralen Stimmbandlähmung und einer ND führen („double trouble“: Stimmbandlähmung *und* ND); auch Hypoglossusschädigungen kommen vor. Nach ventralen Rhizotomien (Wurzeldurchtrennungen) wegen Torticollis spasmodicus können sich vorbestehende ND verbessern oder aber verschlimmern, es können auch neue ND auftreten. Anteriore Zugänge zur Halswirbelsäule, etwa im Rahmen von zervikalen Bandscheibenoperationen, können (Zerrung vagaler Geflechte?) zu ND, Odynophagie oder Heiserkeit (komplette oder inkomplette Stimmbandparesen) führen (Morpeth & Williams, 2000; Winslow et al., 2001).

Abb. 1.15: T1-gewichtete sagittale MRT-Aufnahme einer Patientin mit Chiari-I-Fehlbildung. Die 78-jährige (!) Patientin entwickelte eine beidseitige Zungenatrophie mit Fibrillationen und eine schwere Dysphagie. Es wurde die falsche Diagnose „bulbäre Verlaufsform einer amyotrophen Lateralsklerose (ALS)" gestellt. Man erkennt die durch das Foramen magnum nach unten verlagerten Kleinhirnabschnitte (Kleinhirntonsillen [Pfeil]), die einen Druck auf hintere Abschnitte des unteren Hirnstamms ausüben. Die Patientin wurde erfolgreich operiert (Dekompression mittels subokzipitaler Kraniotomie, C1-Laminektomie und Duraplastik).

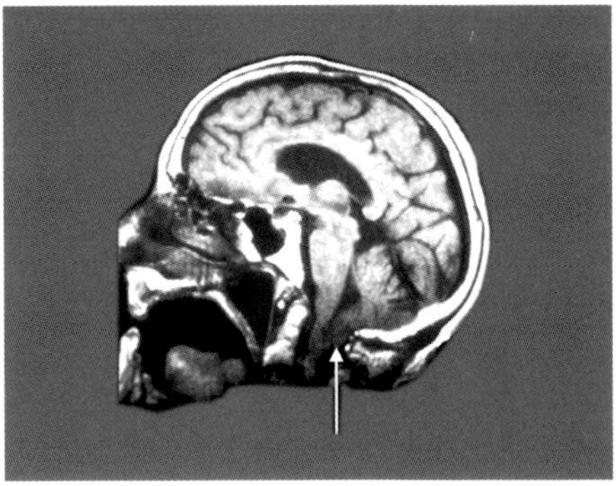

1.2.7 Seltene Ursachen

Anomalien des kraniozervikalen Übergangs wie z.B. die *(Arnold-)Chiari-Missbildungen* können ND verursachen; unter den vier Varianten sind insbesondere die Chiari-Malformationen vom Typ I und Typ II klinisch relevant, darunter wiederum im Erwachsenenalter nur die Chiari-Missbildung vom Typ I. Diese *Chiari-I-Fehlbildung* kann eine bulbäre ALS imitieren (Paulig & Prosiegel, 2002; s. Abb. 1.15).

Die Lewy-body-*Dysphagie* ist eine ohne Demenz einhergehende ND des höheren Lebensalter auf Grund von Lewy bodies in schluckrelevanten Neuronen des ZNS, insbesondere im Nucleus dorsalis nervi vagi. Die seltene X-chromosomal vererbte *spinobulbäre Muskelatrophie (SBMA) Typ Kennedy* wurde in 1.2.2.7 erwähnt. Eine seltene Ursache für ND ist die zu den paraneoplastischen Syndromen zählende *bulbäre Enzephalitis/paraneoplastische Enzephalomyelitis (PEM)* (positive Anti-Hu-Antikörper) bzw. die *paraneoplastische Kleinhirndegeneration/Paraneoplastic Cerebellar Degeneration (PCD)* (positive Anti-Yo-Antikörper).

Die entzündlichen Darmerkrankungen *Morbus Crohn* und *Colitis ulcerosa* können auf unterschiedlichen Wegen zu neurologischen Ausfällen führen, etwa über thromboembolische arterielle oder venös bedingte Hirninfarkte sowie fraglich über – bei ca. 40-50% der Patienten im T2-gewichteten MRT als Hyperintensitäten nachweisbare – (pathogenetisch ungeklärte) Schädigungen der weißen Substanz; selten können dabei ND auftreten (Perkin & Murray-Lyon, 1998).

Zervikale Osteophyten sind häufig; solche, die den Pharynx von hinten in funktionell relevanter Weise einengen, hingegen selten. Sie sollten (bei der VFSS) aber nicht übersehen werden, weil sie operativ mit Erfolg angegangen werden können. (Bei Morbus Forestier = Diffuse Idiopathic Skeletal Hyperostosis [DISH], einer seltenen und ätiologisch unklaren Erkrankung, kommen einengende Osteophyten häufig vor).

1.3 Neurologische Diagnostik

Wie bei anderen Funktionsstörungen besteht auch bei ND die Diagnostik aus Anamnese, klinischer Untersuchung sowie apparativen bzw. laborchemischen Zusatzuntersuchungen. An eine ND ist zu denken, wenn oropharyngeale Störungen im Vordergrund stehen. Es kann sich u.a. handeln um: Subjektive Schluckbeschwerden (erhöhter Zeitbedarf beim Essen/Trinken, gestörte Speichelkontrolle, Husten-/Erstickungsanfälle, nasale Regurgitation, „Steckenbleiben" von Nahrung bes. bei OÖS-Dysfunktion), Einschränkung der Lebensqualität durch Verlust des Ess- bzw. Trinkgenusses, Dehydratation bzw. Malnutrition, Fieberschübe durch Aspirationen, Aspirationspneumonie bzw. -pneumonitis.

Eine genaue Medikamentenanamnese ist wichtig. ND werden (initial) leicht übersehen, weil die betroffenen Patienten oft (unbemerkte/spontane) Kompensationsmechanismen entwickeln (langsameres Essen, Haltungsänderung, Kopfdrehung etc.) und/oder die Aspirationen stumm verlaufen können („silent aspiration").

Obwohl es bislang keinen Goldstandard bzgl. Bedside-Screening-Tests gibt, kann noch am ehesten die Kombination des „50-ml water test" (sukzessive Wasser-Schlucke von 5 ml; Dysphagiehinweise: Erstickungsanfälle, Husten oder Änderung der Stimmqualität) und der Untersuchung der Sensibilität im Pharynxbereich empfohlen werden (Martino et al., 2000).

Zusätzlich muss eine Untersuchung der sensomotorischen Funktionen (Gesichtsmuskulatur, Zunge, Velum, Würgreflex, Sensibilität der Mundschleimhaut und der Rachenhinterwand), der Auslösbarkeit des Schluckreflexes und der Schutzfunktionen (Husten, Räuspern) erfolgen. Durch Beurteilung der Phonation sind (indirekte) Rückschlüsse auf laryngeale Funktionen möglich. Ein fehlender Palatal- oder Würgreflex ist immer verdächtig auf Vorliegen einer ND; eine Dissoziation zwischen willkürlichen (abgeschwächten/fehlenden) und reflektorischen (lebhaften) muskulären Reaktionen ist verdächtig bzgl. des Vorliegens einer Pseudobulbärparalyse (z.B. fehlende Velumanhebung bei Phonation, aber starke Anhebung bei Auslösung des Palatalreflexes). Bei einseitigen Pharynxparesen wird die Mittellinie (Raphe pharyngis) zur gesunden Seite gezogen (Kulissenphänomen, franz.: sign de rideau, engl.: curtain sign). Bei einseitigen Hypoglossusparesen finden sich eine ipsilateral atrophische bzw. fibrillierende Zungenhälfte sowie ein Abweichen der Zunge zur kranken Seite beim Herausstrecken (bzw. zur gesunden Seite bei zurückgezogener Zunge).

Klinische Symptome der Pseudobulbärparalyse umfassen: Schwere Dysarthrie (evtl. Anarthrie), ausgeprägte Zungenbeweglichkeitsstörung ohne Atrophie und ohne Faszikulationen/Fibrillationen, gesteigerte fazio-oro-pharyngeale Reflexe (z.B. gesteigerter Masseterreflex), Affektinkontinenz (meist „pathologisches Weinen", seltener „pathologisches Lachen"), Pyramidenbahnzeichen (positiver Babinski). Pseudobulbäre Symptome kommen z.B. vor bei bilateralen Hirninfarkten, die die kortikobulbären Bahnen betreffen oder bei der ALS infolge Befall des 1. Motoneurons.

Bei Erkrankungen mit gestörter Phonation oder Artikulation ist immer an das Vorliegen einer ND zu denken.

Kognitive Störungen können relevant sein. So zeigen einige Patienten (bes. mit rechtsseitigen Großhirnläsionen) nicht selten eine Tendenz, die Nahrung rasch in sich „hineinzustopfen" (vorschnell-impulsives Verhalten) und/oder während des Essens zu sprechen.

Auf die VFSS, die als diagnostischer Goldstandard gilt, die FEES, die pH-Metrie und die Manometrie wird in einzelnen Kapiteln im Detail eingegangen. Nicht zum Routine-Repertoire gehörende (im Einzelfall aber durchaus sinnvolle bzw. in der Forschung relevante) Verfahren sind: Ultraschalluntersuchung des Schluckakts, szintigraphische Methoden zur Erfassung oropharyngealer Störungen (z.B. pharyngeale/ösophageale Transitzeit), zervikale Auskultation (Stethoskop; Mikrofon zur Erfassung von „swallowing sounds"), gleichzeitige Registrierung von Schlucken und Atmung (In- oder Exspiration nach der Schluck-Apnoe?, Dauer der Schluck-Apnoe?), kinematische/akzelerometrische Untersuchungen der Kehlkopfbewegungen, Weinsäure-Inhalation zur Hustenreflexauslösung. Die Pulsoximetrie als Screening-Untersuchung zur Erfassung von Aspirationen (bei Schlaganfall-Patienten) ist umstritten (Perry & Love, 2001).

Die Bedeutung der MRT des Kopfes sei besonders hervorgehoben. Gerade bei unklarer Ätiologie der ND ist sie der CCT eindeutig überlegen. Als Beispiele seien genannt: Kleine Infarkte im unteren Hirnstamm (Abb. 1.11, Abb. 1.12), die sich dem CCT-Nachweis praktisch immer entziehen, sowie die Chiari-Missbildungen (Abb. 1.15). Vor einer unkritischen Interpretation häufiger MRT-Befunde (z.B. SAE, „white matter lesions") als Ursache von ND sei gewarnt.

Sind Anamnese und klinische Untersuchung sowie bei ZNS-Erkrankungen MRT unergiebig und deuten auch die VFSS bzw. die FEES nicht in eine bestimmte Richtung, so liegt das Problem der ätiologisch unklaren ND vor. Man wird bei der Abklärung stufenweise vorgehen, d.h. die Diagnostik zunehmend ausweiten (bis hin zur Muskelbiopsie).

Einige Beispiele sollen die Notwendigkeit einer derartigen Diagnostik unterstreichen:

- Es gibt Patienten mit ND, die weder klinisch noch elektrophysiologisch die typischen Zeichen der Myasthenie zeigen, bei denen aber die Bestimmung der Acetylcholinrezeptoren-Antikörper (bei generalisierter Myasthenie in über 90% positiv) letztendlich die Diagnose dieser behandelbaren Erkrankung ziemlich sicher ermöglicht.
- Bei Patienten mit Einschlusskörpermyositis kann eine ND einziges (Erst-)Symptom sein (auch bei der PM bzw. der DM kann die ND klinisch dominieren), was eine Muskelbiopsie rechtfertigt.
- Patienten mit Chiari-Missbildungen können ebenfalls einzig und allein die Zeichen einer ND aufweisen, so dass eine sagittale MRT-Aufnahme bei unklarer ND zur Routine gehören sollte, zumal wenn eine unklare „bulbäre Symptomatik" (Verwechslung mit bulbärer ALS!) vorliegt (s. Abb. 1.15). Die Erkrankung ist neurochirurgisch angehbar, weshalb es fatal wäre sie zu übersehen (Paulig & Prosiegel, 2002).
- Patienten, bei denen man glaubt die Ursache der ND gefunden zu haben, können „Läuse und Flöhe haben". Bei einem unserer Patienten lag eine sehr ausgeprägte SAE mit resultierender ND vor; als sich einige Jahre später die ND (subakut) verstärkte, schuldigten wir ebenfalls die SAE an („da wird halt eine Lakune dazugekommen sein") und übersahen zumindest eine Zeit lang eine Myasthenie. Auch ist immer an begleitende nicht-neurologisch bedingte Dysphagien zu denken (Refluxkrankheit, Zenkersches Divertikel, Achalasie des Ösophagus etc.; s. Kap. 6, 12, 13).

Bei ätiologisch unklarer ND hat sich das folgende diagnostische Stufenschema bewährt:

- „Routineparameter" bezüglich Blut (einschl. CK und TSH) und Liquor cerebrospinalis einschl. Lues- und Borrelienserologie; evtl. HIV-Serologie

- EMG (evtl. mit repetitiver Stimulation bei Verdacht auf eine Erkrankung des neuromuskulären Überganges) (CIP?, CIM?, myopathisches und/oder neurogenes Muster?, Myotonie?, Myasthenie?, LEMS?)
- Motorische und sensible Neurographie (CIP?, AIDP?)
- MRT des Schädels (Hirnstammprozesse?, MSA?, Chiari-Missbildung)
- Acetylcholinrezeptoren-Antikörper (Myasthenia gravis?)
- Vitamin B12, Folsäure (ND durch Beteiligung des Großhirns?)
- Antinukleäre Antikörper (ANAs), classic Anti-Neutrophil Cytoplasmic Antibodies (c-ANCAs), perinuclear Anti-Neutrophil Cytoplasmic Antibodies (p-ANCAs) etc. (Vaskulitis unterschiedlicher Ätiologie?)
- Anti-Hu-, Anti-Yo- bzw. Anti-VGCC-Antikörper (paraneoplastische Syndrome: PEM, PCD, LEMS?)
- Muskelbiopsie (Myositis? Seltene Myopathien?)
- HMPAO-SPECT (Demenz vom Alzheimer-Typ?)
- IBZM-SPECT (MSA?, PSP?).

In den Fällen, bei denen eine Myotomie des OÖS durchgeführt wird, sollte bei unsicherer Diagnose ein Stück des M. cricopharyngeus zur Muskelbiopsie eingesandt werden. Damit lassen sich Myositiden (sofern sie schwerpunktmäßig diesen Bereich affizieren) oder etwa eine OPMD sichern.

Ein EMG der Stimmbänder bzw. der Pharynxmuskulatur, insbesondere des M. cricopharyngeus ist selten absolut indiziert, kann unter Sicht (endoskopisch) oder transkutan erfolgen und sollte nur von routinierten Untersuchern durchgeführt werden.

Bzgl. psychogener Dysphagien s. 1.2.2.9. Ein Globus pharyngis (eine Missempfindung im Sinne eines oropharyngealen Kloßgefühls, welches bei Nahrungsaufnahme typischerweise meist abnimmt) kann z.B. durch ein Zenkersches Divertikel oder eine Refluxkrankheit verursacht sein. Erst nach Ausschluss aller in Frage kommenden Erkrankungen darf daher die Diagnose eines „Globus hystericus“ erwogen werden.

1.4 Medikamentöse Therapie der neurogenen Dysphagie und häufiger Begleitsymptome

Vorrangig ist natürlich die Therapie der Grundkrankheit, worauf in diesem Kapitel nicht eingegangen wird. Es sei aber nochmals betont, dass ND bei einigen (behandelbaren) neurologischen Erkrankungen das einzige Initialsymptom darstellen können. So wäre es z.B. fatal eine PM, DM oder IBM als ND-Ursache zu übersehen.

Für eine Botulinumtoxin-Injektion (Alberty et al., 2000) in den OÖS (endoskopisch oder transzervikal) gelten die gleichen Indikationen (Kelly, 2000) wie für die cricopharyngeale Myotomie (s. Kap. 13): 1) Vorliegen einer OÖS-Dysfunktion (zervikale Achalasie), 2) radiomanometrisch nachgewiesener Anschluckdruck im Pharynx > 30 mm Hg, 3) suffiziente Hyoid-Larynx-Elevation 4) kein ausreichender Erfolg der funktionellen Schlucktherapie (s. Kap. 7); therapierefraktärer Reflux ist eine Kontraindikation.

Möglicherweise ist Baclofen (z.B. Lioresal®) bei einigen Patienten mit (echter spastisch bedingter?) OÖS-Öffnungsstörung wirksam (Haaks, 2000), nach eigener Erfahrung kann es aber nicht generell empfohlen werden.

Bisweilen kann die Gabe von Cholinesterasehemmern (z.B. Pyridostigmin = Mestinon®) auch bei dysphagischen Patienten ohne Myasthenie effektiv sein (z.B. bei ALS-Patienten).

Bei ausgeprägter (Pseudo-)Hypersalivation können anticholinerge Substanzen bzw. Medikamente mit anticholinergen Nebenwirkungen (unter Beachtung der Kontraindikationen) verwendet werden (z.B. 72 h wirkendes Scopolamin-Pflaster = Scopoderm®, Amitriptylin = z. B. Saroten®). In seltenen Fällen ist die Bestrahlung der Speicheldrüsen oder die Botulinumtoxin-Injektion in die Speicheldrüsen indiziert.

Bei ausgeprägter Mundtrockenheit nach Bestrahlung von HNO-Tumoren kann ein Cholinergicum, z.B. Carbachol (Doryl®) 3 x 2 mg/die, bisweilen wirkungsvoll sein. Auch Pilocarpin (in Deutschland aber nicht als oral applizierbares Präparat verfügbar) kann bei ausgeprägter radiogener Xerostomie erfolgreich eingesetzt werden.

Bei starker Verschleimung kann N-Acetylcystein (z.B. ACC®) eingesetzt werden. Immer wieder propagierte Betablocker sind auf Grund eigener Erfahrung und Erfahrung von G. D. Borasio (persönliche Mitteilung) nicht effektiv.

Bei Reflux sollten Protonenpumpenhemmer verabreicht werden (z.B. Pantoprazol = Pantozol®, bei Patienten mit nasogastraler oder PEG-Sonde Omeprazol = Antra MUPS®).

Bei Singultus wird eine Dreier-Kombination aus einem Prokinetikum (z.B. Domperidon = Motilium®), Baclofen (z.B. Lioresal®) und Omeprazol (z. B. Antra MUPS®) empfohlen (Petroianu et al., 1997). Bisweilen müssen aber auch Antikonvulsiva (Carbamazepin = z.B. Tegretal®, Gabapentin = Neurontin® etc.) und/oder Psychopharmaka (z.B. Psyquil®) eingesetzt werden. Nur in therapierefraktären Fällen sollte die Indikation zu invasiven Eingriffen (z.B. Blockade/Durchtrennung des N. phrenicus) überdacht werden.

Da im Rahmen der VFSS bei aspirationsgefährdeten ND-Patienten meist das iso-osmolare Kontrastmittel Iotrolan (Isovist®) verwendet wird, sei kurz das medikamentöse Vorgehen vor dieser Untersuchung zur Vermeidung einer iatrogenen Hyperthyreose beschrieben: Bei normalem TSH muss kein Medikament verabreicht werden; bei supprimiertem TSH und normalem T4/T3 werden einen Tag beginnend vor der Untersuchung bis einschließlich 3 Tage danach (insgesamt 5 Tage) täglich 4x30 Tropfen Natriumperchlorat (Irenat®) verabreicht; bei supprimiertem TSH und manifester Hyperthyreose (T4 und/oder T3 erhöht) erfolgt zunächst eine thyreostatische Therapie, bis T4 bzw. T3 im Normbereich liegen, danach wird (wie oben beschrieben) unter Weiterführung der thyreostatischen Therapie Irenat® verabreicht; bei Einnahme von Schilddrüsenhormonen und supprimiertem TSH (z.B. bei euthyreoter Struma) wird Irenat® ebenfalls wie oben beschrieben unter Fortsetzung der Substitutionstherapie verabreicht.

1.5 Beschreibung einer eigenen Patientenstichprobe (Prosiegel et al., 2002b)

Abschließend wird kurz über eine eigene Studie berichtet, deren Ergebnisse deshalb vorgestellt werden, weil es sich um Patienten der Phase B (neurologische Frührehabilitation), um allgemeinstationäre und um tagesklinische Patienten handelte und die Stichprobe insofern vom Behinderungsgrad her als einigermaßen repräsentativ angesehen werden kann. Die Daten können deshalb für andere Institutionen, die Dysphagie-Diagnostik oder -Therapie betreiben oder aufbauen wollen, von Nutzen sein.

Bei 208 Patienten mit ND, die in der Zeit vom 1.1.1995 bis 31.12.1997 konsekutiv zum ersten Mal in unserer Klinik Schlucktherapie erhielten, erfolgte eine prospektive Datenerhebung. Unter den Ätiologien (einschließlich progredienter Erkrankungen wie ALS, MS etc.) dominierte der Schlaganfall mit 48%. Bei 204 Patienten wurde vor der Therapie eine VFSS und/oder eine FEES durchgeführt. Radiologisch fand sich am häufigsten eine gestörte Schluckreflextriggerung (90%), gefolgt von Dysfunktionen des oberen Ösophagussphinkters (75%). Therapieverfahren der Restitution, Kompensation und Adaptation kamen bei über 80% der Patienten, fast immer kombiniert, zum Einsatz. Die mittlere Dauer der Schlucktherapie betrug ca. 2 Monate, bei Patienten ohne Ernährungssonde ca. 1 Monat, bei Patienten mit Ernährungssonde ca. 2,5 Monate, bei mit Trachealkanüle versorgten Patienten ca. 3,5 Monate. 55% der sondenernährten Patienten konnten sich nach der Schlucktherapie wieder voll oral ernähren. Eine die Ebene „activity limitation (disability)" widerspiegelnde Zielvariable („Schluckbeeinträchtigung") (Tab. 1.4) zeigte nach Schlucktherapie eine signifikante Verbesserung, auch wenn die Erkrankungsdauer mehr als ein halbes Jahr betrug und eine relevante Spontanremission daher nicht mehr unterstellt werden konnte.

Zur Outcome-Prädiktion trugen vier Variablen wesentlich bei: Initialer ND-Schweregrad, initialer Barthelindex, Zeit seit der Erkrankung und initialer endoskopischer Aspirationsgrad. Wichtige Daten der Stichprobe sind in den Tab. 1.2 bis 1.6 zusammengefasst.

Tab. 1.2: Charakteristika der Patienten vor Beginn der Schlucktherapie einschließlich ätiologischer Diagnosen (n = 208)

Mittleres Alter (Bereich) in Jahren	59,5 (18-86)
Geschlecht	M/F = 64/36%
Median der Zeit seit Dysphagiebeginn (Bereich, SD) in Tagen	97 (5-4768, 623)
Mittelwert des Barthel-Index (Bereich)	58 (0 – 100)
PEG- oder nasogastrale Sonde	n = 157 (75%)
Trachealkanüle	n = 55 (26%)
- geblockt	n = 37 (18%)
Häufigste Störungen (> 50%)	
- verzögerte Schluckreflextriggerung	88%
- Dysfunktion des oberen Ösophagussphinkters*	75%
- verminderte Zungenbeweglichkeit	74%
- verminderte Speichelkontrolle	60%
- verminderter/gesteigerter Würgreflex	52% (42%/10%)
Endoskopischer Aspirationsgrad** (0-4) bei Prozent der untersuchten Patienten (n=187)	0:46%, 1:19%, 2:10%, 3:15%, 4:10%
Radiologischer Aspirationsgrad*** (0-4) bei Prozent der untersuchten Patienten (n=154)	0:31%, 1:15%, 2:13%, 3:31%, 4:10%

Ätiologische Diagnosen (n=208)	n (%)
Schlaganfall	100 (48)
- Hirninfarkt	82 (39)
- Hirnblutung	18 (9)
Tumoren des ZNS	26 (13)
Op./Bestrahlung von HNO-Tumoren	19 (9)
Schweres Schädelhirntrauma	14 (7)
Recurrensparese	9 (4)
ALS ´	8 (4)
- bulbärer Beginn	5 (2)
Zerebrale Hypoxie	5 (2)
Enzephalitis	5 (2)
Sonstige Diagnosen****	22 (11)

* Nur bei der radiologischen Untersuchung sicher nachweisbar (116/154)

** s. Kap. 5

*** s. Kap. 4

**** Sonstige Diagnosen (n < 5): Zentrale pontine Myelinolyse (4), Morbus Parkinson (3), MS (2), Steele-Richardson-Olszewski-Syndrom (2), einseitige Parese des Hirnnerven X nach CEA (2), Polymyositis (2), MSA (2), akutes GBS (2), Myasthenia gravis (1), Kearns-Sayre-Syndrom (1), paraneoplastische limbische Enzephalitis (1)

Tab. 1.3: Häufigste Störungsmuster und wichtigste zugehörige Methoden funktioneller Schlucktherapie

Art der Störung	Restituierende Verfahren	Kompensatorische bzw. adaptative Verfahren
Gestörte orale Bolus-Kontrolle	Stimulation der Zunge (Druck, Vibration etc.), Zungenübungen	Anteflexion des Kopfes, Bevorzugung breiiger Nahrung bzw. Andicken von Flüssigkeiten
Gestörte Zungenbasis-Retraktion	Zungenübungen zur Kräftigung	Anteflexion des Kopfes, kräftiges Schlucken
Verzögerte Schluckreflex-Auslösung	Thermal-taktile Stimulation der Gaumenbögen	Supraglottisches Schlucken, Anteflexion des Kopfes, Speisen mit besonders kalter oder warmer Temperatur, starke Geschmacksreize (z.B. Zitronensaft)
Insuffizienter Glottis-Schluss	Spannungsübungen, spezielle Phonationsübungen	Supraglottisches Schlucken, Kopfdrehung zur kranken oder gesunden Seite (abhängig vom Befund)
Dysfunktion des oberen Ösophagus-Sphinkters	Larynxelevationsübungen (z.B. Kräftigung der suprahyoidalen Muskulatur), Übungen zur Zungenrückenhebung	Mendelsohn-Manöver
Reduzierte Pharynx-Peristaltik	Modifiziertes Valsalva-Manöver (nach tiefer Einatmung „k" lange und kräftig halten), Pfeifen, Saugen, Fauchen	Kräftiges Schlucken, Nahrung mit guter Fließfähigkeit, evtl. Nachschlucken
Sensible Störungen	Stimulation der betreffenden Schleimhautbereiche	Supraglottisches Schlucken (falls „silent aspirations"), Nachschlucken

Tab. 1.4: Art der Schluckbeeinträchtigung (Prosiegel et al., 1999) vor und nach Schlucktherapie (n = 208)

Schluckbeeinträchtigung	Vor Schlucktherapie	Nach Schlucktherapie
0 = voll-orale Ernährung ohne Einschränkung	14	52
1 = voll-orale Ernährung mit Kompensation*, aber ohne Konsistenzeinschränkung	5	42
2 = voll-orale Ernährung ohne Kompensation, aber mit Konsistenzeinschränkung	24	8
3 = voll-orale Ernährung mit Kompensation und mit Konsistenzeinschränkung	8	35
4 = partiell-orale Ernährung	18	9
5 = partiell-orale Ernährung mit Kompensation	8	26
6 = Ernährung ausschließlich über Sonde	131	36

*Mit „Kompensation" sind Haltungsänderungen und Schlucktechniken gemeint.

Tab. 1.5: Mittlere Dauer der Schlucktherapie in Tagen (Bereich, SD)

Alle Patienten (n = 208)	66 (2-322, 63,7)
Voll-oral ernährt (n = 51)	33,1 (3-162, 34,4)
Über Sonde ernährt (n = 157)	76,4 (2-322, 67)
Mit Trachealkanüle versorgt n = 55)	110 (5-322, 79)

Literatur:

Alberty J, Oelerich M, Luwig K, Hartmann S, Stoll W. Efficacy of botulinum toxin A for treatment of upper esophageal sphincter dysfunction. Laryngoscope 2000;110:1151-1156

Borg K. Post-polio muscle dysfunction. Neuromuscular Disorders 1996;6:75-80

Daniels SK. Swallowing apraxia: a disorder of the praxis system? Dysphagia 2000;159-166

Daniels SK, Brailey K, Priestly DH, Herrington LR, Weisberg LA, Foundas AL. Aspiration in patients with acute stroke. Arch Phys Med Rehabil 1998;79:14-19

Daniels SK, Foundas AL. The role of the insular cortex in dysphagia. Dysphagia 1997;12:146-156

Doty RW & Bosma JR. An electromyographic analysis of reflex deglutition. J Neurophysiol 1956;19:44-60

Ertekin C, Yüceyar N, Aydogdu, Karasoy H. Electrophysiological evaluation of oropharyngeal swallowing in myotonic dystrophy. J Neurol Neurosurg Psychiatry 2001;70:363-371

Goyal RK,. Hirano I. The enteric nervous system. N Engl J Med 1996;334:1106-1115

Haaks T. Pilotstudie zur Behandlung der schweren neurogenen Dysphagie mit Baclofen. Akt Neurol 2000;27:220-223

Hadjikoutis S, Pickersgill TP, Dawson K, Wiles CM. Abnormal patterns of breathing during swallowing in neurological diseases. Brain 2000;123:1963-1873

Hamdy S, Aziz Q, Rothwell JC, Singh KD, Barlow J, Hughes DG, Tallis RC, Thompson DG. The cortical topography of human swallowing musculature in health and disease. Nat Med 1996;2:1217-1224

Hamdy S, Aziz Q, Rothwell JC, Crone R, Hughes D, Tallis RC, Thompson DG. Explaining oropharyngeal dysphagia after unilateral hemispheric stroke. Lancet 1997;350:686-692

Hamdy S, Aziz Q, Rothwell JC, Power M, Singh KD, Nicholson DA, Tallis RC, Thompson DG. Recovery of swallowing after dysphagic stroke relates to functional reorganization in the intact motor cortex. Gastroenterology 1998a;115:1104-1112

Hamdy S, Rothwell JC, Aziz Q, Singh KD, Thompson DG. Long-term reorganization of human motor cortex driven by short-term sensory stimulation. Nat Neurosci 1998b;1:64-68

Hamdy S, Rothwell JC, Brooks DJ, Bailey D, Aziz Q, Thompson DG. Identification of the cerebral loci processing human swallowing with H2(15)O PET activation. J Neurophysiol 1999a;81:1917-1926

Hamdy S, Mikulis DJ, Crawley A, Xue S, Lau H, Henry S, Diamant NE. Cortical activation during human volitional swallowing: an event-related fMRI study. Am J Physiol 1999b;277:G219-225

Holstege G, Graveland G, Bijker-Biemond C, Schudeboom I. Location of motoneurons innervating soft palate, pharynx and upper esophagus. Anatomical evidence for a possible swallowing center in the pontine reticular formation. Brain Behav Evol 1983;23:47-62

Horner J, Buoyer FG, Alberts MJ, Helms MJ. Dysphagia following brain-stem stroke. Clinical correlates and outcome. Arch Neurol 1991;48:1170-1173

Houser SM, Calabrese LH, Strome M. Dysphagia in patients with inclusion body myositis. Am J Med 2000;108 (Suppl 4a): 43S-46S

Hudson HM, Daubert CR, Mills RH. The interdependency of protein-energy malnutrition, aging, and dysphagia. Dysphagia 2000;15:31-38

Hunter PC, Crameri J, Austin S, Woodward MC, Hughes AJ. Response of parkinsonian swallowing dysfunction to dopaminergic stimulation. J Neurol Neurosurg Psychiatry 1997;63:579-583

Johnson ER, McKenzie SW, Sievers A. Aspiration pneumonia in stroke. Arch Phys Med Rehabil 1993;74:973-976

Kelly JH. Management of upper esophageal sphincter disorders: indications and complications of myotomy. Am J Med 2000;108 (Suppl 4a):43S-46S

Kim JS, Lee JH, Suh DC, Lee MC. Spectrum of lateral medullary syndrome. Correlation between clinical findings and magnetic resonance imaging in 33 subjects. Stroke 1994;25:1405-1410

Kirshblum S, Johnston MV, Brown J, O´Connor K, Jarosz P. Predictors of dysphagia after spinal cord injury. Arch Phys Med Rehabil 1999;80:1101-1105

Kuhlemeier KV. Epidemiology and dysphagia. Dysphagia 1994;9: 209-217

Mann G, Hankey GJ, Cameron D. Swallowing function after stroke: prognosis and prognostic factors at 6 months. Stroke 1999;30:744-748

Mann G, Hankey GJ, Cameron D. Swallowing disorders following acute stroke: prevalence and diagnostic accuracy. Cerebrovasc Dis 2000;10:380-386

Martin RE & Sessle BJ. The role of the cerebral cortex in swallowing. Dysphagia 1993;8:195-202

Martino R, Pron G, Diamant N. Screening for oropharyngeal dysphagia in stroke: insufficient evidence for guidelines. Dysphagia 2000;15:19-30

Miller AJ. Neurophysiological basis of swallowing. Dysphagia 1986;1:91-100

Miller AJ. The search for the central swallowing pathway: the quest for clarity. Dysphagia 1993;8:185-194.

Mittal RK, Balaban DH. The esophagogastric junction. N Engl J Med 1997;336:924-932

Morpeth JF, Williams MF. Vocal fold paralysis after anterior cervical discectomy and fusion. Laryngoscope 2000;110:43-46

Mu L, Sanders I. The innervation of the human upper esophageal sphincter. Dysphagia 1996;11:234-238

Müller J, Wenning GK, Verny M, McKee A, Chaudhuri KR, Jellinger K, Poewe W, Litvan I. Progression of dysarthria and dysphagia in postmortem-confirmed parkinsonian disorders. Arch Neurol 2001;58:259-264

Paulig M, Fries W, Harlass M, Koenig E, Kühne M, Prosiegel M, Scheidtmann K, Schönberger B, Wuttge-Hannig A. Rehabilitation von Patienten mit Hirntumoren. In: Reulen H-J, Kreth FW (Hrsg). Hirntumoren und primäre Tumoren des Rückenmarks (Manual Tumorzentrum München – Empfehlungen zur Diagnostik, Therapie und Nachsorge). München Bern Wien New York: Zuckschwerdt, 2001: 155-163

Paulig M, Prosiegel M. Misdiagnosis of amyotrophic lateral sclerosis in a patient with dysphagia due to Chiari I malformation. J Neurol Neurosurg Psychiatry 2002; 72:270

Perkin GD, Murray-Lyon I. Neurology and the gastrointestinal system. J Neurol Neurosurg Psychiatry 1998;65:291-300

Perry L, Love CP. Screening for dysphagia and aspiration in acute stroke: a systematic review. Dysphagia 2001;16:7-18

Petroianu G, Hein G, Petroianu A, Bergler W, Rüfer R. Idiopathic chronic hiccup: combination therapy with cisapride, omeprazole, and baclofen. Clin Ther 1997;19:1031-1038

Pouderoux P, Kahrilas PJ. The pharyngoesophageal segment: Normal structure and function. Dis Esophagus 1995;8:233-241

Prosiegel M, Hamdy S, Kau R, Hannig C, Wuttge-Hannig A, Diesener P, Wagner-Sonntag E. Neurogene Dysphagien – Goldstandard und neue Aspekte zur Pathogenese, Diagnostik und Therapie. In: von Wild KRH, Hömberg V, Ritz A (Hrsg) Das schädelhirnverletzte Kind - Motorische Rehabilitation – Qualitätsmanagement. München: Zuckschwerdt, 1999:112-115

Prosiegel M. Diagnostik, Klassifikation und Therapie von Schluckstörungen bei Patienten mit Multipler Sklerose. In: Zettl UK, Mix E (Hrsg) Multiple Sklerose – Kausalorientierte, symptomatische und rehabilitative Therapie. Berlin Heidelberg New York: Springer, 2001:149-162

Prosiegel M, Heintze M, Wagner-Sonntag E, Hannig C, Wuttge-Hannig A, Yassouridis A. Schluckstörungen bei neurologischen Patienten – Eine prospektive Studie zu Diagnostik, Störungsmustern, Therapie und Outcome. Nervenarzt 2000b;73:364–370

Prosiegel M, Wagner-Sonntag E, Borasio GD. Dysphagia. In: Voltz R, Bernat J, Borasio GD, Maddocks I, Oliver D, Portenoy R (eds). Palliative care in neurology. Oxford New York: Oxford University Press, 2002a (in press)

Prosiegel M, Wagner-Sonntag E, Scheicher M. Neurogene Schluckstörungen. Akt Neurol 1997;24:194-203

Prosiegel M, Wagner-Sonntag E, Diesener P. Neurogene Dysphagien – Diagnostik und Therapie. In: Voss A, v. Wild KRH, Prosiegel M (Hrsg). Qualitätsmanagement in der neurologischen und neurochirurgischen Frührehabilitation. München Bern Wien New York: Zuckscherdt, 2000:116-124

Rademacher J, Bürgel U, Geyer S, Schormann T, Schleicher A, Freund H-J, Zilles K. Variability and asymmetry in the human precentral motor system: A cytoarchitectonic and myeloarchitectonic brain mapping study. Brain 2001;124: 2232-2258

Robbins J & Levin RL. Swallowing after unilateral stroke of the cerebral cortex: preliminary experience.Dysphagia 1988;3:11-17

Sacco RL, Freddo L, Bello JA, Odel JG, Onesti ST, Mohr JP. Wallenberg's lateral medullary syndrome. Clinical-magnetic resonance imaging correlations. Arch Neurol 1993;50:609-614

Tolep K, Getch CL, Criner GJ. Swallowing dysfunction in patients receiving prolonged mechanical ventilation. Chest 1996;109:167-172

Vuilleumier P, Bogousslavsky J, Regli F. Infarction of the lower brainstem. Clinical, aetiological and MRI-topographical correlations. Brain 1995;118:1013-1025

Winslow CP, Winslow TJ, Wax MK. Dysphonia and dysphagia following the anterior approach to the cervical spine. Arch Otolaryngol Head Neck Surg 2001;127:51-55

2 Physiologie des Schluckens

Wiebke Herbst

2.1 Einleitung

Schlucken ist ein über das zentrale Nervensystem gesteuertes, hochkomplexes Ereignis, bei dem in feinster Abstimmung ca. 50 Muskelpaare (s. Kap. 1) einen schnellen und reibungslosen Transport von Sekret, Speichel, Flüssigkeit und Nahrung in den Magen gewährleisten. In Abb. 2.1 wird der Schluckablauf schematisch dargestellt.

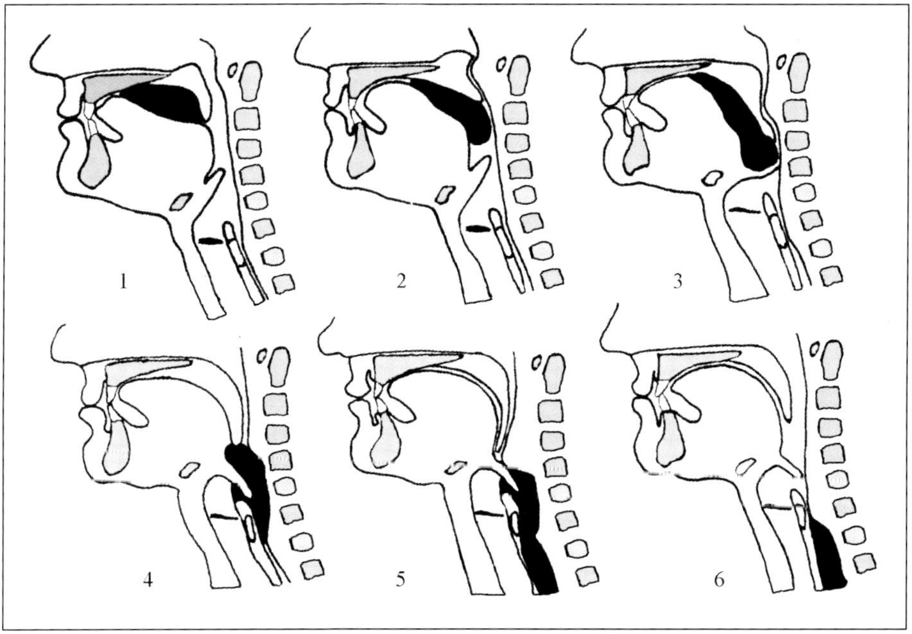

Abb. 2.1: Der Bolus wird in der Zungenschüssel gehalten (1). Beginn der Austreibung des Bolus (2). Gaumensegelanhebung mit zeitgleicher Elevation des Zungenbein-Kehlkopf-Komplexes (2-4). Kehlkopfverschluss und Öffnung des OÖS (5). Schluss des OÖS (6) (modifiziert nach Hannig & Wuttge-Hannig, 1999).

2.2 Phasen des Schluckens

Die Erkenntnisse über die einzelnen Vorgänge während des Schluckens wurden vorwiegend mit Hilfe radiologischer Verfahren (Kinematographie, Videofluoroskopie) in zahlreichen Studien an gesunden Probanden gewonnen (McConnel et al., 1989; Dodds, 1989; Dodds et al., 1990) und stellen die Grundlage für die Diagnostik und Therapie des pathologischen Schluckvorgangs dar. Dabei hat sich die Einteilung des Schluckvorgangs in vier Phasen bewährt: Orale Vorbereitungsphase, orale Transportphase, pharyngeale Phase, ösophageale Phase. Die beiden ersten Phasen werden auch als eine orale Phase zusammengefasst.

Die folgende Darstellung des physiologischen Schluckablaufs konzentriert sich auf die therapeutisch relevanten Vorgänge.

2.2.1 Orale Vorbereitungsphase

Nach dem *manuellen Transport* der Nahrung in die Mundhöhle sind die Lippen geschlossen und die Speise befindet sich auf dem vorderen bis mittleren Zungendrittel. Über verschiedene Rezeptoren erfolgt eine *Analyse* der Nahrung (Geschmack, Größe, Konsistenz, Geruch und Temperatur). Dadurch wird einerseits die Produktion von Speichel und Magensaft sowie die Bereitschaft zu schlucken angeregt, andererseits wird ermöglicht, nicht schluckbare Bestandteile wie z. B. Gräten wahrzunehmen und aus der Mundhöhle zu entfernen. Die in der Mundhöhle aufgenommene Nahrung wird so vorbereitet, dass sie die zum Abschlucken geeignete Konsistenz aufweist.

Feste Nahrung wird während des *Kauvorgangs* zerkleinert. Dabei öffnet und schließt sich der Kiefer und führt ineinander übergehende zyklische Bewegungen aus (Hiiema & Palmer, 1999). *Die Zunge kontrolliert* die Nahrung in der Mundhöhle, indem sie sich zu der Seite dreht, auf der gekaut wird und die Nahrung auf die Kaufläche zurück befördert. Durch die Rückmeldungen der sensiblen Rezeptoren werden Verletzungen der Zunge verhindert. *Die Lippen bleiben geschlossen,* der *Tonus der Wangenmuskulatur erhöht* sich auf der Kauseite, das *Gaumensegel ist gesenkt.* Bei Gesunden kann es während des Kauens zum vorzeitigen Entweichen von Bolusanteilen (Leaking) kommen. Dieses Leaking wird nicht als pathologisch angesehen (Palmer et al., 1992; Hiiema & Palmer, 1999). *Breiige, dickflüssige und dünnflüssige Konsistenz* wird in der Zungenschüssel oder am Mundboden gehalten. Das hierbei gesenkte Velum verhindert das Eintreten von Bolusanteilen in den Pharynx (Dodds et al., 1990).

Während der oralen Vorbereitung sind je nach *individuellen Gewohnheiten* verschiedene Bewegungsmuster zu sehen: z. B. lange, sorgfältige Kaubewegungen, kurzzeitiges und/oder einseitiges Kauen.

Bei zunehmender Viskosität der Nahrung nimmt das durchschnittliche Bolusvolumen pro Schluck ab (Kahrilas & Logemann, 1993). So sind es für dünne Flüssigkeiten ca. 20 ml, für breiige Konsistenz 5-7 ml (Bartolome, 1999; Neumann, 1999). Bei Zunahme des Bolusvolumens verändert sich die Bolustransitzeit kaum; die einzelnen Schluckbewegungen (Velumhebung, laryngeale Verschlussmechanismen, Hyoidanhebung, pharyngeale Konstriktion, Öffnung des oberen Ösophagussphinkters) erfolgen jedoch früher; die Öffnungsdauer des oberen Ösophagussphinkters (OÖS) und die Dauer des Glottisschlusses sind prolongiert (Pouderoux & Kahrilas, 1995; Kendall et al., 2000; Leonhard et al., 2000) (vgl. 2.2.3).

Die *geeignete Nahrungsmenge* wird auf die Zungenoberfläche befördert. Die Zunge nimmt eine ***Schüsselform*** an, indem die Zungenspitze und die Zungenseitenränder einen Verschluss mit dem Alveolarkamm und dem Gaumen bilden. Dieser Verschluss bietet Stabilität und Widerstand, um den Bolus „antreiben“ zu können (Dodds et al., 1990).

Orale Vorbereitungsphase:
➪ Präzise Bolusmanipulation zur Zerkleinerung und Einspeichelung der Nahrung, Bolusformung

2.2.2 Orale Transportphase

Die *Schüsselform* der Zunge bleibt bestehen, während der Zungenmittelteil den Bolus durch *wellenförmige Bewegungen* am Gaumen entlang in Richtung Pharynx bewegt. Dabei kommt es zur *Schluckreflexauslösung,* dem Ende der oralen Transportphase. Der *Lippen- und Kieferschluss* verhindert, dass Nahrung aus dem Mund läuft, die *Tonuserhöhung der Wangenmuskulatur,* dass Nahrung in die Wangentaschen gleitet.

Orale Transportphase:
➪ Bolusbeförderung über die Hinterzunge in Richtung Pharynx, Schluckreflexauslösung

2.2.3 Pharyngeale Phase

Die Sequenzen der pharyngealen Phase lassen sich mit einer *reflexgesteuerten Bewegungskette* vergleichen, während die orale Vorbereitungs- und Transportphase noch einer willentlichen Steuerung unterliegt (Dodds, 1989). Innerhalb einer Sekunde vollzieht sich unter gleichzeitigem Schutz des Atemwegs der Transport des Bolus in die Speiseröhre (Dodds et al., 1990). Der Beginn der pharyngealen Phase ist durch die Auslösung des Schluckreflexes definiert.

Die Schluckreflexauslösung wird wohl durch eine Summation verschiedener Stimuli bewirkt. Hierzu zählen die Zungenbewegungen, olfaktorische, gustatorische und taktile Reize. Nach Logemann (1995) haben die *propriozeptiven Rückmeldungen* durch die Zungenbewegungen einen entscheidenden Einfluss auf den sensorischen Input; eine durch neurogene oder strukturelle Schädigung bedingte Störung der Zungenbeweglichkeit kann zu einer verzögerten Reflexauslösung führen, weil der über die propriozeptiven Rezeptoren vermittelte sensorische, an Großhirn und Hirnstamm weitergeleitete, Input verändert ist.

Die Position des Ortes der Reflextriggerung verlagert sich mit zunehmendem Alter (60 Jahre und älter) von den vorderen Gaumenbögen (bei jüngeren Personen) in Richtung Zungengrund (Tracy et al., 1989).

Das spontane Schlucken ist ein Schutzreflex der oberen Atemwege (Nishino, 1993). Die Triggerareale für *willentliches und für spontan (reflektorisch) induziertes Schlucken* sind wahrscheinlich unterschiedlich, da die Reflexauslösung bei spontanem schneller als bei willentlich induziertem Schlucken erfolgt. Die Reflexauslösung für spontanes Schlucken erfolgt vermutlich im Pharynx, da dieser eine hohe Sensitivität selbst für sehr kleine Bolusvolumina aufweist (Ertekin et al., 2001; Hiiema & Palmer, 1999).

***Die Schluckreflexauslösung ist mit einer Reihe nachfolgender Aktionen assoziiert*:** Die Anhebung des Gaumensegels bewirkt einen *velopharyngealen Abschluss,* so dass das Eintreten von Bolusanteilen in die Nase (nasale Penetration) verhindert wird (Lierse, 1990; Neumann, 1999). Die *schnelle Rückwärtsbewegung der Zunge* (Kolbenfunktion) befördert den Bolus kraftvoll vom Oro- in den Hypopharynx (McConnel et al., 1989). Dabei kommt es durch die Kontraktion des oberen der drei Pharynxkonstriktoren (Schlundschnürer) zu einer Verdickung der Pharynxrückwand und zu einem *Kontakt von Hinterzunge und Pharynx* (Donner et al., 1985). Die Kontraktion setzt sich über die anderen beiden Schlundschnürer schlundabwärts in Richtung Ösophagus fort *(pharyngeale Peristaltik)*. Die Boluspassage ist ein komplexer Mechanismus, der von oben durch die *oropharyngeale Druckpumpe* (Zusammenwirken von Zungenschubkraft und Entleerungskraft des Pharynx) und von unten durch die *hypopharyngeale Saugpumpe* (Unterdruck in der Postkrikoidregion durch Larynx-Anteriorbewegung und Öffnung des OÖS) gewährleistet wird (McConnel et al., 1989). Dabei wirkt die Zungenschubkraft vor allem auf den Boluskopf (schlundabwärts zeigender Bolusanteil), während die pharyngeale Konstriktion das Bolusende austreibt (Cerenko et al., 1989). Durch die Aktivität der suprahyoidalen Muskulatur wird der Kehlkopf aktiv in Richtung vorne-oben gezogen und damit seine Position (in Ruhe nahe der Rachenhinterwand gelegen) verändert. Diese *Elevation des Zungenbein-Kehlkopf-Komplexes* erleichtert die Raumerweiterung des Hypopharynx, die ihrerseits zur besseren Boluspassage führt, sowie die Epiglottiskippung und die Öffnung des OÖS.

Dem Kehlkopf kommt große Bedeutung beim Schutz der unteren Atemwege zu (Cooper, 1992; Tucker & Lavertu, 1992). Zunächst erfolgt in Verbindung mit dem reflektorischen Atemstopp der Stimmlippenschluss, ihm schließen sich der Taschenfaltenschluss und die Epiglottiskippung an (Dodds et al., 1990).

Diese dreifachen Verschlussmechanismen bewirken, dass die tieferen Luftwege „hermetisch" abgeriegelt sind und eine Aspiration verhindert wird (Miller & Eliachar, 1994). Bei gesunden Erwachsenen wird vor und nach dem Schlucken ausgeatmet, im Sinne eines *Ausatem-Schluck-Ausatem-Rhythmus* (Klahn & Perlman, 1999; Perlman et al., 2000; Hiss et al., 2001). Die Exspiration nach dem Schlucken begünstigt das pharyngeale Reinigen von Bolusresten nach dem Schlucken. Die so genannte *Schluck-Apnoe-Dauer* (SAD), d.h. der Zeitraum, in dem während des Schluckens die Luft angehalten wird, beträgt zwischen 0,6-2 s (Hadjikoutis et al., 2000). Die SAD verlängert sich bei zunehmendem Bolusvolumen (Perlman et al., 2000; Hiss et al., 2001).

Der Speiseröhreneingang, dessen muskulärer Hauptanteil aus dem M. cricopharyngeus (CP) besteht, wird auch als oberer Ösophagussphinkter (OÖS) oder pharyngoösophageales Segment (PÖS) bezeichnet. Im Ruhezustand, d. h. zwischen den Schlucken, ist der Speiseröhreneingang geschlossen, um den Rückfluss von Mageninhalt in den Pharynx zu verhindern (Ekberg & Olsson, 1995; Lang & Shaker, 1994; Pouderoux & Kahrilas, 1995). Der Sphinktermuskel ist kein Ringmuskel; vielmehr bildet er eine C-förmige Schlinge, die von der Rachenhinterwand zum Ringknorpel des Kehlkopfes zieht. Durch die Bewegung des Kehlkopfes nach vorne wird der OÖS/das PÖS passiv aufgedehnt und der Ösophaguseingang zeitgerecht, ausreichend weit und lange geöffnet. Der Öffnung des OÖS ist die reflektorische Tonussenkung bzw. *Muskelerschlaffung (Relaxation)* vorgeschaltet. Sie erfolgt etwa 100-200 ms vor der Kehlkopfelevation (Ekberg & Olsson, 1995). Relaxation und *Öffnung* des oberen Ösophagussphinkters sind also zeitlich aufeinander abgestimmt (Lang & Shaker, 1994).

Die *Öffnungsweite des OÖS* wird reguliert durch das Eigengewicht des Bolus, die Zungenschubkraft, die Dauer der Anhebung des Zungenbein-Kehlkopfkomplexes und durch die pharyngeale Kontraktion (McConnel et al., 1989).

Nachdem der Bolus in die zervikale Speiseröhre gelangt ist, *kollabiert* der Sphinkter. Die Zunge, das Zungenbein und der Kehlkopf nehmen wieder ihre Ausgangsposition ein. Die Kontraktionswelle der Rachenmuskulatur erreicht den Sphinkter, der Ruhetonus stellt sich wieder ein, d. h. der Sphinkter *schließt*. Die Atmung setzt ein, Nasopharynx und Larynx sind wieder geöffnet.

Pharyngeale Phase:

➪ Bolustransport in die Speiseröhre unter gleichzeitigem Schutz der Atemwege (Ausatem-Schluck-Ausatem-Rhythmus)

- Velopharyngealer Abschluss
- Oropharyngeale Schubkraft der Zunge
- Pharynxperistaltik
- Elevation von Hyoid und Larynx
- Laryngeale Verschlussmechanismen, Schluck-Apnoe
- Öffnung des OÖS
- Schluss des OÖS

2.2.4 Ösophageale Phase

Die Speiseröhre verbindet als muskulärer Schlauch den Hypopharynx mit dem Magen. Die ösophageale Phase dauert zwischen 8 und 20 Sekunden und hat drei Hauptfunktionen: 1) Verlässlicher Schluss zwischen den Schlucken, 2) Öffnung für die Boluspassage, 3) Bolustransport in der tubulären Speiseröhre (Ekberg & Olsson, 1995). Der ösophageale Bolustransport beginnt am OÖS und endet am unteren Ösophagussphinkter (UÖS) mit dem Eintritt des Bolus in den Magen. Dieser Transport hat zwei Komponenten: Die *primären peristaltischen Wellen,* die während der pharyngealen Reflexaktivität ausgelöst wurden und die *sekundären,* durch bolusbedingte Dehnungsreize entstandenen peristaltischen Wellen mit Reinigungsfunktion. Die Schleimhaut im Bereich des OÖS weist zahlreiche retrocricoidale Venengeflechte auf, welche übrigens bei radiologischen Untersuchungen nicht selten als Raumforderung missinterpretiert werden (Hannig, 1995).

Ösophageale Phase:

➪ Transport des Bolus in den Magen durch primäre und sekundäre Peristaltik

Literatur:

Bartolome G. Physiologie des Schluckvorganges. Sprache Stimme Gehör 1999;23:3-6

Cerenko D, McConnel FMS, Jackson RT. Quantitative assessment of pharyngeal bolus driving forces. Otolaryngol Head Neck Surg 1989;100:57-63

Cooper MH. Anatomy of the larynx. In: Blitzer A, Brin FM, Sasaki CT, Fahn S, Harris KS (eds). Neurologic disorders of the larynx. New York: Thieme, 1992:3-11
Dodds WJ. The physiology of swallowing. Dysphagia 1989;3:171-178
Dodds WJ, Stewart ET, Logemann JA. Physiology and radiology of the normal oral and pharyngeal phases of swallowing. AJR 1990;154:953-963
Donner M, Bosma JF, Robertson D. Anatomy and physiology of the pharynx. Gastrointest Radiol 1985;10:196-212
Ekberg O, Olsson R. The pharyngoesophageal segment: functional disorders. Diseases of the Esophagus 1995;8:252-256
Ertekin C, Kiylioglu N, Tarlaci S, Turman AB, Yaprak S, Aydogdu I. Voluntary and reflex influences on the initiation of swallowing reflex in man. Dysphagia 2001;16:40-47
Hadjikoutis S, Pickersgill TP, Dawson K, Wiles CM. Abnormal patterns of breathing during swallowing in neurological diseases. Brain 2000;123:1963-1973
Hannig C. Radiologische Funktionsdiagnostik des Pharynx und Ösophagus. Berlin Heidelberg: Springer, 1995
Hiiemae KM, Palmer JB. Food transport and bolus formation during complete feeding sequences on foods of different initial consistency. Dysphagia 1999;14:31-42
Hiss SG, Treole K, Stuart A. Effects of age, gender, bolus volume, and trial on swallowing apnea duration and swallow/respiratory phase relationships of normal adults. Dysphagia 2001;16:128-135
Kahrilas PJ, Logemann JA. Volume accommodation during swallowing. Dysphagia 1993;8:259-265
Kendall KA, McKenzie S, Leonhard RJ, Goncalves MI, Walker A. Timing of events in normal swallowing: A videofluoroscopic study. Dysphagia 2000;15:74-83
Klahn MS, Perlman AL. Temporal and durational patterns associating respiration and swallowing. Dysphagia 1999; 14:131-138
Lang IM, Shaker R. An update on the physiology of the components of the upper esophageal sphincter. Dysphagia 1994;9:229-232
Leonhard RJ, Kendall KA, McKenzie S, Goncalves MI, Walker A. Structural displacements in normal swallowing: A videofluoroscopic study. Dysphagia 2000;15:146-152
Lierse W. Zur funktionellen Anatomie von Pharynx, Ösophagus und Trachea beim Erwachsenen und Neugeborenen. Arch Otorhinolaryngol (Suppl) 1990;1:1-8
Logemann JA. Dysphagia: evaluation and treatment. Folia Phoniatr Logop 1995;47:140-164
McConnel FMS, Cerenko D, Mendelsohn MS. Analyse des Schluckaktes mit Hilfe der Manofluorographie. Extracta otorhinolaryngologica 1989;11:165-171
Miller FR, Eliachar J. Managing the aspirating patient. Am J Otolaryngol 1994;15:1-17
Neumann S. Physiologie des Schluckvorganges. In: Bartolome G, Buchholz DW, Feussner H, Hannig C, Prosiegel M, Schröter-Morasch H, Wuttge-Hannig A (Hrsg). Schluckstörungen Diagnostik und Rehabilitation. München, Jena: Urban & Fischer, 1999:12-26
Nishino T. Swallowing as a protective reflex for the upper respiratory tract. Anaesthesiology 1993;79:588-601
Palmer JB, Rudin NJ, Lara G, Crompton AW. Coordination of mastication and swallowing. Dysphagia 1992;7:187-200
Perlman AL, Ettema SL, Barkmeier J. Respiratory and acoustic signals associated with bolus passage during swallowing. Dysphagia 2000;15:89-94
Pouderoux P, Kahrilas PJ. The pharyngoesophageal segment: Normal structure and function. Diseases of the Esophagus 1995;8:233-241
Tracy J, Logemann J, Kahrilas P, Jacob P, Kobara M, Krugler C. Preliminary observations on the effects of age on oropharyngeal deglutition. Dysphagia 1989;4:90-94
Tucker HM, Lavertu P. Paralysis and paresis of the vocal folds. In: Blitzer A, Brin MF, Sasaki CT, Fahn S, Harris KS (eds). Neurologic disorders of the larynx. New York: Thieme, 1992:182-189
Hannig C, Wuttge-Hannig A. Radiologische Funktionsdiagnostik von Schluckstörungen bei neurologischen Krankheitsbildern und bei therapierten onkologischen Kopf-Hals-Erkrankungen. In: Bartolome G, Buchholz DW, Feussner H, Hannig C, Prosiegel M, Schröter-Morasch H, Wuttge-Hannig A (Hrsg). Schluckstörungen Diagnostik und Rehabilitation. München, Jena: Urban & Fischer, 1999:66-110

3 Klinische Untersuchung

Edith Wagner-Sonntag

3.1 Einleitung

Im klinischen Alltag ergibt sich der Verdacht auf eine Schluckstörung zum einen auf Grund der Ätiologie, zum anderen wegen oftmals alarmierender Symptome wie Hustenattacken beim Essen/Trinken oder gar einer Aspirationspneumonie. Man benötigt deshalb ein Instrument, das möglichst rasch Therapie-Entscheidungen ermöglicht. Leider fehlen noch einheitliche Untersuchungsmethoden, und in der Literatur herrscht Uneinigkeit über die Aussagekraft und Sensitivität der verschiedenen Bedside-Tests (Perry & Love, 2001). Gerade was die Voraussage der Aspirationsgefährdung oder die sichere Diagnose der Aspiration betrifft, sind klinische Methoden auch in den Händen erfahrener Untersucher nicht ausreichend zuverlässig (Linden et al., 1993). Nach einer von Martino et al. (2000) durchgeführten Metastudie ist nur der 50-ml-Wassertest in Kombination mit der Untersuchung der pharyngealen Sensibilität ein zur Diagnose von Aspirationen einigermaßen zuverlässiger Bedside-Screening-Test.

Aspiration ist aber nur ein Symptom einer Schluckstörung. Voraussetzung für eine erfolgreiche Therapie ist eine *nach den Ursachen fragende Diagnostik*. Nicht das Faktum „Aspiration" ist das Entscheidende, sondern die Frage, welche Störungen zum Symptom „Aspiration" führen. Diese Störungen (z.B. verzögerte Reflexauslösung, fehlender Glottisschluss oder verminderte Zungenmotilität) gilt es mittels der Diagnostik genau zu beschreiben, damit in der Therapie nicht nur das Symptom, sondern auch die Ursache behandelt werden kann.

Die hier dargestellte klinische Untersuchung – in Anlehnung an Logemann (1983), Groher (1997), Schröter-Morasch (1993) und Bartolome (1993) – will daher auch weitere Symptome der Dysphagie beschreiben und so einen Beitrag zur Erfassung der jeweiligen Pathophysiologie leisten. Die klinische Untersuchung liefert einen orientierenden Befund, ermöglicht eine Einschätzung des Ausmaßes der Dysphagie und gibt Hinweise für das therapeutische Vorgehen. Nach Abschluss der klinischen Untersuchung sollten folgende Fragen beantwortet werden können:

1. Hat der Patient eine Dysphagie?
2. Wie gefährdet ist der Patient?
3. Sind weitere Untersuchungen notwendig (Endoskopie, Videofluoroskopie etc.)?
4. Wie soll der Patient ernährt werden?

Die klinische Untersuchung, die in der Regel nach der vom Arzt durchgeführten neurologischen Aufnahmeuntersuchung erfolgt, gliedert sich in 3 Hauptbereiche. 1. *Anamnese:* Der Patient wird zu seinen subjektiven Beschwerden, zum Krankheitsverlauf, zu den genauen Symptomen bei der Nahrungsaufnahme und zu assoziierten Problemen (z.B. Reflux, ungewollter Gewichtsverlust, Probleme mit der Speichelkontrolle, Probleme mit der Zahnprothese) befragt. 2. *Überprüfung motorischer und sensibler Funktionen:* Die Beurteilung von Muskeltonus, Motilität und Kraft erfolgt sowohl durch die Ruhebeobachtung als auch durch die Beobachtung von

Willkürbewegungen (Lippen, Wangen, Zunge, Velum); darüber hinaus werden *reflektorische Bewegungen* im Bereich des Velum überprüft (Palatal- und Würgreflex); im Bereich des Larynx sind Bewegungen nur palpierbar, die Stimmlippenfunktion selbst ist ebenfalls nur indirekt durch auditive Beurteilung möglich; die Sensibilität wird anhand von Berührungsreizen oral und pharyngeal beurteilt. 3. *Schluckversuche:* Sie basieren auf den bisherigen Befunden; erscheint der Patient stark aspirationsgefährdet oder ist er auf Grund mangelnder Kooperationsfähigkeit schwer zu beurteilen, so werden die Schluckversuche als Leerschluck/Trockenschluck („dry swallow"), d. h. nur mit Speichel, durchgeführt; vom 50 ml-Wassertest als alleiniger Diagnostik oder einer standardmäßigen Untersuchung mit Brei ist grundsätzlich abzuraten.

3.2 Anamnese

Die Anamnese liefert viele, häufig auch indirekte Hinweise auf eine Dysphagie: So können Gewichtsverlust, stärkere Verschleimung oder Speichelfluss erste Symptome einer Dysphagie sein. Veränderungen der Stimme, häufiges Räuspern oder Husten können auf motorische und/oder sensible Fehlfunktionen im Larynx hinweisen. Außerdem gewinnt man durch die Anamnese einen ersten Eindruck von der Gefährdung des Patienten. Kann der Patient nicht ausreichend kommunizieren, muss man sich die entsprechenden Informationen aus der Krankenakte exzerpieren oder/und Angehörige befragen. Allgemeine Einschätzungen über kognitive und motivationale Fähigkeiten runden das Bild ab und können wichtige Hinweise zur Prognose und möglichen Dauer der Therapie geben.

Die Antworten zu den Fragen werden auf dem Untersuchungsbogen (s. Anhang am Ende dieses Kapitels) mit nein/ja notiert. Zu einigen Fragen kann man längere Notizen einfügen.

Aspirationshinweise

- Erhöhte Temperaturen bzw. unklares Fieber
- Rezidivierende Pneumonien
- Vermehrte Schleimproduktion
- Häufiges Husten oder Räuspern
- Gurgelige Stimme
- Nasses Tracheostoma
- Vermeiden bestimmter Konsistenzen

Wichtig: Stille Aspirationen (= ohne Aspirationszeichen) kommen bei neurologischen Patienten häufig vor.

3.3 Untersuchung von Lippen, Wangen, Kiefer, Zunge, Velum

Die detaillierte Untersuchung der für den Schluckvorgang wichtigen motorischen Funktionen nimmt den Hauptteil der klinischen Untersuchung ein. Wie in Kap. 2 ausführlich beschrieben, sind für die orale Vorbereitung und Verarbeitung folgende Bewegungen notwendig: Kieferöffnung und -schluss, Lippenschluss, Lippenprotraktion und -retraktion, Wangentonisierung, feine Zungenbewegungen wie Zungenspitzenhebung, seitliche Bewegungen, Drehbewegungen und Zungenschüsselbildung. Für das Kauen werden seitliche bzw. rotatorische Kieferbewegungen, die Velumabsenkung und die Zungenrückenhebung benötigt. An die Ruhebeobachtung, bei der im Wesentlichen Tonusverhältnisse und das Auftreten von Hyperkinesen beurteilt werden, schließt sich die Beobachtung der willkürlichen Bewegungen an. Hier werden Tonus (normal, erhöht, erniedrigt), Kraft, Motilität und Wechselbewegungen (normal, verlangsamt, eingeschränkt, aufgehoben) beurteilt.

Es ist unerheblich, ob die Bewegungen nach verbaler Aufforderung oder durch Imitation des Untersuchenden ausgeführt werden. Gibt es auf Grund einer bukkofazialen Apraxie Probleme, versucht man über die Beobachtung unwillkürlicher oder reflektorischer Bewegungen (falls keine Sprechapraxie vorliegt auch von Sprechbewegungen) zu einer entsprechenden Einschätzung zu gelangen. Beispielsweise kann die Zungenspitzenhebung auch durch Artikulation von /n/ oder /t/ überprüft werden, die Zungenrückenhebung durch /k/, die Zungenschüsselbildung (zumindest angedeutet) durch /l/.

Die Zungenkraft wird durch Widerstand gegen die verschiedenen Bewegungsrichtungen geprüft. In allen Bereichen wird das Auftreten von assoziierten Reaktionen, Suchbewegungen, Ersatzbewegungen und Hyperkinesen notiert. Sie geben zum einen zusätzliche Hinweise auf den Läsionsort, zum anderen haben diese unerwünschten Reaktionen auch einen Einfluss auf die Therapie. Willkürlich nicht beeinflussbare Hyperkinesen des Kehlkopfs verursachen zwar per se meist keine Aspirationen, können aber bei aspirationsgefährdeten Patienten das Risiko einer Aspiration vergrößern.

Neben der Ruhebeobachtung und der Überprüfung willkürlicher Bewegungen können am Velum auch Reflexe überprüft werden. Damit wird die Intaktheit des N. vagus und des N. glossopharyngeus beurteilt. Es lassen sich außerdem Rückschlüsse auf den Ort der Schädigung ziehen (zentral versus peripher). So kann bei einer beidseitigen zentralen Velumparese (bei der keine Hebung des Velum bei Phonation zu sehen ist) eine reflektorische Hebung (bei Auslösung des Würgreflexes oder beim Lachen/Gähnen) beobachtet werden, die dann auch bei Auslösung des Schluckreflexes postuliert werden kann.

Von besonderer Bedeutung ist neben der Überprüfung der oralen auch die Einschätzung der pharyngealen Sensibilität. Mit einem Wattestäbchen wird im Mundinnenraum und an der Pharynxhinterwand leicht berührt. Wo dies nötig erscheint, können Geschmacks- und Temperaturreize zusätzlich überprüft werden. So werden Kältereize oft stärker wahrgenommen als Berührungsreize, was therapeutisch von Bedeutung sein kann: Bei verzögerter Schluckreflextriggerung wird oftmals mittels Thermosonde an den vorderen Gaumenbögen stimuliert (s. Kap. 7).

Aspirationsgefährdung bei
- eingeschränkter Zungenbeweglichkeit
- eingeschränkter Zungenkraft
- reduzierter oraler und/oder pharyngealer Sensibilität
- Speichelresten/-auflagerungen an der Rachenhinterwand
- Speichelaufstau bis Oropharynx

An dieser Stelle enden die visuellen Möglichkeiten der klinischen Untersuchung. Pharyngeale und laryngeale Funktionen können lediglich auditiv beurteilt werden – eine der wesentlichen Beschränkungen der klinischen Befunderhebung.

Glottisschluss und Stimmlippenfunktionen müssen anhand von Stimmqualität und Stimmleistung beurteilt werden. Bei beidseitiger Recurrensparese ist in der Regel keine Stimmgebung mehr möglich, die Stimmlippen schließen nicht mehr, der Patient ist aphon. Auch einseitige Stimmlippenparesen beeinträchtigen die Stimmgebung und die Stimmleistung – Tonhöhenmodulation und Lautstärkeveränderungen sind nur eingeschränkt möglich.

Die Überprüfung der laryngealen Schutz- und Reinigungsfunktionen ist nicht nur von diagnostischer Bedeutung. Ist ein Patient nicht oder nur eingeschränkt in der Lage zu räuspern oder zu husten, so ist die Gefährdung bei Aspiration ungleich größer als bei einem Patienten mit intakter Schutzfunktion. *Bei fehlendem Hustenreflex und fehlendem willkürlichen Husten können deshalb Schluckversuche mit Nahrung nicht durchgeführt werden.* Tracheotomierte Patienten müssen zur Abklärung der Kehlkopf-Funktionen entblockt werden können.

Aspirationsgefährdung bei:
- eingeschränkter Phonation
- gurgeliger Stimmqualität
- eingeschränkten Schutz- und Reinigungsfunktionen

3.4 Schluckversuche

Die Beurteilung der pharyngealen Phase des Schluckens ist klinisch nur unvollständig möglich und hängt im Wesentlichen vom Auftreten klinischer Aspirationszeichen ab. Wo diese fehlen, kann aber leider nicht der Umkehrschluss auf intaktes Schlucken gezogen werden, da bei neurologischen Patienten häufig sensible Defizite vorhanden sind. Diese Patienten spüren dann Retentionen im pharyngealen, laryngealen und z.T. auch trachealen Bereich nicht oder nur unvollkommen. Aus diesem Grund räuspern oder husten sie nicht, selbst wenn Reste in die Luftwege eindringen (stille Aspiration). Obwohl eine gurgelige Stimme Penetrationen oder Aspirationen nicht sicher voraussagt (Warms & Richards, 2000), hat sie sich nach unserer Erfahrung im klinischen Alltag zumindest als Indikator für laryngeale Dysfunktionen und eine mögliche Aspirationsgefährdung bewährt.

Sind Patienten auf Grund der Vorgeschichte oder des bisher erhobenen Befundes stark aspirationsgefährdet, wird auf die Durchführung von Schluckversuchen mit Nahrung verzichtet. Stattdessen werden Leerschlucke mit Speichel durchgeführt. Durch Beobachtung und Palpation des Kehlkopfs versucht man ein Maximum an Information zu erhalten: Die Beurteilung der Reflexauslösung und der Kehlkopfhebung, die Beobachtung von Symptomen wie „Speichelreste im Mund oder an der Rachenhinterwand", „gurgelnde Stimmqualität nach dem Schlucken", „Räuspern und Husten" liefert wichtige Informationen, die für die Befunderhebung und Gesamtbeurteilung von ebenso großer Bedeutung sein können wie Schluckversuche mit Nahrung. Ist ein Patient nicht in der Lage, seinen Speichel abzuschlucken, erübrigen sich

Letztere ohnehin. Erscheint dagegen die Gabe von Nahrung vertretbar, wird – zunächst mit kleinen Bolusgrößen beginnend – je nach Befund die Schluckfähigkeit mit Flüssigkeit, breiiger oder fester Konsistenz überprüft (Letzteres allerdings nur bei geringer Schluckproblematik und ausreichender Hustenkraft). Patienten mit verzögerter oder erschwerter Reflexauslösung sind überwiegend in Bezug auf Flüssigkeiten beeinträchtigt. Die Aspirationsgefahr steigt noch, wenn zusätzlich eine Hypoglossusparese und/oder eine Recurrensparese vorliegen. Diese Patienten sind bei dickflüssigeren oder breiigen Konsistenzen weniger gefährdet. Liegt die Störung dagegen hauptsächlich im Bereich des oberen Ösophagussphinkters (OÖS), kann dünnflüssige Konsistenz oft noch einigermaßen gut durch den (inkomplett öffnenden oder vorzeitig schließenden) OÖS gelangen. Manchmal ist zu beobachten, dass die Schluckreflextriggerung bei steigender Bolusgröße leichter gelingt. Hier sollte man aber unbedingt Vorsicht walten lassen, da im Falle einer Aspiration mit der Bolusgröße auch die Menge des Aspirats ansteigt.

Primitivschablonen sind im Erwachsenenalter pathologische Muster, die nur bei Patienten mit diffuser oder disseminierter Hirnschädigung zu erwarten sind (z.B. bestimmte Demenzformen). Die Beurteilung des Schluckreflexes ist klinisch nur grob möglich. Dies trifft besonders auf den nicht zeitgerechten Schluckreflex zu. Klinisch leichter festzustellen ist eine Erschwerung der Reflexauslösung. Am Mundboden palpierbar sind die einleitenden Bewegungen der Zunge. Eine fehlende Reflexauslösung wird klinisch nicht immer erkannt. Da schluckgestörte Patienten häufig frustrane Larynxbewegungen durchführen, ist es gerade für ungeübte Beobachter schwer, diese Bewegungen von „echten" Schlucken zu unterscheiden.

Mit tracheotomierten Patienten sollen Schluckversuche nur in entblocktem Zustand und in Absaugbereitschaft durchgeführt werden. Die Notwendigkeit der Entblockung hat folgende Gründe:

- Der beim Entblockungsvorgang abgesaugte Speichel/Schleim gibt einen zusätzlichen Anhalt für die Menge des aspirierten Materials (Alles, was aus dem Tracheostoma oberhalb oder unterhalb der Blockung abgesaugt wird, ist Aspiration!).
- Nur in entblocktem Zustand ist der Patient in der Lage zu räuspern oder zu husten.
- Dadurch ist eine (zumindest grobe) Einschätzung der sensiblen Funktionen möglich.
- Eine Penetration oder Aspiration lässt sich anhand der Stimmqualität nach dem Schlucken besser beurteilen.

Schluckversuche mit Nahrung nur:

- bei wachen, aufmerksamen Patienten
- im Sitzen
- bei geringer Aspirationsgefährdung
- bei vorhandenem Schluckreflex
- bei ausreichender Hustenkraft
- bei ausreichender Speichelkontrolle
- mit entblockter Kanüle

Auf der Akutstation und in der Frührehabilitationsphase ist auch im Hinblick auf die Diagnostik eine gute Einbindung der Schlucktherapeuten in ein Team aus Ärzten, Pflegepersonen,

Ergotherapeuten, Physiotherapeuten, Neuropsychologen etc. notwendig. Da sich die gesamte klinische Untersuchung in der hier aufgezeigten Form eher selten durchführen lässt, ist eine Zusammenschau von Einzelbeobachtungen wichtig, um zu einer zuverlässigen Einschätzung des Patienten zu gelangen. Gerade bei Patienten mit Vigilanzproblemen und Aufmerksamkeitsdefiziten kann es abhängig vom jeweiligen Zustand des Patienten zu erheblichen Unterschieden in der Beurteilung kommen.

Mit der klinischen Untersuchung können orofaziale Funktionen (motorische und sensorische), in eingeschränktem Maße (nämlich auditiv) auch laryngeale Funktionen beurteilt werden. Es können Aspirationszeichen (z.B. Reste an der Rachenhinterwand, gurgelnde Stimme, Husten) beobachtet, nie jedoch Aspirationen zweifelsfrei belegt oder widerlegt werden. Eine wichtige Ergänzung der klinischen Diagnostik sind deshalb die Videofluoroskopie und die Videoendoskopie (s. Kap. 4 und 5). Dabei können neben morphologischen Veränderungen auch Penetrationen und Aspirationen „gesehen" und im Falle der Videofluoroskopie auch die Ursachen aufgedeckt und der Aspirationsgrad quantifiziert werden.

Im folgenden Anhang findet sich der Befundbogen, der in unserem Krankenhaus derzeit verwendet wird.

Kapitel 3: Anhang Befundbogen

nein ☐ ja ☐

Seit wann besteht die Schluckstörung?
Wie äußern sich Ihre Beschwerden
Haben sich Ihre Beschwerden verändert?
Hatten Sie schon Untersuchungen? Welche?
Wurden Sie schon behandelt? Wie?
Haben Sie Gewicht verloren?
Haben Sie öfter erhöhte Temperaturen oder Fieber?
Hatten Sie eine Lungenentzündung oder Bronchitis?
Sind Sie stärker verschleimt?
Müssen sie sich häufig räuspern?
Hat sich Ihre Stimme verändert?
Hat sich Ihre Sprechweise verändert?
Müssen Sie häufig husten?
Haben Sie Sodbrennen? Häufiges Aufstoßen?
Haben Sie ein Kloßgefühl im Hals?
Haben Sie ungewöhnlich viel Speichel?
Müssen Sie Ihren Speichel ausspucken?
Haben Sie nachts Probleme mit dem Speichel?
Haben Sie Probleme mit Flüssigkeiten?
Haben Sie Probleme mit bestimmten Speisen?
Vermeiden Sie bestimmte Speisen?
Falls ja, welche sind das?
Gibt es Speisen oder Getränke, die Sie ohne Schwierigkeiten zu sich nehmen können?
Brauchen sie zusätzliche Nahrung?
Haben sie eine Nasensonde oder PEG?

Brauchen sie länger zu den Mahlzeiten?
Müssen sie Nahrung wieder ausspucken?
Haben Sie Schmerzen beim Schlucken?
Nehmen Sie eine andere Haltung beim Schlucken ein?
Bleibt Ihnen Nahrung im Mund oder Hals stecken?
Kommt Ihnen unverdaute Nahrung hoch?
Müssen Sie beim oder nach dem Schlucken husten?
Haben sie Atemnot beim Sprechen oder bei Belastung?
Welche Medikamente nehmen Sie ein?
Patient/in hat ein Tracheostoma
Patient/in hat eine Trachealkanüle
Trachealkanüle ist dauernd geblockt
Trachealkanüle ist teilweise geblockt
Patient/in hat eine Sprechkanüle
Speichelaustritt aus dem Tracheostoma
Patient/in ist kooperationsfähig
Patient/in hat Kopfkontrolle
Patient/in hat Rumpfkontrolle
Sonstiges (z.B. Zahnprothese)

Lippen- und Wangenmuskulatur in Ruhe

	nein	ja
Speichelfluss	☐	☐
Hyperkinesen	☐	☐
Beißspuren an den Wangen	☐	☐

	normal	erhöht	erniedrigt
Tonus	☐	☐	☐
	normal	eingeschr.	aufgeh.
Lippenschluss	☐	☐	☐

Willkürliche Bewegungen

	normal	verlangs.	eingeschr.	aufgeh.
Lippenschluss	☐	☐	☐	☐
Lippenspitzen	☐	☐	☐	☐
Lippenbreitziehen	☐	☐	☐	☐
Wechselbewegungen	☐	☐	☐	☐
Lippenkraft	☐	☐	☐	☐
Wangen anspannen*	☐	☐	☐	☐
Kraft der Wangen**	☐	☐	☐	☐

	normal	erhöht	erniedrigt
Tonus	☐	☐	☐

	nein	ja
Suchbewegungen	☐	☐
Mitbewegungen	☐	☐
Ersatzbewegungen	☐	☐
Hyperkinesen	☐	☐

*durch Ansaugen der Wangen
** Ansaugen gegen Widerstand des Fingers in der Wangentasche

Kiefer in Ruhe

	normal	erhöht	erniedrigt
Tonus	☐	☐	☐

Willkürliche Bewegungen

	normal	verlangs.	eingeschr.	aufgeh.
Weites Öffnen	☐	☐	☐	☐
Kieferschluss	☐	☐	☐	☐
Wechselbewegungen	☐	☐	☐	☐
Vorschieben d. U.kiefers	☐	☐	☐	☐
Bewegung nach rechts	☐	☐	☐	☐
Bewegung nach links	☐	☐	☐	☐
Wechselbewegungen	☐	☐	☐	☐
Rotator. Bewegungen	☐	☐	☐	☐
Kraft*	☐	☐	☐	☐

	normal	erhöht	erniedrigt
Tonus	☐	☐	☐

	nein	ja
Suchbewegungen	☐	☐
Mitbewegungen	☐	☐
Ersatzbewegungen	☐	☐
Hyperkinesen	☐	☐

Sonstiges: ______________________________

Zunge in Ruhe

	normal	erhöht	erniedrigt
Tonus	☐	☐	☐

	nein	ja
Vorverlagerung	☐	☐
Rückverlagerung	☐	☐
Abweichung nach einer Seite	☐	☐
Atrophiezeichen	☐	☐
Hyperkinesen	☐	☐
Beißspuren	☐	☐

Willkürliche Bewegungen

	normal	abweich.	verlangs.	eing.	aufgeh.
Herausstrecken	☐	☐	☐	☐	☐
Zurückziehen	☐	☐	☐	☐	☐
Wechselbewegungen	☐	☐	☐	☐	☐
Zungenspitzenhebung	☐	☐	☐	☐	☐
Zungenrückenhebung	☐	☐	☐	☐	☐
Seitl. Bewegungen	☐	☐	☐	☐	☐
Kreisen im Mund	☐	☐	☐	☐	☐
Zungenschüssel	☐	☐	☐	☐	☐
Kraft*	☐	☐	☐	☐	☐

* Widerstand gegen Öffnen/Schließen/seitliche Bewegungen

	normal	erhöht	erniedrigt
Tonus	☐	☐	☐
	nein	ja	
Suchbewegungen	☐	☐	
Mitbewegungen	☐	☐	
Ersatzbewegungen	☐	☐	
Hyperkinesen	☐	☐	

Sonstiges: ______________________________

Velum in Ruhe

	normal	erhöht	erniedrigt
Tonus	☐	☐	☐
	nein	ja	
Abweichung nach einer Seite	☐	☐	
Hyperkinesen	☐	☐	

Willkürliche Bewegungen

	normal	eing.	abweich	aufgeh.
Hebung bei anhaltendem /a:/	☐	☐	☐	☐
Hebung bei repetitivem /a/	☐	☐	☐	☐
	normal	erhöht	erniedrigt	
Tonus	☐	☐	☐	
	nein	ja		
Hyperkinesen	☐	☐		

Reflektorische Bewegungen

	ja	nein	gesteigert	erschwert	abweich.
Hebung bei Auslösung des Würgreflexes	☐	☐	☐	☐	☐
Hebung bei Palatalreflex	☐	☐	☐	☐	☐

Sonstiges: ______________________________

Orale u. pharyngeale Sensibilität

Berührung	normal	eing.	aufgeh.
Oberlippe rechts	☐	☐	☐
Oberlippe links	☐	☐	☐
Unterlippe rechts	☐	☐	☐
Unterlippe links	☐	☐	☐
Vorderzunge rechts	☐	☐	☐
Vorderzunge links	☐	☐	☐
Hinterzunge rechts	☐	☐	☐
Hinterzunge links	☐	☐	☐
Wange (innen) rechts	☐	☐	☐
Wange (innen) links	☐	☐	☐
Gaumenbogen rechts	☐	☐	☐
Gaumenbogen links	☐	☐	☐
Rachenhinterwand rechts	☐	☐	☐
Rachenhinterwand links	☐	☐	☐

Geschmack	normal	eing.	aufgeh.
süß	☐	☐	☐
sauer	☐	☐	☐
salzig	☐	☐	☐
bitter	☐	☐	☐

Temperatur	normal	eing.	aufgeh.
kalt	☐	☐	☐
warm	☐	☐	☐

Sonstiges: ______________________________

Auditive Kehlkopfbeurteilung

Phonation	nein	ja
aphon	☐	☐
behaucht	☐	☐
rau	☐	☐
gepresst	☐	☐
nasal	☐	☐
nass, gurgelnd	☐	☐
Tonhaltedauer > 5 Sek.	☐	☐

Stimmleistung	normal	eing.	aufgeh.
Lautstärke	☐	☐	☐
Tonhöhen	☐	☐	☐

Schutz- u. Reinigungsfunktion

	normal	eing.	aufgeh.
Atem anhalten	☐	☐	☐
Räuspern reflektorisch	☐	☐	☐
Räuspern willkürlich	☐	☐	☐
Husten reflektorisch	☐	☐	☐
Husten willkürlich	☐	☐	☐
Rachen „reinigen"	☐	☐	☐

Sonstiges: ______________________________

Schluckversuche

☐ Leerschluck	☐ flüssig	☐ < 10ml	☐ > 10ml
☐ breiig	☐ weich/kaubar	☐ < _ Teelöffel	☐ > _ Teelöffel

Primitivschablonen	nein	ja
Mundöffnungsreflex	☐	☐
Suchreflex	☐	☐
Beißreflex	☐	☐
Saugen	☐	☐
Schmatzen	☐	☐
Zungenstoß	☐	☐

Allgemeines	normal	eing.	aufgeh.
Kieferöffnung	☐	☐	☐
Mundschluss	☐	☐	☐
Kaubewegungen	☐	☐	☐
Zungenbewegungen	☐	☐	☐

Vor dem Schlucken	nein	ja
Nahrungsaustritt aus dem Mund	☐	☐
Räuspern	☐	☐
Husten	☐	☐

Während des Schluckens	nein	ja
Nahrungsaustritt aus dem Mund	☐	☐
Nahrungsaustritt aus der Nase	☐	☐
Reflexauslösung beeinträchtigt	☐	☐
Kehlkopfhebung beeinträchtigt	☐	☐
Räuspern	☐	☐
Husten	☐	☐

Nach dem Schlucken	nein	ja
Nahrungsaustritt aus dem Mund	☐	☐
Nahrungsaustritt aus der Nase	☐	☐
Räuspern	☐	☐
Husten	☐	☐
Gurgelnde Stimme	☐	☐
Nahrungsreste in den Wangen	☐	☐
Nahrungsreste auf der Zunge	☐	☐
Nahrungsreste unter der Zunge	☐	☐
Nahrungsreste am Gaumen	☐	☐
Nahrungsreste an der Rachenhinterwand	☐	☐
Patient muss Nahrung ausspucken	☐	☐

Bei Patienten mit Tracheostoma	nein	ja
Nahrungsaustritt aus dem Tracheostoma	☐	☐
Nahrungsreste beim Absaugen	☐	☐

Sonstiges: ______________________________

Probleme mit der Prothese: ______________________________

Anmerkung: „Nahrung" schließt hier Flüssigkeiten und Speichel (Leerschluck) ein.

Literatur:

Bartolome G. Klinische Eingangsuntersuchung bei Schluckstörungen. In: Bartolome G, Buchholz D, Feussner H, Hannig C, Neumann S, Prosiegel M, Schröter-Morasch H, Wuttge-Hannig A (Hrsg). Schluckstörungen – Diagnostik und Rehabilitation. München, Jena: Urban & Fischer, 1999:141-155

Groher M (ed). Dysphagia: Diagnosis and Management. Boston, Butterworth-Heinemann, 1997

Linden P, Kuhlemeier KV, Patterson C. The probability of correctly predicting subglottic penetration from clinical observations. Dysphagia 1993;8:170-179

Logemann JA. Evaluation and treatment of swallowing disorders, 2nd ed. Austin: Pro-Ed, 1998

Logemann JA, Veis S, Colangelo LA. Screening procedure for oropharyngeal dysphagia. Dysphagia1999;14:44-51

Martino R, Pron G, Diamant N. Sreening for oropharyngeal dysphagia in stroke: insufficient evidence for guidelines. Dysphagia 2000;15:19-30

Perry L, Love C. Screening for dysphagia and aspiration in acute stroke: a systematic review. Dysphagia 2001;16:7-18

Schröter-Morasch H. Klinische Untersuchung des Oropharynx und videoendoskopische Untersuchung der Schluckfunktion. In: Bartolome G, Buchholz D, Feussner H, Hannig C, Neumann S, Prosiegel M, Schröter-Morasch H, Wuttge-Hannig A (Hrsg). Schluckstörungen – Diagnostik und Rehabilitation. München, Jena: Urban & Fischer, 1999:111-140

Warms T, Richards J. "Wet" voice as a predictor of penetration and aspiration in oropharyngeal dysphagia. Dysphagia 2000;15:84-88

Die folgenden Abbildungsseiten mussten aus drucktechnischen Gründen hier eingefügt werden.

Abbildungen zu Kapitel 5

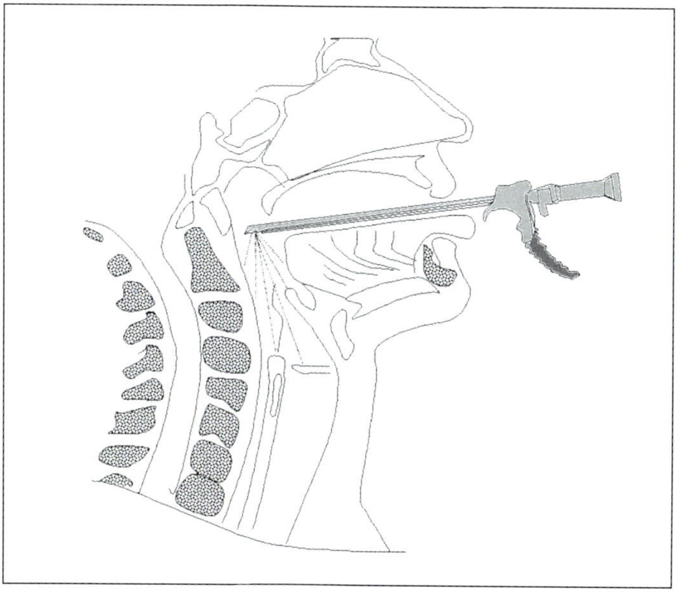

Abb. 5.1:
Starre Lupenlaryngoskopie, Positionierung des Endoskops.

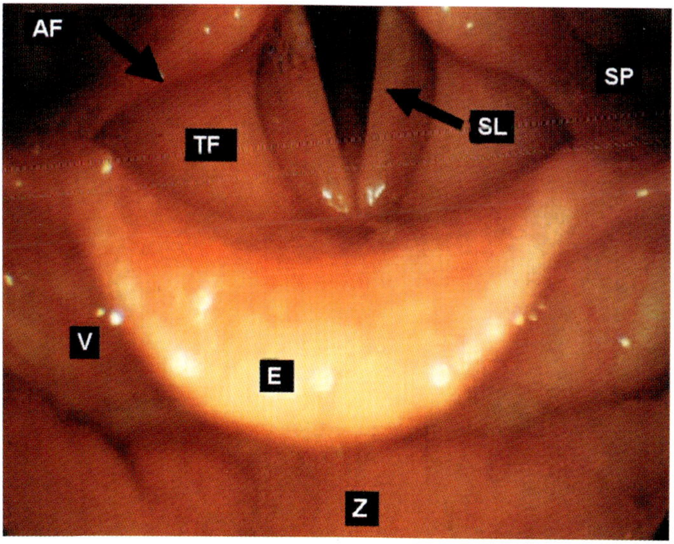

Abb. 5.2:
Lupenlaryngoskopisches Bild, Respirationsstellung.
Z: Zungengrund,
V: Valleculae,
E: Epiglottis,
AF: Aryepiglottische Falte,
TF: Taschenfalte,
SL: Stimmlippe,
SP: Sinus piriformis.

Abb. 5.3:
Flexible transnasale Endoskopie, Positionierung zur Velumbeurteilung.

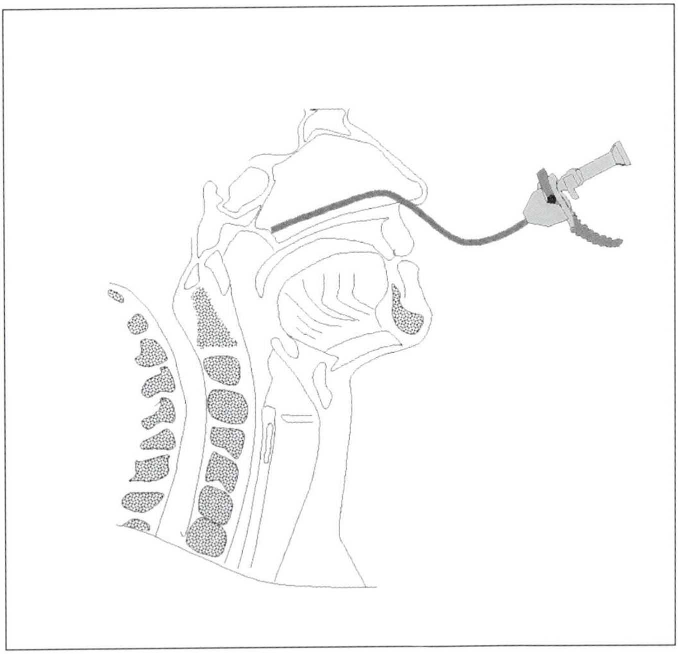

Abb. 5.4:
Flexible Endoskopie: Velum bei transnasaler Respiration.

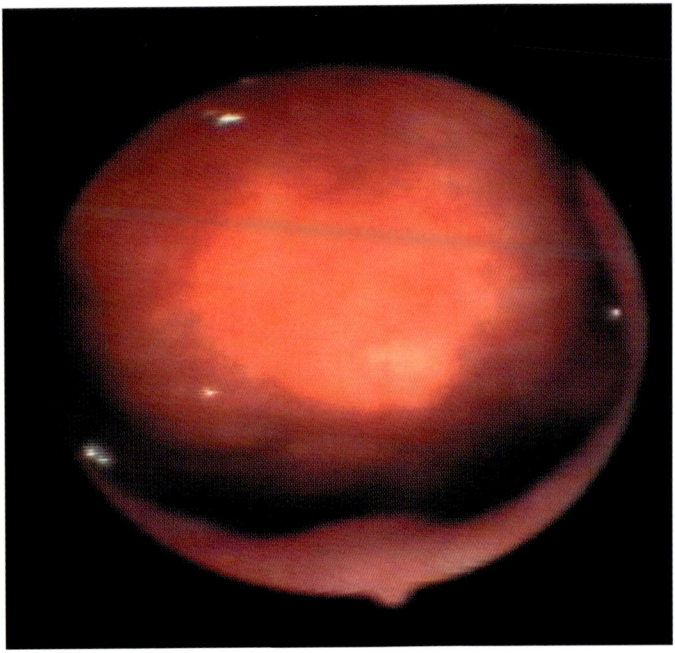

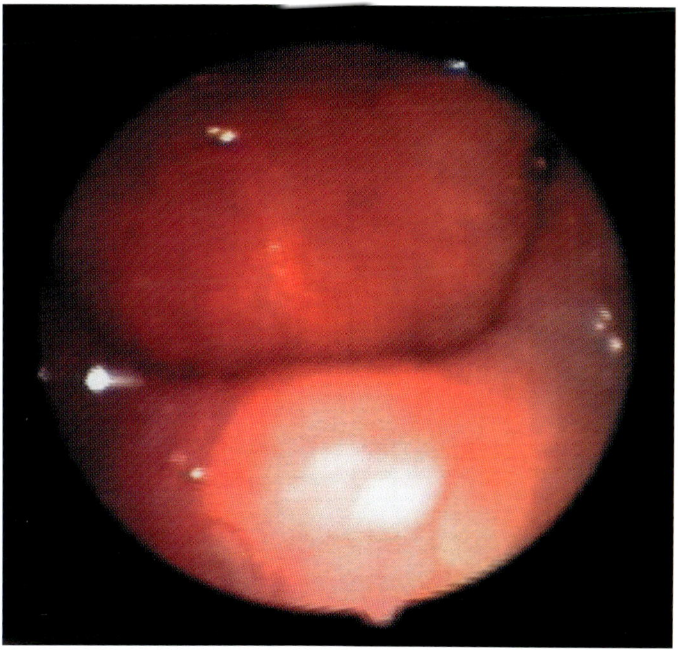

Abb. 5.5:
Flexible Endoskopie: Velum bei nasopharyngealem Abschluss.

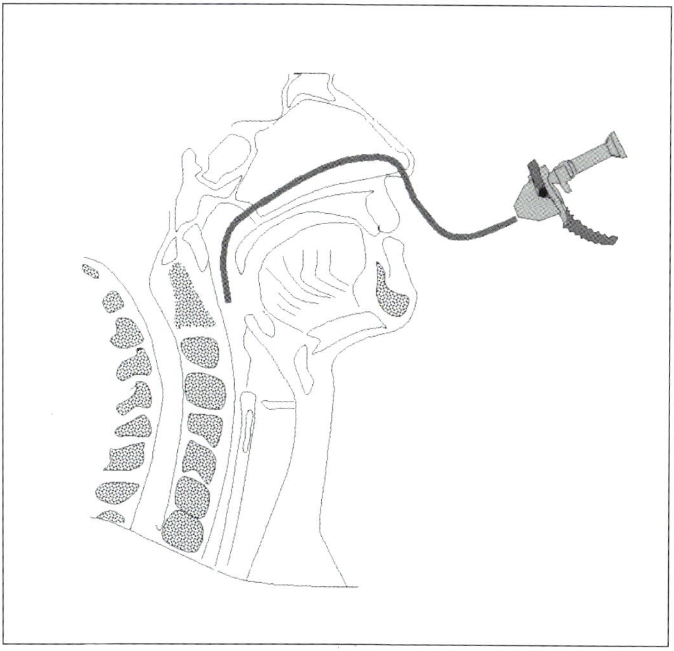

Abb. 5.6:
Flexible transnasale Endoskopie, Positionierung zur Larynxbeurteilung.

Abb. 5.7:
Flexible Laryngoskopie: Respirationsstellung;
V: Valleculae,
E: Epiglottis,
SP: Sinus piriformis,
SL: Stimmlippe.

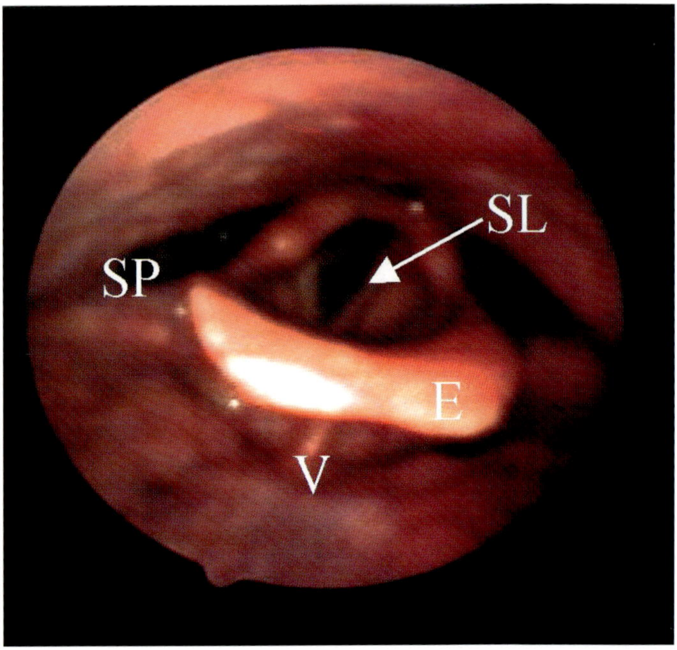

Abb. 5.8:
Flexible Laryngoskopie: Phonationsstellung;
V: Valleculae,
E: Epiglottis,
SP: Sinus piriformis,
SL: Stimmlippe.

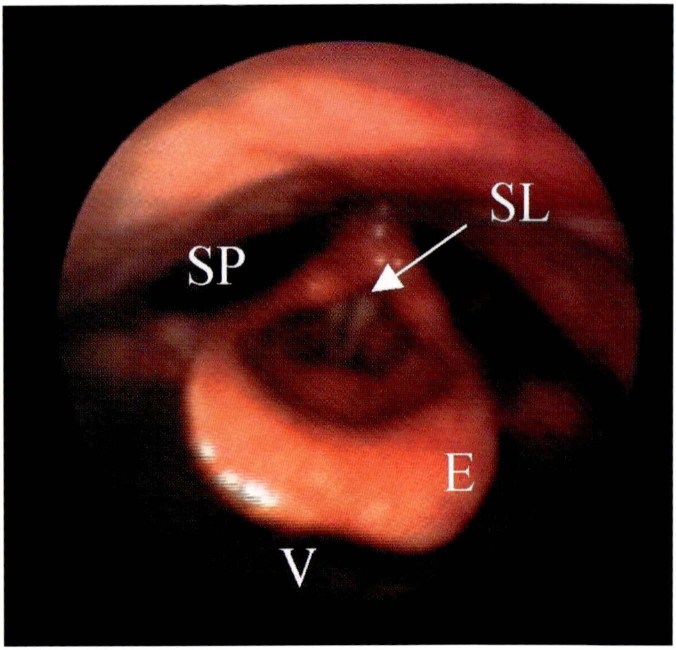

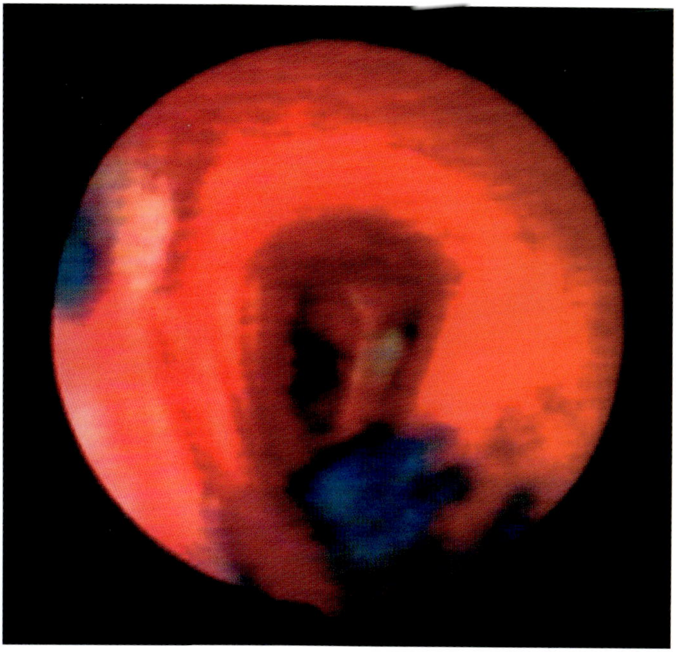

Abb. 5.9:
Flexible Tracheoskopie: Blau gefärbte Bolusreste endotracheal nach Aspiration.

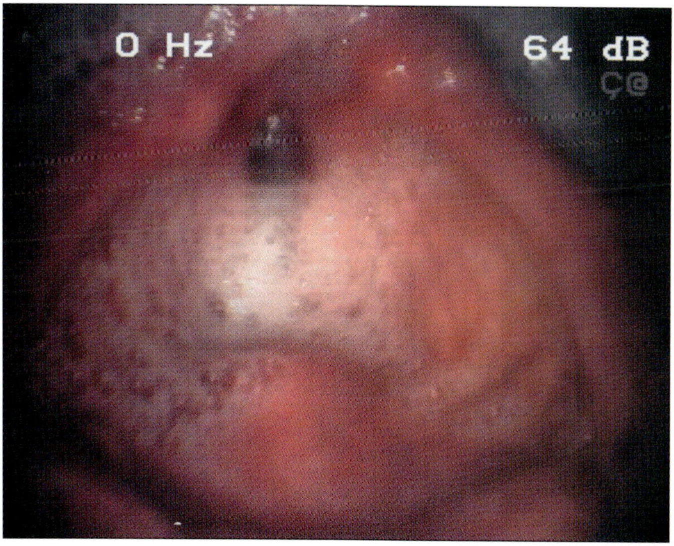

Abb. 5.10:
Lupenlaryngoskopisches Bild:
Ansammlung von Speichel im Aditus laryngis.

Abb. 5.11:
Lupenlaryngoskopisches Bild:
Patient hält die Luft an.

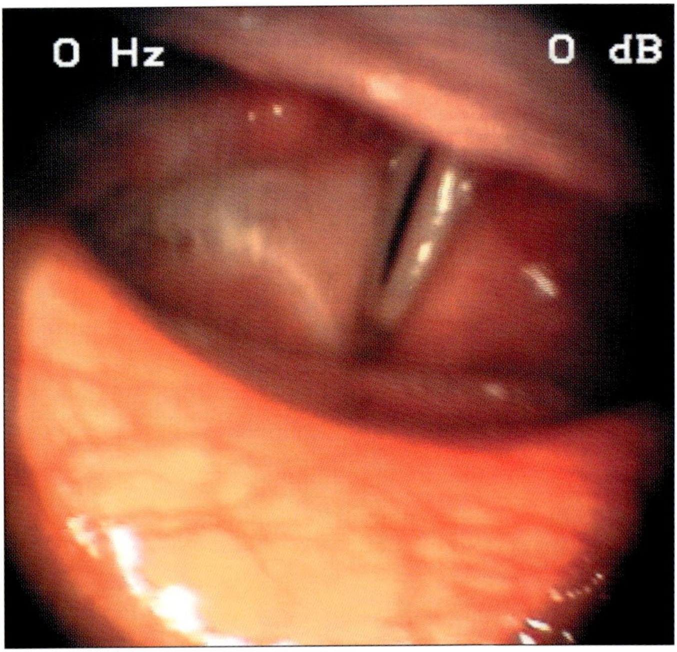

Abb. 5.12:
Lupenlaryngoskopisches Bild:
Taschenfaltenschluss bei leichtem Pressen.

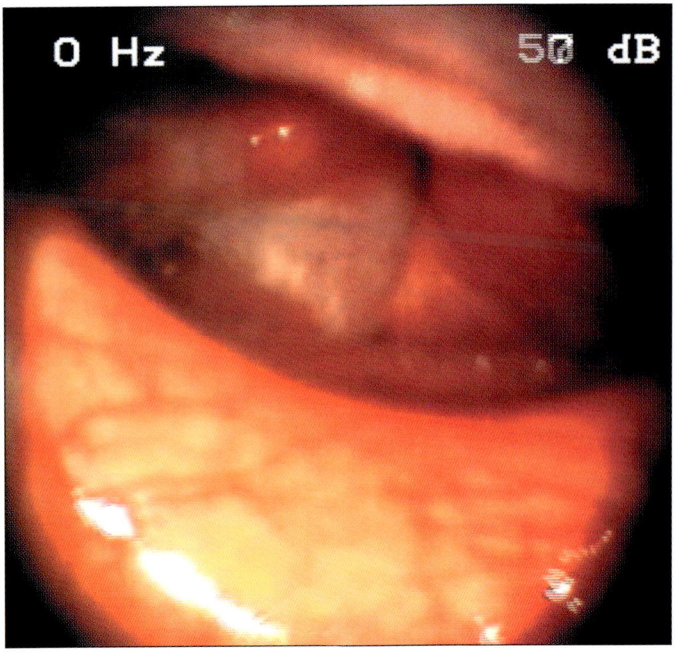

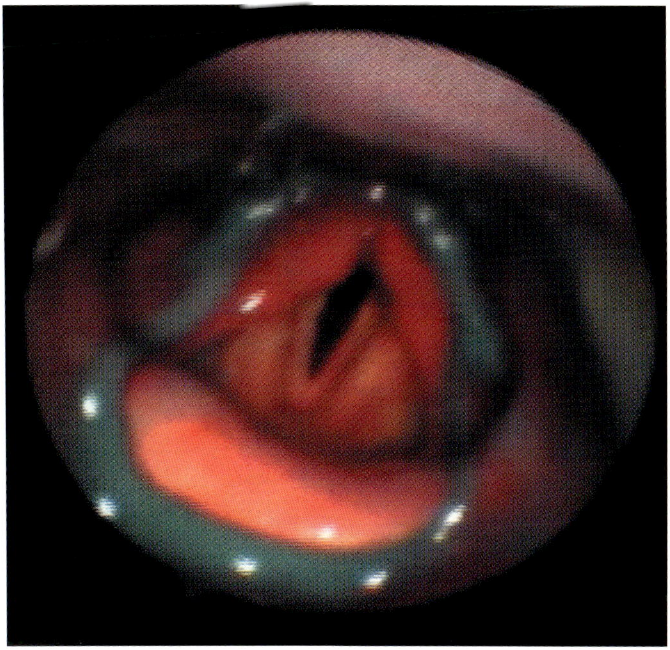

Abb. 5.13:
Flexible Laryngoskopie: Leaking von flüssigem Bolus bis in die Sinus piriformes bds./ Postkrikoidregion.

Abbildungen zu Kapitel 6

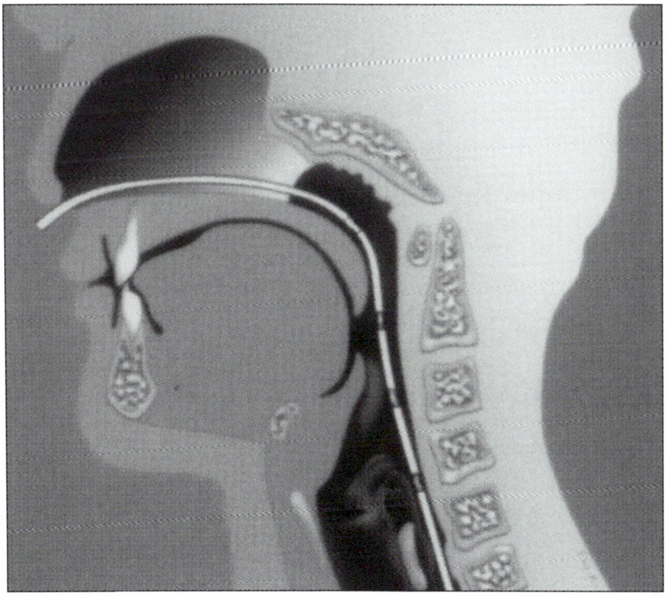

Abb. 6.12:
Schematische Darstellung der Sondenplatzierung bei einer Radiomanometrie (Erklärung s. Text).

Abb. 6.13:
24-h-Ösophagus-pH-Metrie bei einem Patienten mit gastroösophagealer Refluxkrankheit.

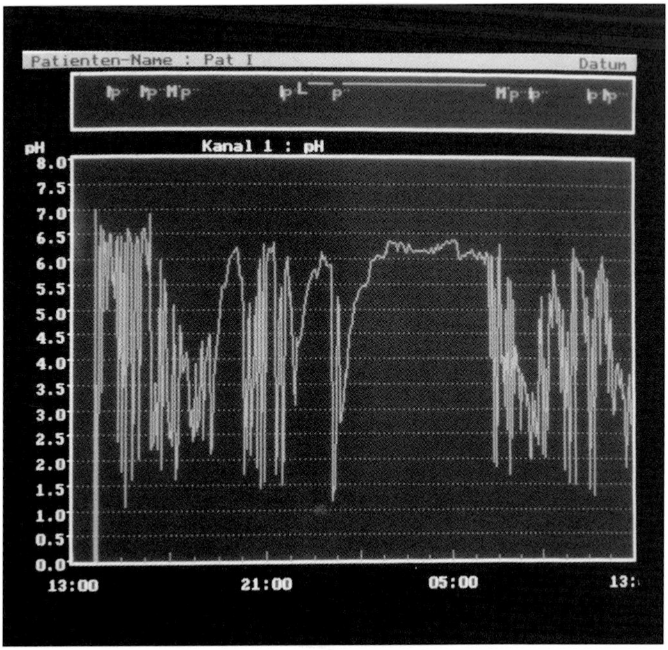

Abb. 6.14:
Schematische Darstellung der Sondenplatzierung bei einer dualen pH-Metrie.

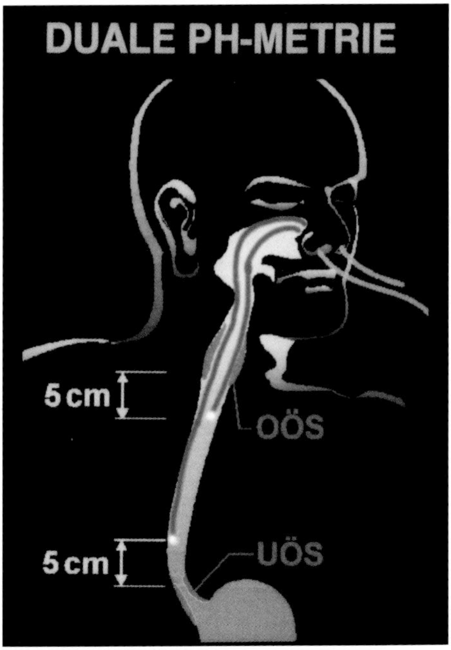

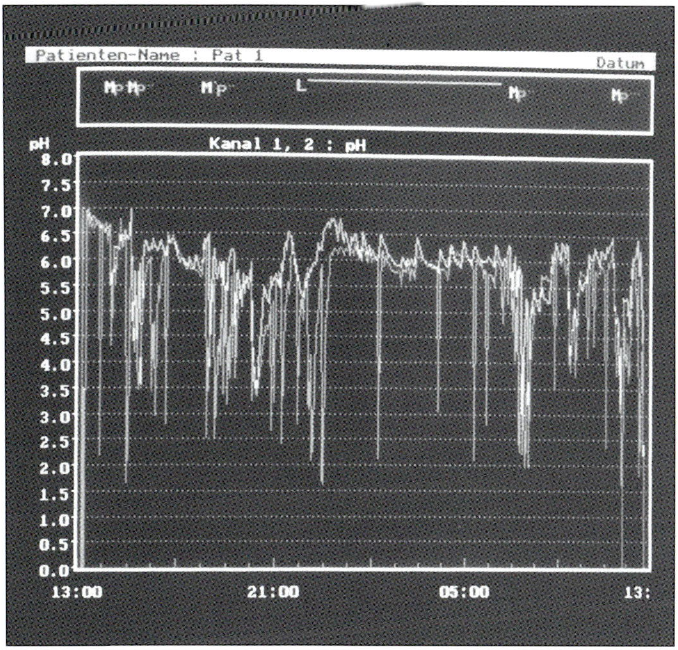

Abb. 6.15:
24-h-duale-pH-Metrie eines Refluxkranken mit Reflux bis in die proximale Speiseröhre.

Abbildungen zu Kapitel 8

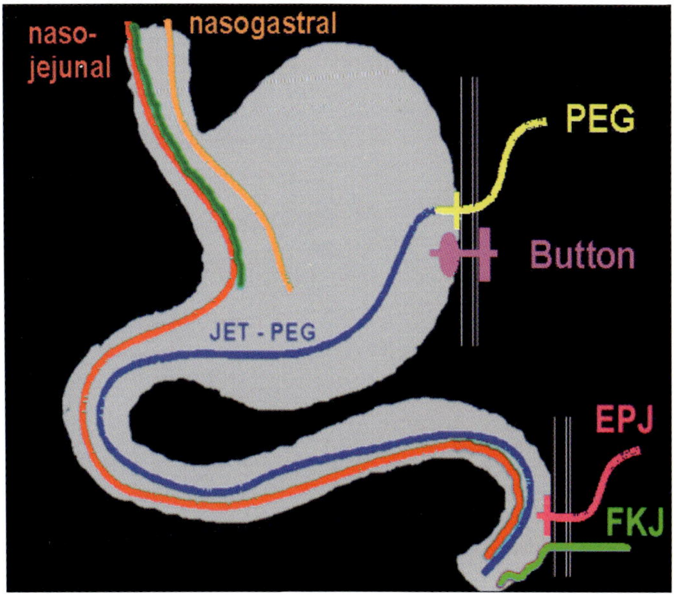

Abb. 8.1:
Schematische Darstellung der verschiedenen Ernährungssonden.

Abbildungen zu Kapitel 9

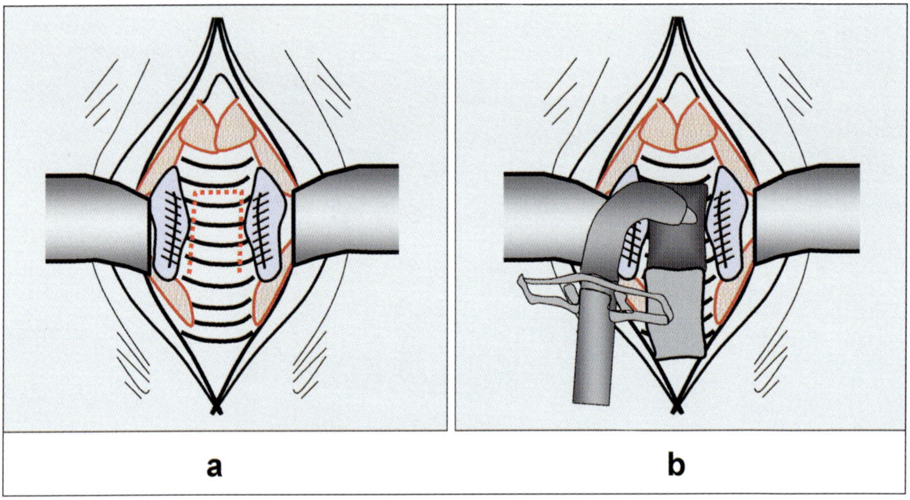

Abb. 9.1a, b:
Anlage eines plastischen Tracheostomas (Björk-Lappen).

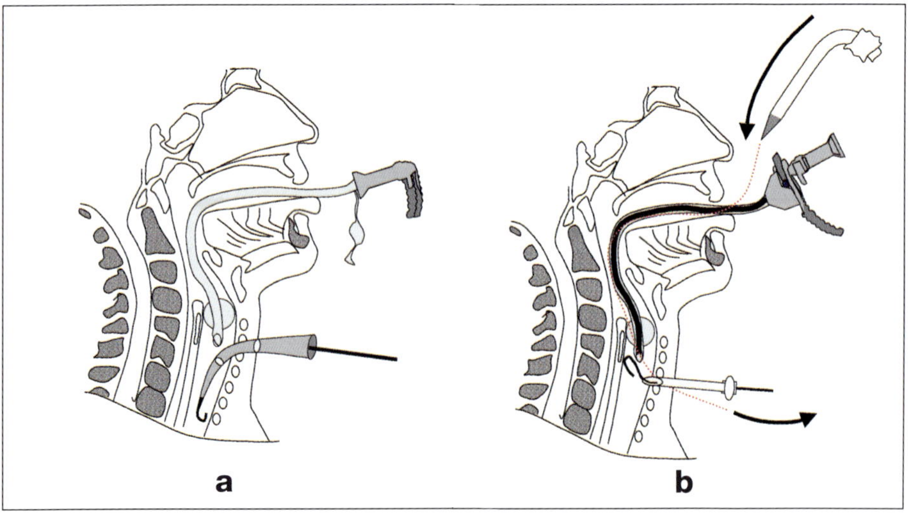

Abb. 9.2:
a: Perkutane Dilatationstracheotomie nach Ciaglia (PDT);
b: Translaryngeale Tracheotomie nach Fantoni (TLT).

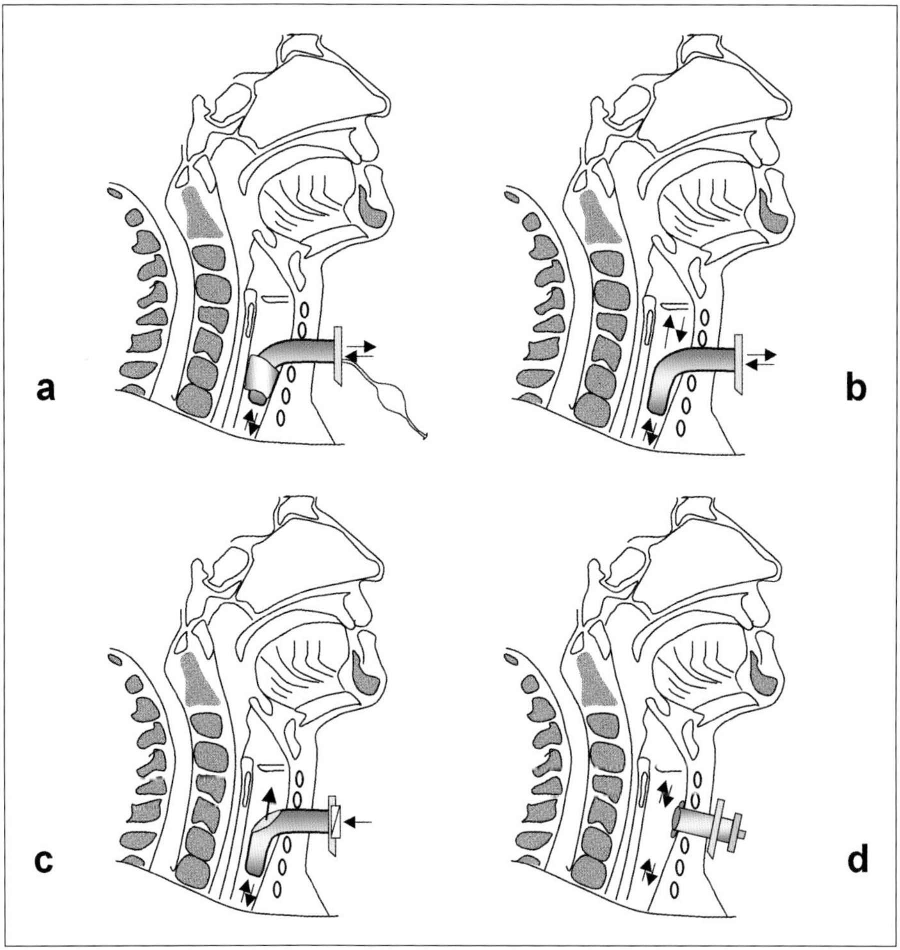

Abb. 9.3:
a: Eingesetzte geblockte Trachealkanüle;
b: einfache Trachealkanüle;
c: Sprechkanüle;
d: Stoma-Stent.

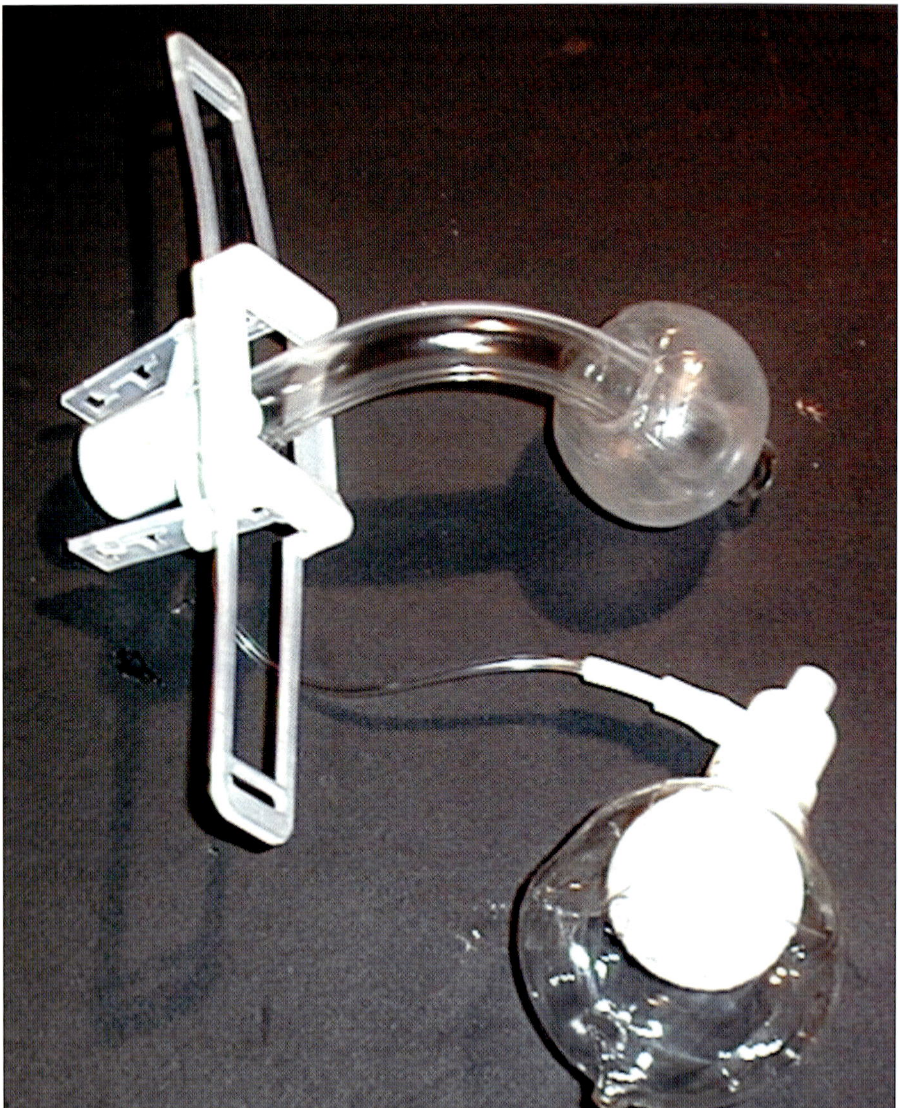

Abb. 9.4:
Blockbare Trachealkanüle mit Druckausgleichsballon
(Hi-Lo-LanzTM, Fa. Mallinckrodt).

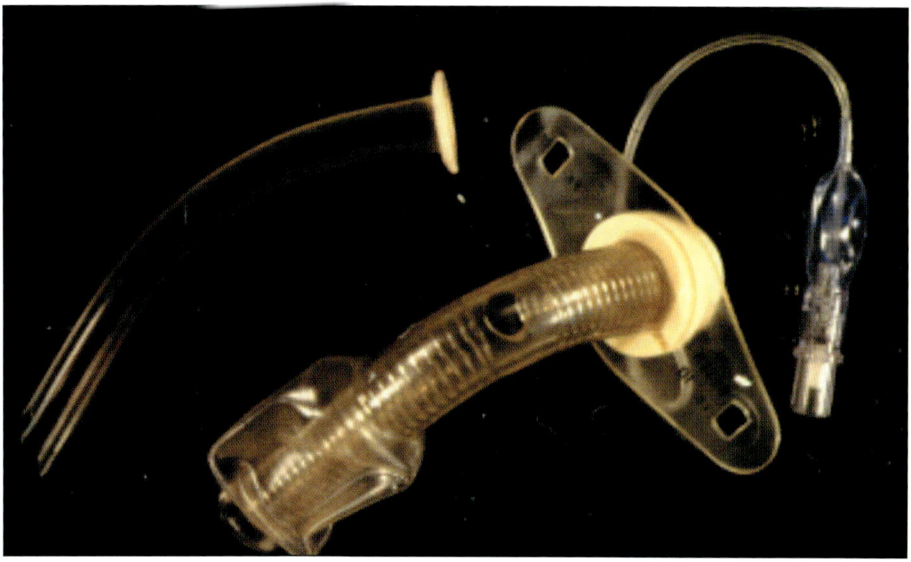

Abb. 9.5:
Blockbare Sprechkanüle mit ungefensterter Innenkanüle (Fa. Rüsch).

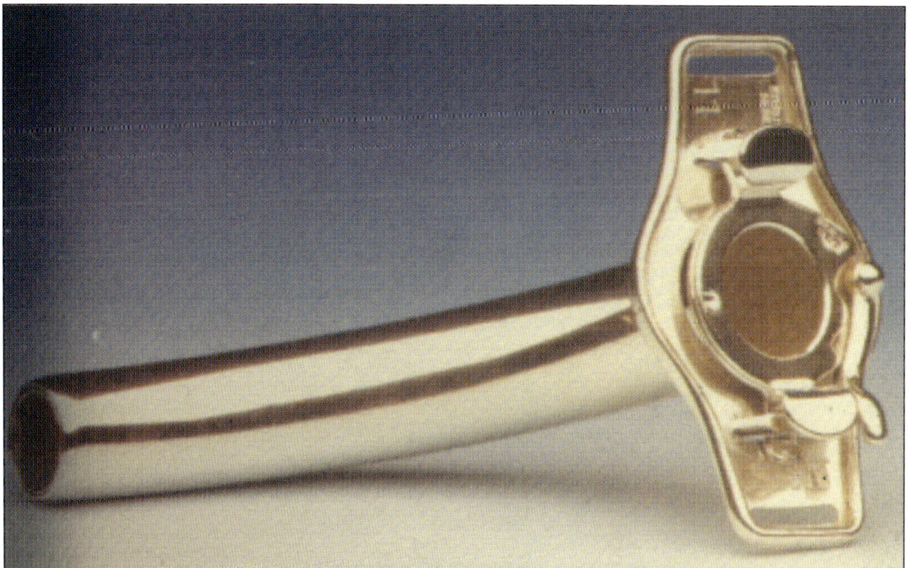

Abb. 9.6:
Einfache Silberkanüle.

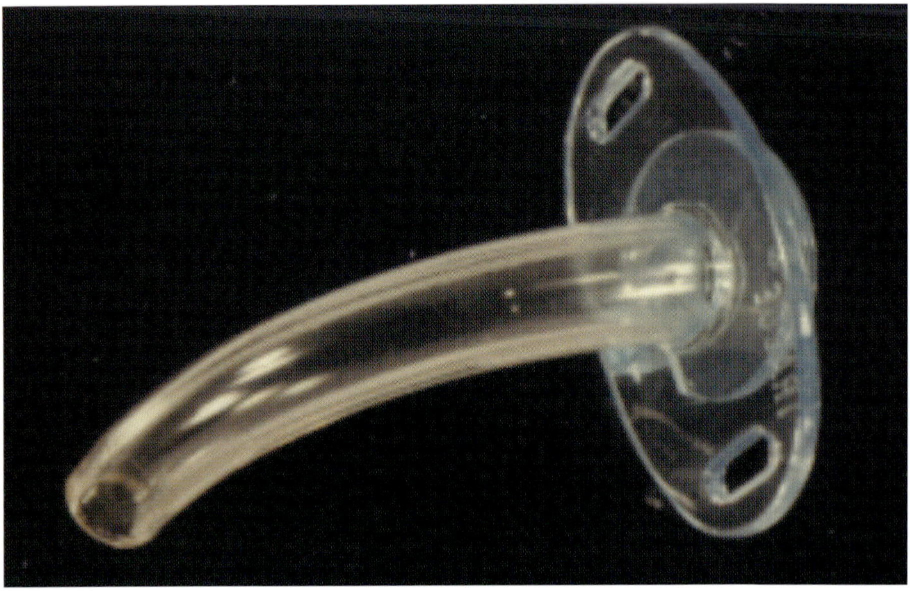

Abb. 9.7:
Einfache Kanüle aus Kunststoff (Fa. Tracoe).

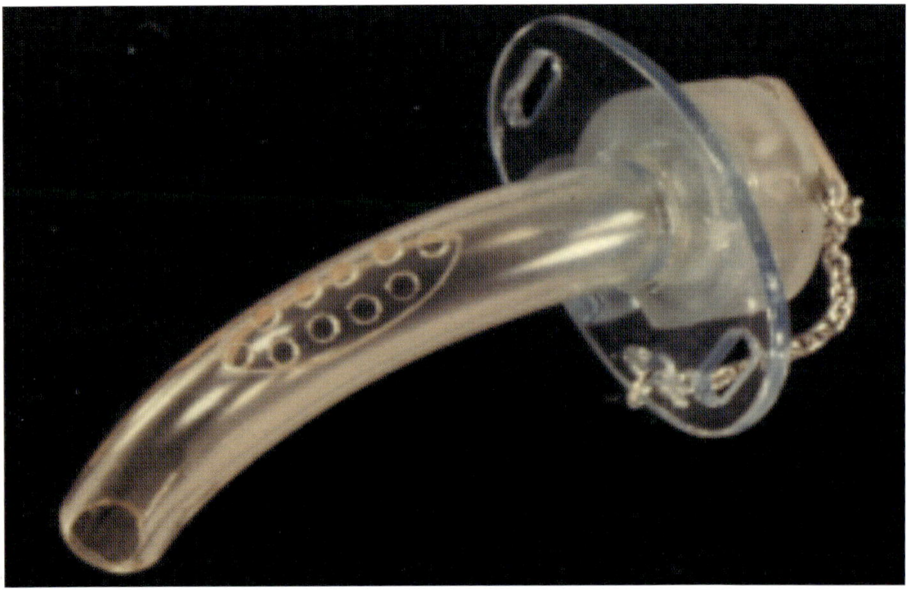

Abb. 9.8:
Sprechkanüle aus Kunststoff (Siebkanüle) (Fa. Tracoe).

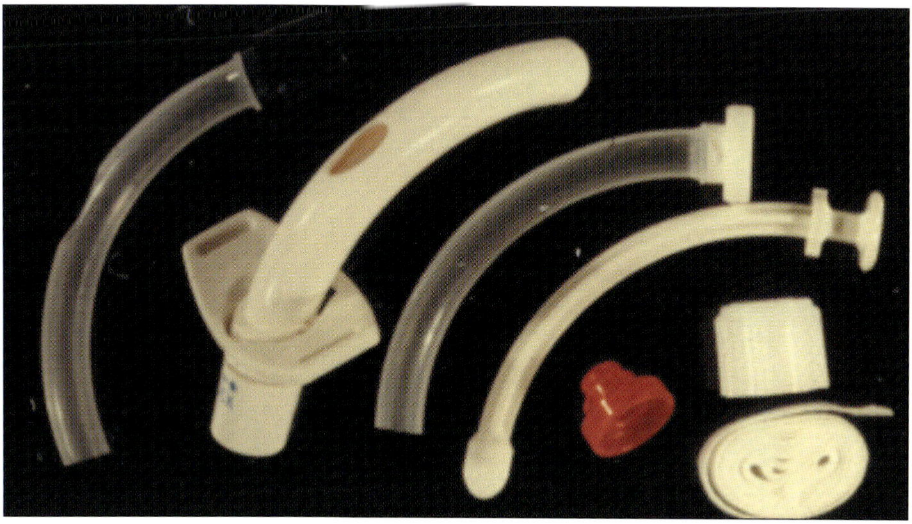

Abb. 9.9:
Sprechkanüle aus Kunststoff (Lochkanüle) mit offener und geschlossener Innenkanüle (Fa. Mallinckrodt).

Abbildungen zu Kapitel 14

Abb. 14.1:
Bestecke mit verdickten Griffen.

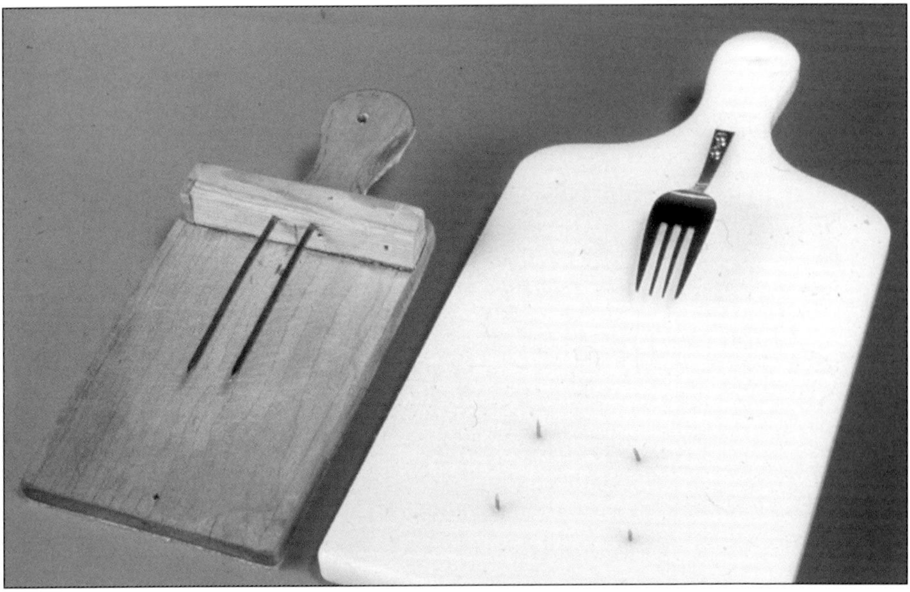

Abb. 14.2:
Einhänderbrett.

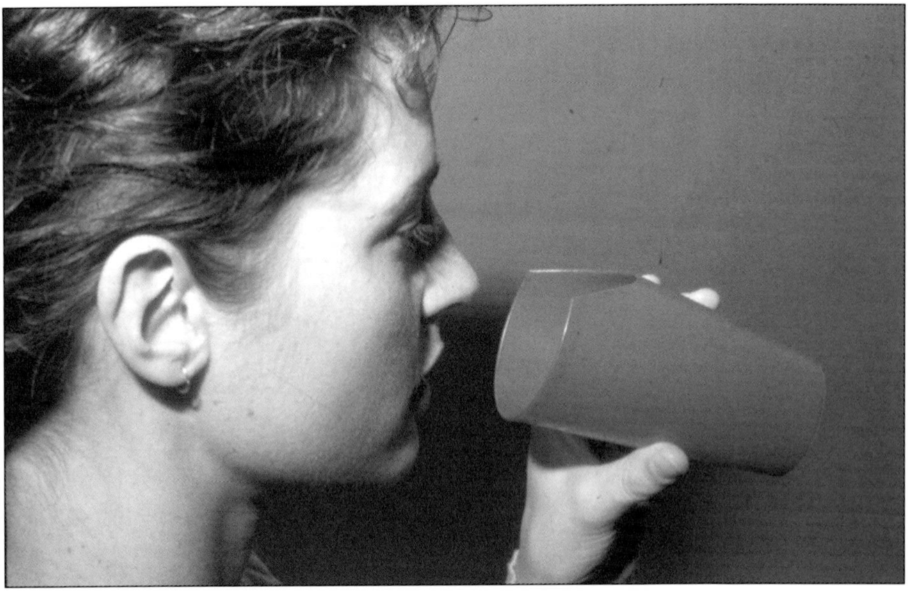

Abb. 14.3:
Trinkbecher mit Nasenausschnitt.

4 Radiologische Untersuchung des Schluckens – Videofluoroskopie

Anita Wuttge-Hannig, Christian Hannig

Einleitung

Trotz der unbestrittenen Fortschritte moderner endoskopischer Verfahren wie z.B. der Videoendoskopie und der Endosonographie stellt die konventionelle Röntgendiagnostik des Pharynx und Ösophagus noch immer eine Basisuntersuchung erster Wahl dar, die für den Patienten wenig belastend, kostengünstig und leicht ambulant durchführbar ist. Der Radiologe Martin W. Donner gründete Ende der siebziger Jahre an der Johns-Hopkins-Universität in Baltimore die erste interdisziplinäre Arbeitsgruppe für Schluckstörungen. In Ergänzung zur rein röntgenmorphologischen Beurteilung pharyngo-ösophagealer Veränderungen begann er die systematische Analyse der begleitenden und zum Teil zu Grunde liegenden Motilitätsstörungen in dieser Region. Inzwischen gilt die kinematographische bzw. videofluoroskopische Untersuchung des Schluckaktes weltweit als diagnostischer Goldstandard zur Untersuchung neurogener Dysphagien.

4.1 Apparative Voraussetzungen

Für den normalen Ablauf eines Schluckaktes bei gleichzeitigem Schutz der Atemwege ist die wohlkoordinierte Aktion von 5 Hirnnerven und 50 Muskelgruppen erforderlich. Diese komplexen motorischen Abläufe von der Speisebolusformung und Propulsion im Mund bis zur Passage durch den Oro- und Hypopharynx erfolgen durchschnittlich innerhalb von 0,7 s, sodass ihre Beurteilung in der konventionellen Durchleuchtungsbeobachtung kaum möglich ist. Zur exakten Analyse der funktionellen und morphologischen Störungen des Pharynx und des pharyngo-ösophagealen Überganges ist daher eine Methode mit hoher Orts- und Zeitauflösung nötig. Neben der nur für die Forschung eingesetzten Hochfrequenz-Kinematographie (HFK) (50-250 Bilder/s) werden in der Routine videofluoroskopische Aufzeichnungen (VFSS) (25 Bilder/s) oder hochentwickelte digitale Radiographie-Verfahren (8-25 Bilder/s) durchgeführt. Damit ist es möglich, den genauen zeitlichen Ablauf und die Art einer pharyngo-ösophagealen Funktionsstörung durch eine Bild-bei-Bild-Analyse mit einer Genauigkeit von +/- 20 - 40 ms zu bestimmen.

4.2 Radiologische Untersuchungstechnik

Der Untersuchungsablauf, die Konsistenz und die Größe des Kontrastmittelbolus sowie die Körperhaltung werden den individuellen Gegebenheiten angepasst. Damit soll bei einer ausreichenden Testbelastung des Patienten eine gefährliche Impaktation oder Aspiration vermieden werden. Bei Patienten mit neurogenen Dysphagien ist zum Beispiel eine Reduktion des normalerweise 15 ml messenden Testvolumens angezeigt. Bei anamnestisch bekannter Aspirationsgefahr wird statt Bariumsulfat (Micropaque®) auf ein nicht ionisches, annähernd iso-osmolares KM (Iotrolan, Isovist®) ausgewichen, bei welchem sich nach stattgehabter erheblicher Aspiration bisher keine nennenswerten pulmonalen Komplikationen beobachten ließen. Bei der Festkörperdysphagie verwenden wir – den Beschwerden bereitenden Nahrungsmitteln nachempfundene – Bariumsulfat-imprägnierte Bolusformen. Zur besseren Lokalisation von submukös wachsenden Tumoren, weniger ausgeprägten Stenosen oder motilitätsgestörten Arealen, kommt eine 1,5 cm im Durchmesser große Kontrastmittel-Gelatinekugel zur Anwendung. Sie ist semisolide und prall-elastisch verformbar. Bei einer Impaktation löst sich diese Kugel bei Körperwärme (37°) innerhalb von 10 Minuten auf. Bei klinischem Aspirationsverdacht ist die Applikation des hyperosmolaren Kontrastmittels Gastrografin® kontraindiziert (Gefahr des Lungenödems)!

Bei Verdacht auf Erkrankungen der neuromuskulären Übergangsregion können die myasthene Reaktion des Pharynx bzw. die kontinuierliche Abschwächung und Verlangsamung der Schluckakte einschließlich einer Aspiration durch schnelles Trinken eines mit verdünntem Bariumsulfat gefüllten Bechers erreicht werden („Stress-Trinken").

4.3 Voraussetzungen seitens des Patienten

Die Untersuchung findet üblicherweise im Sitzen statt. Dabei erfolgt auf einem (in der Regel) erhöhten Sitz eine Abstützung des Patienten von hinten und von beiden Seiten. Bei stark ataktischen Patienten besteht daher die prinzipielle Gefahr des Nach-vorne-Fallens; außerdem können die Bilder verwackelt werden. Insofern ist eine einigermaßen gute Rumpfkontrolle Voraussetzung für die Untersuchung, es sei denn der Patient wird durch Hilfspersonen gestützt (Strahlenbelastung!). Es sollte möglichst ein direkter Arzt-Patient-Kontakt vorliegen, d.h. die Gerätebedienung sollte nicht im Sinne einer Fernbedienung erfolgen. Für Patienten mit quantitativen Bewusstseinsstörungen ist die Untersuchung in aller Regel nicht sinnvoll (mangelnde Kooperationsfähigkeit, Aspirationsgefahr). Demgegenüber können z. B. Patienten mit Tetraplegie – etwa bei Locked-in-Syndrom – bei entsprechender Hilfestellung im Prinzip untersucht werden. Eine Untersuchung im Liegen ist nicht sinnvoll (von sehr seltenen Fragestellungen abgesehen). Der Patient sollte vor der Untersuchung über die Art der Diagnostik aufgeklärt werden. Legt man eine Untersuchungsdauer von ca. 5 Minuten pro geprüfter Konsistenz zu Grunde, so dauert eine Untersuchung mit z.B. drei Konsistenzen ca. 15 Minuten, wobei die reine Durchleuchtungszeit ca. 3-4 Minuten beträgt. Der Hauptteil der Untersuchung entfällt bei Patienten mit neurogenen Dysphagien in der Regel auf die Durchleuchtung im seitlichen Strahlengang, mit der auch begonnen wird (die Aufnahmen im posterior-anterioren Strahlengang erfolgen in der Regel am Schluss und dauern kürzer).

4.4 Physiologische Parameter

Während der *oralen Phase* des Schluckaktes können zwei Abschnitte unterschieden werden. In der *präparatorischen Phase* wird die Nahrung zerkleinert und erhält durch Einspeichelung eine adäquate Konsistenz. Die *orale Transportphase* beginnt mit dem Aufladen des geformten Bolus auf die Zungenspitze, wo er durch eine Rollbewegung der Zunge gegen den harten Gaumen gepresst und so zum Oropharynx transportiert wird. Der Ort der oralen Bolusformung wird kranial durch den Übergang vom harten zum weichen Gaumen begrenzt. Kaudal wird der Bolus im Sulcus medianus der Zunge in stabiler Position gehalten. Beim Menschen ist der Beginn des pharyngealen Schluckakts willkürlich, wobei für die Reflexauslösung der Kontakt des Bolus mit sog. Triggerarealen entscheidend ist. Es werden Hauptareale und Triggerzonen zweiter Ordnung unterschieden. Das Haupttriggerareal liegt im Bereich der vorderen Gaumenbögen. Ein zweites Hauptareal soll an der Oropharynx-Hinterwand und im Zungengrund liegen. Die nachgeschalteten Areale liegen in den Valleculae, dem Aditus laryngis und den Recessus piriformes. So ist es auch durch Einträpfeln einer geringen Flüssigkeitsmenge in den Aditus laryngis möglich einen Schluckakt auszulösen, ohne dass die Flüssigkeit die sensiblen Areale der Mundhöhle oder des Pharynx berührt. Auch durch eine Instillation von Flüssigkeiten in die Valleculae oder in die Sinus piriformes kann der Reflex initiiert werden. Es wird angenommen, dass der Schluckakt durch die gleichzeitige Berührung größerer zusammenhängender Schleimhautareale im Sinne einer Reizsummierung ausgelöst wird. Die Triggerareaele umfassen u.a. Geschmacks-/Chemorezeptoren, spezifische Flüssigkeitsrezeptoren und langsam adaptierende Druckrezeptoren.

Das Anheben des weichen Gaumens gegen den Passavant'schen Wulst ist noch der Willkürmotorik unterworfen. Die ersten muskulären Aktivitäten des reflexgetriggerten Schluckakts kennzeichnen den Übergang zur pharyngealen Phase. Der Beginn der pharyngealen Phase ist uneinheitlich definiert: erste dorsale peristaltische Welle in Höhe des 2. Halswirbelkörpers (diese Definition wird von uns verwendet), Vorwölbung des Passavant'schen Wulstes zum Nasopharynxabschluss oder Beginn der kranio-ventralen Bewegung des Larynx.

Während der **pharyngealen Phase** besteht ein ausreichender Schutz der Atemwege durch die intrinsische und extrinsische Larynxmuskulatur. Die Pharynxkontraktion befördert den Bolus in den Ösophagus. Durch den pharyngealen Reflex konvergieren die zentralen Anteile des M. constrictor superior nach medial und nach ventral. Der Stimmlippenschluss ist jetzt bereits abgeschlossen. Die gleichzeitige ventral-kraniale Bewegung des Larynx erleichtert durch die Erweiterung des retrolaryngealen Raumes den Eintritt des Bolus in den Hypopharynx und bringt gleichzeitig die Epiglottis und den Aditus laryngis in die „Abdeckung des Zungengrundes". Der Verschluss des Aditus laryngis erfolgt von ventro-kaudal nach dorsal-kranial durch die axiale Verkürzung des Larynx und die intrinsische Larynxmuskulatur. Eine besondere Rolle für die Boluspropulsion im Pharynx spielt die dorsal-kaudale Rotation des Zungengrundes. Sie unterstützt mit einer Stempelbewegung die Bolusaustreibung aus dem Oropharynx und erleichtert zusammen mit der Larynxelevation sowohl den Epiglottisschluss als auch den Boluseintritt in den Hypopharynx. Die Rollbewegung der Zunge, die den Bolus in den Oropharynx befördert, ist verbunden mit einer Kranialbewegung des Hyoids. Hierdurch wird der Larynx dem Hyoid angenähert, was dem „Zungengrundmechanismus" entspricht. Die Epiglottis ist nicht aktiv am Schutz der Atemwege beteiligt.

Für den unbehinderten Boluseintritt in den Ösophagus ist eine zeitgerechte Öffnung des oberen Ösophagussphinkters von entscheidender Bedeutung. Der Ruhetonus des oberen Ösophagussphinkters wird beim Schlucken für 0,5 - 1 s unterbrochen. Die ventro-kraniale Bewegung des Larynx führt zu einer passiven Weitung der Sphinkterschlinge, deren ventraler Anteil am Larynxskelett fixiert ist. Hierbei werden die residualen elastischen Rückstellkräfte im Sphinkter überwunden. Die Bedeutung des exakten Zusammenspiels zwischen Pharynxkontraktion und Öffnung des oberen Ösophagussphinkters wird anhand des Druckabfalls von etwa 600 mm Hg im Pharynx auf einen subatmosphärischen Druck im Ösophagus verständlich. Eine Störung der zeitlichen Koordination kann zu einer schwerwiegenden Störung des Schluckvorganges führen.

4.5 Analyse neurogener Schluckstörungen

Ein Fülle von Erkrankungen des zentralen und peripheren Nervensystems sowie von Muskelerkrankungen können zu Schluckstörungen führen. Von besonderer klinischer Relevanz ist hierbei die tracheale Aspiration der Nahrung. Eine exakte Kenntnis des Pathomechanismus der Aspiration(spneumonie) ist zur adäquaten Therapie nötig. Mit Hilfe der HFK gelang es, drei Formen der Aspiration, eine prä-, intra- und postdeglutitive Form, das heißt eine Aspiration vor, während oder nach Triggerung des Schluckreflexes abzugrenzen. Diese Differenzierung erwies sich als wertvolle Grundlage für das spätere konservative oder chirurgische Vorgehen. Die kinematographische Analyse der gestörten pharyngo-laryngealen Motorik diente auch zur Entwicklung funktionell-chirurgischer Strategien zur Vermeidung oder zur Verringerung der Menge des aspirierten Bolusanteils.

Bei der ***prädeglutitiven Aspiration*** sind grundsätzlich zwei pathogenetische Ursachen möglich (Abb. 4.1). Im ersten Fall ist die orale Boluskontrolle gestört und es kommt zu einem vorzeitigen Übertritt des Kontrastmittels in die Valleculae und die Sinus piriformes. Dieser vorzeitig freigesetzte Bolus trifft auf einen noch inkomplett elevierten Larynx. Da der Glottisschluss noch nicht vollzogen ist, kommt es nach Eintritt von Kontrastmittel in den Aditus laryngis zur trachealen Aspiration. Der zweite pathogenetische Mechanismus besteht in einem verminderten sensorischen Input aus den oralen Reflex-Trigger-Arealen, entweder durch eine Störung der Rezeptorareale oder durch eine Verzögerung im Reflexbogen.

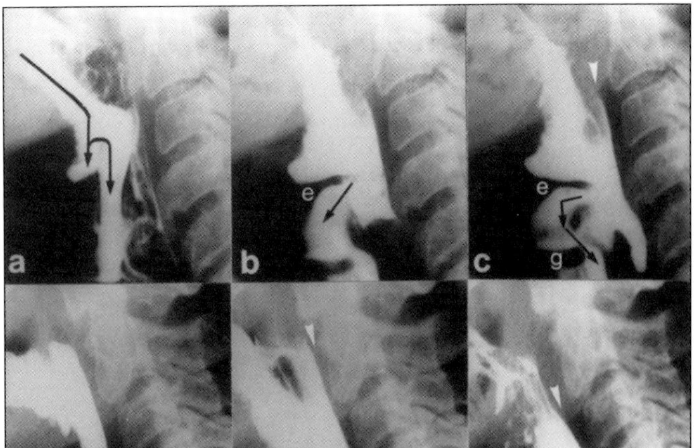

Abb. 4.1: Videofluoroskopisches Bild einer prädeglutitiven Aspiration (laterale Ansicht)
a: Vorzeitiger Übertritt des Kontrastmittels aus der Mundhöhle, Eintritt in die Valleculae und Überlauf in den Hypopharynx (schwarze Pfeile); **b:** Eintritt in den Larynx und Durchtritt durch die Glottis (Pfeil); **c:** Penetration in den subepiglottischen und subglottischen Raum (schwarze Pfeile). Erst jetzt Einsetzen der pharyngealen Peristaltik (weißer Pfeilkopf).
A, B, C: Nach Schlucktherapie (Reflexstimulation und super-supraglottisches Schlucken) nur noch gering verzögerte Triggerung; noch geringe Penetration in den subepiglottischen Raum (B, schwarzer Pfeilkopf); Darstellung der dorsalen Wellenbewegung durch weiße Pfeilköpfe in B und C; Penetration in den Aditus laryngis (ventral als Retention fleckförmig zu sehen) als Residuum der vorausgegangenen prädeglutitiven Aspiration (C).

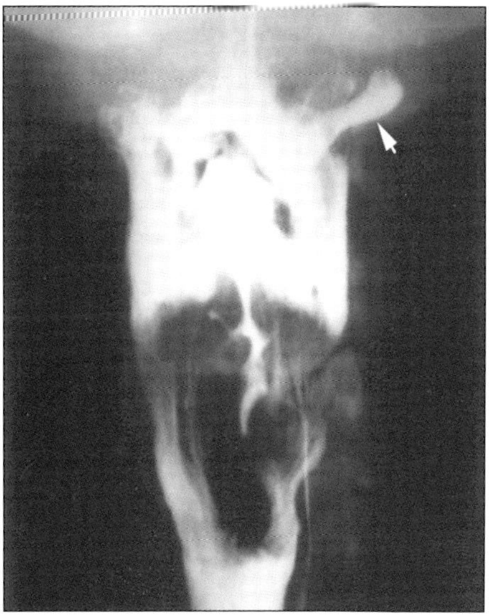

Abb. 4.2: Videofluoroskopisches Bild einer intradeglutitiven Aspiration (posterior-anteriore Ansicht) Verzögerte Öffnung des oberen Ösophagussphinkters. Während der schwachen Pharynxkontraktion Eintritt von Kontrastmittel in den Aditus laryngis und in den subglottischen Raum. Nebenbefundlich linksseitiger Pouch °III (Pfeil).

Die ***intradeglutitive Aspiration*** zeigt im Normalfall die Trias einer schwachen oder aufgehobenen Pharynxkontraktion, eine gestörte Ventral-Kranial-Bewegung des Larynx und Hyoids und dadurch bedingt einen verzögerten Epiglottisschluss sowie eine Öffnungsstörung des oberen Ösophagussphinkters (Abb. 4.2). Das im Pharynx aufgestaute Kontrastmittel kann durch den fehlerhaften oder verspäteten Glottisschluss in die Trachea übertreten. Es handelt sich hierbei um eine Störung in der motorischen Steuerung der Pharynx-Larynx-Muskulatur.

Als ***postdeglutitive Aspiration*** wird der Übertritt von im Hypopharynx verbliebenen Speiseanteilen in die Trachea nach Ablauf des Schluckreflexes bezeichnet (Abb. 4.3, nächste Seite). Auch hier sind zwei pathogenetische Mechanismen möglich. Im ersten Fall liegt eine Sphinkterdyskinesie bei paralytischer Dilatation des Pharynx zu Grunde. Nach Ablauf des Schluckreflexes kommt es beim „Umschalten auf Atmung" zu einer Dorsal-Kaudal-Bewegung des Larynx und dadurch zu einer Verkleinerung des hypopharyngealen Raumes, wodurch das retinierte Material durch die sich öffnende Glottis in die Trachea aspiriert wird. Diese Dysfunktion kann zusätzlich durch eine Störung der pharyngealen oder laryngealen Sensibilität verstärkt werden. Eine zweite Form besteht in einer Retention von Bolusanteilen, z. B. in einem Pouch der Membrana thyrohyoidea, während des Schuckakts. Der hieraus postdeglutitiv freigesetzte Bolusanteil kann bei entsprechendem Volumen die Recessus piriformes bis über das Niveau der aryepiglottischen Falte und der Interarythenoidalregion auffüllen: Durch Überlauf kommte es dabei zu einer postdeglutitiven Aspiration.

Die Unterscheidung der einzelnen Typen der Aspiration sowie ihr Pathomechansimus ist von entscheidender Bedeutung für eine adäquate Therapie. Zur Beurteilung des Ausmaßes der Aspiration und einer Besserung nach Therapie hat sich die von uns eingeführte Einteilung in vier Schweregrade bewährt.

Radiologische Schweregradeinteilung von Penetrationen/Aspirationen

Basierend auf den röntgenkinematographischen Funktionsanalysen hat sich folgende ***radiologische Klassifikation*** bewährt. Beim ***Schweregrad I*** kommt es nur zur Penetration in den Aditus und den Ventriculus laryngis. Diese relativ kleinen Volumina können normalerweise ohne große Anstrengung durch einmaliges verstärktes Ausatmen oder kurzes Husten expektoriert werden.

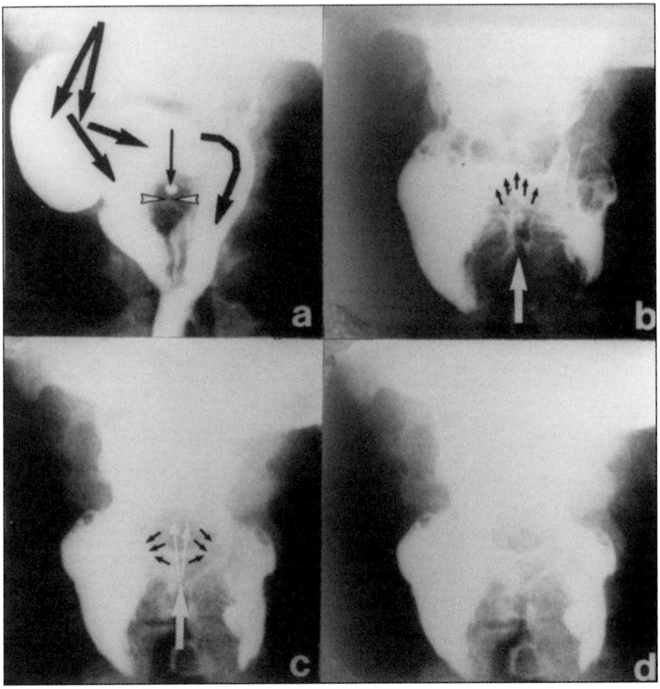

Abb. 4.3: Videofluoroskopisches Bild einer postdeglutitiven Aspiration (posterior-anteriore Ansicht): Patient mit rechtsseitigem dorsolateralen Infarkt der Medulla oblongata vor **(a)**, während **(b, c)** und nach Schlucktherapie **(d)**.
a: Aufstau von Kontrastmittel im Pharynx, besonders rechts, fehlende Entleerung durch den oberen Ösophagussphinkter bei Passagebehinderung (dunkle Pfeile: Verlauf des Bolus über die paretische rechte Seite nach links zum Abschluck; dünner schwarzer Pfeil: Aspiration von Kontrastmittel; Pfeilköpfe: Stimmlippen); **b und c:** Frustrane Versuche der Pharynxentleerung durch Abhusten (supraglottisches Schlucken). Die schwarzen und weißen Pfeile illustrieren den Hustenversuch; **d:** Nur noch geringer Eintritt von Kontrastmitttel in den subglottischen Raum und den Ventriculus laryngis während der „Umschaltung auf Atmung".

Nur knapp ein Viertel der Patienten mit diesem Schweregrad klagen über gehäufte pulmonale Infekte. Der ***Schweregrad II*** entspricht einer Aspiration (unter die Glottisebene) mit einem Aspirationsvolumen von bis zu 10% des Bolus bei erhaltenem Hustenreflex. Mehr als 85% dieser Patienten müssen die Nahrungsaufnahme bzw. das Trinken von Kontrastmittel wegen einer länger anhaltenden Hustenattacke unterbrechen. Zwei Drittel der Patienten mit diesem Schweregrad sind anamnestisch durch chronisch rezidivierende Aspirationspneumonien belastet. Der ***Schweregrad III*** ist definiert als Aspiration von weniger als 10% des Bolus bei reduziertem Hustenreflex oder von mehr als 10% bei erhaltenem Hustenreflex. Etwas mehr als ein Drittel unserer neurologisch gestörten Patienten fielen unter diese Kategorie. Bei fast all diesen Patienten waren im Krankheitsverlauf gehäuft schwere bronchopulmonale Komplikationen aufgetreten. Bei keinem der Patienten des Aspirationsgrades I war eine vollständige Insuffizienz des Epiglottisschlusses nachweisbar; im Stadium II dagegen blieb der Epiglottisschluss bei einem Drittel der Patienten aus. Die Mehrzahl der Patienten des Schweregrades III wiesen eine fehlende Epiglottiskippung, einige einen massiv verzögerten Epiglottisschluss auf. Der ***Schweregrad IV*** bedeutet eine Aspiration von mehr als 10% bei gestörtem Hustenreflex. Diese Patienten leiden unter massiven Aspirationen (evtl. sogar in Kombination mit einem Fehlen des Schluckreflexes), welche in der Regel zu rezidivierenden Aspirationspneumonien führen. Bei den meist über eine nasogastrale- oder PEG-Sonde ernährten Patienten ist oft eine (geblockte) Trachealkanüle indiziert.

Typische radiologische Befunde bei häufigen neurologischen Erkrankungen

Einseitige Großhirnläsion	verspäteter Schluckreflex, „Schluckapraxie“, gestörte Zungenmotilität, (leichte) kontralaterale Pharynxschwäche
Wallenberg-Syndrom	verspäteter Schluckreflex, gestörte Hyoid-Larynx-Elevation, OÖS-Dysfunktion, mittelschwere bis schwere ipsilaterale Pharynxparese
Schädelhirntrauma	verzögerter Schluckreflex, gestörte Zungenmotilität, OÖS-Dysfunktion
Amyotrophe Lateralsklerose (ALS)	gestörte Zungenmotilität, verspäteter Schluckreflex, gestörter Glottis-Schluss, OÖS-Dysfunktion
Multiple Sklerose (MS)	wie bei ALS, evtl. zusätzlich „silent aspiration“ wegen sensibler Störungen
Morbus Parkinson	Pumpbewegungen der Zunge, verspäteter Schluckreflex, gestörter Glottis-Schluss, OÖS-Dysfunktion, evtl. begleitende Motilitätsstörungen von Ösophagus, Magen und Darm
Myasthenie	Aspiration beim „Stress-Trinken“ (s. 4.2)
Myotone Dystrophie	OÖS-Dysfunktion im Vordergrund
Myopathien	mehr oder weniger ausgeprägte bilaterale Pharynxschwäche

Radiologische Begriffe und Befunde bei Dysphagie

Penetration, Aspiration	s. radiologische Gradeinteilung (Abschn. 4.5)
Gestörte Zungenkontrolle	verminderte oder fehlende linguale Boluspropulsion
Orale Retentionen	KM-Ansammlung über Schleimhautbeschichtung hinausgehend, meist in den Wangentaschen
Retentionen in den Valleculae	Spiegelbildung in den Valleculae
Retentionen in den Sinus piriformes	Spiegelbildung in den Recessus piriformes
Dysfunktion der Epiglottis	insuffiziente Epiglottiskippung, insuffiziente Epiglottisöffnung, einseitiges Abkippen
Gestörte Elevation (Ventral-Kranial-Bewegung) von Hyoid und Larynx	vermindert oder fehlend
Verlängerte orale Transitzeit (normal: < 1s)	Zeit von Beginn der Boluspropulsion bis Ankunft des Boluskopfes an vorderen Gaumenbögen verlängert
Verlängerte pharyngeale Transitzeit (normal: < 0,7 s)	Zeit von der ersten dorsalen pharyngealen Welle bis zum Eintritt in den oberen Ösophagussphinkter verlängert
Verlängerte “pharyngeal delay time” (gestörte Schluckreflextriggerung) (normal: < 1 s)	Zeit zwischen Ankunft des Boluskopfs an vorderen Gaumenbögen bis zur ersten dorsalen pharyngealen Welle verlängert
Dysfunktion des oberen Ösophagussphinkters (OÖS)	verzögerte/inkomplette Öffnung und/oder vorzeitiger Schluss des OÖS

Weiterführende Literatur:

Dodds WJ. 1976 Walter B. Cannon Lecture: current concepts of esophageal motor function: clinical implications for radiology. Am J Roentgenol 1977;128:549-561

Donner MW, Bosma JF, Robertson DL. Anatomy and physiology of the pharynx. Gastrointest Radiol 1985;10:196-212

Hannig C. Radiologische Funktionsdiagnostik des Pharynx und des Ösophagus. Berlin, Heidelberg, New York: Springer, 1995

Hannig C, Wuttge-Hannig A. Röntgendiagnostik von Motilitätsstörungen des Pharynx und Ösophagus. Leber Magen Darm 1987;17:7-17

Hannig C, Wuttge-Hannig A. Stellenwert der Hochfrequenzröntgenkinematographie in der Diagnostik des Pharynx und Ösophagus. Röntgenpraxis 1987;40:358-377

Hannig C, Wuttge-Hannig A. Radiologische Diagnostik der Schluckfunktion. In: Bartolome G, Buchholz DW, Feussner H, Hannig C, Prosiegel M, Schröter-Morasch H, Wuttge-Hannig A (Hrsg). Schluckstörungen – Diagnostik und Rehabilitation. München, Jena: Urban & Fischer, 1999:65-110

Hannig C, Wuttge-Hannig A, Gerhardt P. Beitrag der Röntgenkinematographie zur Diagnostik pharyngoösophagealer Erkrankungen. Internist 1990;31:94-105

Hannig C, Wuttge-Hannig A, Hörmann M, Herrmann IF. Kinematographische Untersuchung des Pathomechanismus der Aspirationspneumonie. Fortschr Geb Röntgenstr Nuklearmed 1989;150:260-267

Jones B, Donner MW. Normal and abnormal swallowing: Imaging in diagnosis and treatment. New York: Springer, 1991

Miller AJ. Deglutition. Physiol Rev 1982;62:129-184.

Wuttge-Hannig A, Hannig C. Radiologische Differenzialdiagnose neurologisch bedingter Schluckstörungen. Radiologe 1995;35:733-740

5 Videoendoskopische Beurteilung des Schluckablaufs*

Angela Schelling

Im Rahmen der Diagnostik von Schluckstörungen kommt – nach der Erhebung der Anamnese mit allgemeiner Untersuchung, der klinischen Untersuchung von Mundhöhle, Oropharynx und Larynx sowie einer klinischen Schluckuntersuchung – der Endoskopie eine entscheidende Rolle zu. Eine direkte endoskopische Beurteilung der am Schluckablauf beteiligten Strukturen ist unverzichtbar in der Erstdiagnostik sowie der Verlaufskontrolle von Patienten mit Schluckstörungen. Im folgenden werden die verschiedenen Endoskopieverfahren und die Untersuchungsabläufe mit ihren Vor- und Nachteilen vorgestellt.

5.1 Endoskopietechniken

5.1.1 Lupenlaryngoskopie

Mit Hilfe einer starren 90° Winkeloptik, die mit einer Kaltlichtquelle verbunden ist, kann ein vergrößertes Bild von Larynx und Hypopharynx gewonnen werden.

Untersuchungsablauf:
Der Patient wird aufgefordert, die Zunge herauszustrecken, die dann vom Untersucher fixiert wird. Anschließend wird das starre Endoskop über den Zungenrücken hinweg eingeführt und hinter dem Velum platziert (Abb. 5.1). Die Berührung von Zungengrund und Rachenhinterwand sollte hierbei nach Möglichkeit vermieden werden, um keinen Würgreflex auszulösen. Aus dieser Position heraus ist eine gute Beobachtung von Larynx und Hypopharynx möglich. Abb. 5.2 zeigt eine typische laryngoskopische Aufnahme des Kehlkopfes mit Anteilen des Zungengrundes (Z), den Valleculae (V) sowie den angeschnittenen Sinus piriformes (SP). Gelingt es, das Laryngoskop hinter dem Velum um 180° zu drehen, ist auch eine Beurteilung des Nasopharynx möglich.

Soll eine Untersuchung der Schluckfunktion durchgeführt werden, muss das starre Endoskop entfernt werden, bevor der Patient eine geeignete, mit Lebensmittelfarbe angefärbte Nahrung zu sich nehmen kann. Nach Beendigung des Schluckablaufs wird dann erneut eine Kontrollendoskopie durchgeführt.

Als *Vorteile* der transoralen Lupenlaryngoskopie gelten:

- Gute Beurteilbarkeit von Larynx/Hypopharynx (Vergrößerungseffekt und hohe Lichtintensität)
- Direkte Beobachtung der laryngealen Verschlussmechanismen (nur endoskopisch möglich!)
- Fehlende Beeinträchtigung des Patienten während des Schluckablaufs
- Therapeutische Maßnahmen (Änderung von Haltung, Schlucktechnik, Reinigungsmanöver, Boluskonsistenz) und nachfolgende endoskopische Kontrollen sind beliebig oft durchführbar.

---

*Alle Abbildungen dieses Kapitels finden Sie auf den Seiten 65 bis 80.

Als *Nachteile* dieser Untersuchungstechnik sind zu nennen:

- „Unphysiologische“ Untersuchungssituation; bei starkem Würgereiz nicht durchführbar (lokale Anästhesie verfälscht Aussagekraft!)
- Mehrfache Endoskopien nötig, was eine hohe Kooperationsbereitschaft des Patienten erfordert
- Keine funktionelle Beurteilung während des Sprechens/Schluckens möglich.

5.1.2 Flexible transnasale Laryngoskopie

1968 wurde erstmals die flexible, transnasale Fiberendoskopie für die laryngologische Diagnostik eingesetzt (Sawashima & Hirose, 1968). Susan Langmore wendete später diese Untersuchungstechnik zur funktionellen Beurteilung des Schluckablaufs an (Langmore et al., 1988, 1991) und nannte sie FEES (Fiberoptic Endoscopic Evaluation of Swallowing).

Untersuchungsablauf:
In der HNO-ärztlichen Praxis wird das flexible Endoskop zumeist unter direkter Sicht, „am Auge des Untersuchers“, eingeführt.

Im Rahmen der Schluckdiagnostik hat es sich jedoch bewährt, an das Endoskop eine Kamera anzuschließen, die das endoskopisch gewonnene Bild auf einen Monitor überträgt. Der Untersucher steuert das flexible Endoskop indirekt über den Monitor. Der Vorteil dieser Vorgehensweise liegt darin, dass die Untersuchung aufgezeichnet und anschließend, in verlangsamtem Tempo, ausgewertet werden kann. Bei der Fülle an Informationen ist es oftmals sehr hilfreich, einzelne Bewegungsabläufe nochmals gezielt zu beurteilen. Zusätzlich kann der/die begleitende Therapeut(in) die Untersuchung über den Monitor mitverfolgen, was die therapeutische Arbeit natürlich positiv beeinflusst. Darüber hinaus kann die endoskopische Untersuchung auch als Biofeedback-Verfahren genutzt werden, wobei der Monitor dann so platziert werden muss, dass er vom Patienten eingesehen werden kann (Denk et al., 1997). In unserer Klinik werden die aufgezeichneten Endoskopiefilme den interessierten Patienten im Rahmen der Einzeltherapie gelegentlich demonstriert, um die Krankheits- und Therapieeinsicht zu unterstützen.

Auf der besser luftdurchgängigen Nasenseite (vorher durch Rhinoskopie festzulegen) wird das flexible fiberoptische Endoskop (Durchmesser in der Regel 1,8-3,4 mm) eingeführt. Hierbei kann das Endoskop entweder im unteren (entlang dem knöchernen Nasenboden) oder im mittleren Nasengang (unter der mittleren Nasenmuschel) vorgeschoben werden.

Praktischer Hinweis:
Der Kontakt mit dem Septum sollte nach Möglichkeit vermieden werden, da dies für den Patienten schmerzhaft ist und darüber hinaus zu Verletzungen im Bereich des Locus Kieselbachii (Epistaxis!) führen kann. Die Schleimhaut der Nasenmuscheln ist dagegen nachgiebiger und weniger schmerzempfindlich.

Erreicht die Endoskopspitze das hintere Drittel des Nasenganges (Übergang knöcherner/muskulärer Nasenboden), kann das Velum betrachtet werden (Abb. 5.3). Je höher das Endoskop transnasal eingeführt wird, umso besser ist die Aufsicht.

Um den velopharyngealen Abschluss zu beurteilen, wird der Patient aufgefordert, Silben wie „Coca-Cola" nachzusprechen, da es hierbei zu einem Wechselspiel von Velumanhebung und -senkung kommen sollte. Anschließend wird der Patient angehalten zu schlucken, um die Velumanhebung beim Sprechen mit der beim Schlucken zu vergleichen. Soll der nasopharyngeale Abschluss überprüft werden, kann der Patient ein langgezogenes [k:] phonieren.

Die velare Elevation scheint bei beiden Vorgängen unterschiedlichen Mechanismen zu unterliegen, da Patienten mit einer Dysarthrie beim Sprechen oftmals eine ausgeprägte Hypernasalität mit unvollständigem velaren Abschluss aufweisen, beim Schlucken jedoch einen guten nasopharyngealen Verschluss erzielen können.

Abb. 5.4 zeigt den Zustand bei transnasaler Respiration; Abb. 5.5 bei vollständigem velopharyngealen Abschluss.

Anschließend wird das Endoskop weiter vorgeschoben, bis die Spitze hinter der Uvula, oberhalb des freien Epiglottisrandes zu liegen kommt (Abb. 5.6). Aus dieser Position heraus erhält man eine gute Aufsicht auf Zungengrund, laterale und posteriore Pharynxwände einschließlich Hypopharynx sowie Larynx. Die Abbildungen 5.7 und 5.8 zeigen einen typischen Larynxbefund in Respirations- und Phonationsstellung. (Im Vergleich mit dem lupenlaryngoskopischen Bild fällt auf, dass – bei besserer Übersicht – die Strukturen deutlich kleiner zur Darstellung kommen!)

Der erfahrene Untersucher kann das Endoskop noch weiter – bis in den Aditus laryngis hinein vorschieben. Ohne die Epiglottis zu berühren wird das Endoskop an deren freiem Rand vorbei geführt, um dann die Stimmlippenebene sowie die Tracheavorderwand genauer zu beurteilen.

Die flexible, transnasale Endoskopie ist ein dynamisches Untersuchungsverfahren! Das Rotieren, Vor- und Zurückschieben der Endoskopspitze ist erforderlich, um den Schluckablauf möglichst differenziert zu beobachten und die Befunde zu „entdecken", nach denen man sucht!

Bei einer Untersuchung der Schluckfunktion verbleibt das Endoskop oberhalb der Epiglottis und der Patient kann die zu prüfende Nahrung zu sich nehmen. Pathologische Befunde sowie Reaktionen des Patienten (z.B. Räuspern, Husten) können prä- und postdeglutitiv, d.h. vor und nach Ablauf des Schluckreflexes, beobachtet werden. (Durch die Kontraktion des Pharynx während des Schluckens wird die Endoskopspitze gegen die Schleimhaut gepresst und die Sicht wird „intradeglutitiv" verlegt).

Bei Vorliegen pathologischer Befunde können Änderungen der Kopfhaltung, Änderungen der Bolusgröße und -konsistenz, Anwendung verschiedener Schlucktechniken sowie Reinigungsmanöver sofort anschließend auf ihre Effektivität hin überprüft werden. Bei tracheotomierten Patienten kann mit Hilfe des flexiblen Endoskops, nach Entfernen der Trachealkanüle, transstomatal (von unten) die Glottis inspiziert werden.

Diese Untersuchungsart kann bei Patienten mit schweren Dysphagien von Nutzen sein, deren Aditus laryngis, trotz Anwendung von Reinigungsmanövern und Absaugen, randvoll mit Speichel steht, so dass die Stimmlippenebene nicht eingesehen werden kann. Ebenso kann bei V.a. eine intradeglutitive Aspiration aus dieser Position heraus der Schluckablauf beobachtet und aspiriertes Material nachgewiesen werden.

Transstomatal kann problemlos und ohne Anästhesie auch eine Tracheoskopie durchgeführt werden. Nach Schluckversuchen, bei denen eine Aspiration nicht sicher ausgeschlossen ist, kann möglicherweise aspiriertes Material endotracheal nachgewiesen werden. Abb. 5.9 zeigt blau angefärbte Bolusreste an den Trachealwänden.

Zur Diagnostik und Verlaufskontrolle von Tracheitiden, die immer wieder bei tracheotomierten Patienten auftreten, ist die flexible Tracheoskopie ebenfalls sehr hilfreich.

Praktischer Hinweis:
Im Verlauf der flexiblen endoskopischen Untersuchung wird es trotz Verwendung eines Antibeschlagmittels immer wieder zur Verschmutzung der Endoskoplinse durch oropharyngeales Sekret oder Bolusreste kommen. Um die Linse zu reinigen, kann es helfen, das Endoskop einige Zentimeter zurückzuziehen oder die Endoskopspitze abzuwinkeln und die Schleimhaut der Pharynxwand zu berühren, um die Verschmutzung abzustreifen. Ist die Sicht weiterhin getrübt, sollte das Endoskop in den Nasopharynx zurückgezogen und der Patient aufgefordert werden, zu schlucken. Durch die Velumelevation wird in aller Regel die Endoskopspitze abgewischt und gereinigt. Sind all diese Reinigungsversuche ineffektiv, muss das Endoskop entfernt und manuell gereinigt werden, bevor die Untersuchung fortgesetzt werden kann.

Lokalanästhesie:
In aller Regel wird das transnasale Einführen des Endoskopes von den Patienten gut toleriert. In wenigen Ausnahmefällen kann es notwendig sein, die nasale Schleim-haut mit 2%igem Lidocain-Gel zu anästhesieren oder einige Minuten vor der Untersuchung einen topischen Vasokonstriktor zu verabreichen.

Leder et al. (1997) untersuchten den Effekt von Lokalanästhetikum, Vasokonstriktor sowie Placebo, die jeweils vor einer flexiblen Endoskopie endonasal appliziert wurden. Hierbei ergaben sich interessanterweise keine signifikanten Unterschiede in Hinblick auf die subjektive Belastung des Patienten durch die endoskopische Untersuchung!

Als *Vorteile* der transnasalen Laryngoskopie gelten:
- Patienten mit ausgeprägtem Würgreflex sowie Kinder sind in aller Regel gut untersuchbar.
- Patienten mit reduzierter Bewusstseinslage oder Belastbarkeit können am Bett untersucht werden.
- Funktionelle Beurteilung des velopharyngealen Abschlusses
- Funktionelle Beurteilung der am Schluckakt beteiligten Strukturen (Zungengrund, Pharynxschlauch, Larynx, Hypopharynx) unmittelbar vor und nach Ablauf des Schluckreflexes
- Direkte Beobachtung der laryngealen Verschlussmechanismen
- Beobachtung der spontanen Reaktion des Patienten auf Penetration/Aspiration

- Direkte Kontrolle therapeutischer Interventionen (Modifikation der Nahrungskonsistenz, Schluckmanöver, Haltungsänderungen, Reinigungsfunktionen).

Als *Nachteile* der transnasalen Laryngoskopie gelten:
- Manche Patienten fühlen sich beeinträchtigt durch den „Schlauch in der Nase".
- Evtl. vermehrte Sekretproduktion durch die Untersuchung (Kapila, 1984; Murray, 1996)
- Schwierige Positionierung des Endoskopes bei schweren motorischen Störungen (Ataxie, Tremor, Dystonie)
- Iatrogene Verletzungsgefahr mit Epistaxis (bes. bei marcumarisierten Patienten)
- Gefahr der Auslösung eines Laryngospasmus oder vasovagalen Reflexes.

Es liegen wenige Studien über die Sicherheit endoskopischer Schluckuntersuchungen vor. Berichte über Komplikationen im Rahmen von transnasalen Endoskopien beziehen sich zumeist auf Einzelbeschreibungen oder auf Fälle transnasaler Intubationen unter flexibler endoskopischer Kontrolle (Delaney, 1988; Ovassapian, 1983).

Einer Studie von Aviv et al. (2000) zufolge, die an 253 Patienten 500 diagnostische Endoskopien durchführten und mit Hilfe von Luftapplikation die Sensibilität im Bereich des Aditus laryngis überprüften, kam es weder zum Auftreten einer vasovagalen Reaktion noch eines Laryngospasmus. Lediglich zwei Patienten konnten nicht endoskopiert werden, da sie das Einführen des Endoskops nicht tolerierten. Leichte Epistaxis, die spontan sistierte, wurde in drei Fällen beobachtet. Durch die Untersuchung kam es nicht zu einem signifikanten Abfall der Herzfrequenz. Die einzig wirklich relevante „Komplikation", die im Rahmen dieser Studie dokumentiert werden konnte, war, dass der Patient eine für ihn unangenehme Untersuchungssituation über sich ergehen lassen musste, wobei mehr als 80% der Patienten die Untersuchung als nicht bis nur leicht belastend einstuften. Immerhin waren nach Abschluss der Untersuchungen 99% aller Patienten bereit, sich freiwillig einer neuerlichen Endoskopie zu unterziehen! Diese Ergebnisse entsprechen im Wesentlichen unseren eigenen Erfahrungen mit mehr als 1000 transnasalen Endoskopien im Rahmen der Dysphagiediagnostik.

5.2 Untersuchungsablauf und Beurteilungskriterien

Die endoskopische Untersuchung ist in drei Abschnitte unterteilt. Nach Einführen des Endoskops werden zunächst die anatomischen Strukturen sowie die Bewegungsabläufe bei ruhiger Respiration beobachtet *(Ruhe-Beobachtung)*. Anschließend werden für den Schluckablauf relevante Einzelfunktionen und Bewegungsabläufe überprüft *(Funktions-Prüfungen)*. In Abhängigkeit von den erhobenen Befunden können dann im dritten Untersuchungsabschnitt ggf. Schluckversuche mit Nahrung durchgeführt werden *(Schluck-Funktionsprüfungen)* (Langmore, 2001).

5.2.1 Ruhebeobachtung

Unabhängig von der verwendeten Untersuchungsmethode werden die Strukturen zunächst bei ruhiger Respiration beobachtet. Der Patient sollte dabei so positioniert sein, dass der Kopf in der Mittellinie gehalten wird.

Hierbei werden beurteilt:

- Symmetrie der Strukturen (Defizite, Ödeme, Raumforderungen, Narben). Die strukturellen Begrenzungen des Kehlkopfeingangs (Epiglottis, aryepiglottische Falten, Aryknorpel, Interarytenoidregion) sollten hierbei besonders sorgfältig in Hinblick auf ihre Schutzfunktion (Aspiration!) beurteilt werden. Falls Asymmetrien vorhanden sind, können Änderungen der Kopfhaltung auf einen positiven, kompensatorischen Effekt hin überprüft werden.
- Form und Stellung von Stimmlippen, Aryknorpeln, Epiglottis und ihre respiratorischen Bewegungen
- Schleimhautbeschaffenheit, Entzündungszeichen. Eine entzündliche Rötung im Aryknorpelbereich deutet häufig auf einen gastroösophagealen Reflux hin (sog. „Laryngitis gastrica“ oder „Laryngitis posterior“). Eine Rötung der gesamten Stimmlippenschleimhaut kann ein Hinweis auf eine chronische Aspiration sein.
- Management oropharyngealer Sekrete. Retentionen von Speichel, Sekret, Speiseresten an den Pharynxwänden, in den Valleculae, in den Sinus piriformes oder im Aditus laryngis deuten auf eine gestörte Schluckfunktion hin. Beim Gesunden werden hypopharyngeale Retentionen durch spontanes Schlucken regelmäßig entfernt; kommt es jedoch zum Aufstau oropharynge alen Sekrets, ist dies entweder auf eine reduzierte Schluckfrequenz, zu schwache pharyngeale Kontraktionen oder eine Kombination aus beiden Störungen zurückzuführen (Abb. 5.10: Ansammlung von Speichel im Aditus laryngis).
- Schluckfrequenz; während die Schluckfrequenz beim Gesunden im Wachzustand ungefähr 0,6 Schlucke/Minute beträgt (Lear et al., 1965) erhöht sich die Frequenz durch transnasales Einführen eines Endoskops auf etwa 3 Schlucke/Minute (Murray et al., 1996). Dies ist vermutlich durch eine vermehrte Speichelproduktion auf Grund des Schleimhautreizes verursacht. In der Studie von Joe Murray zeigte sich darüber hinaus, dass aspirierende Patienten signifikant seltener schluckten (0,72/Minute) als nicht-aspirierende Patienten (1,16/Minute).
- Penetration/Aspiration von Speichel, Sekret, Speiseresten. Kommt es zum Eintritt von oropharyngealem Sekret/Bolusanteilen in den Aditus laryngis, ohne jedoch die Stimmlippenebene zu passieren, spricht man von *Penetration;* gelangt das penetrierte Material transglottisch in die Trachea, bezeichnet man dies als *Aspiration*.
- Reaktion des Patienten auf Retentionen, Penetration, Aspiration. Bei einer intakten Sensibilität im Hypopharynx-Larynxbereich wird der Patient versuchen, das retinierte Material zu entfernen; im Rahmen der Ruhebeobachtung ist es wichtig, die spontanen Reaktionen zu beobachten und die Effektivität von Reinigungsmanövern einzuschätzen.

5.2.2 Funktionsprüfungen

Während des normalen Schluckablaufs kommt es nach dem Kontakt des Bolus mit der Rachenhinterwand reflektorisch zu einer Pharynxkontraktion sowie einer Ventral-Kranial-Bewegung von Hyoid und Larynx. Etwa zeitgleich kommt es zum Larynxverschluss, bestehend aus Glottisschluss, Medianverlagerung der Taschenfalten und Abkippen der Epiglottis nach dorsal. Der Kehlkopfverschluss, zum Schutz der unteren Atemwege vor Aspiration, erfolgt also auf drei Etagen:

- Glottisebene

- Taschenfaltenebene
- Epiglottisebene.

Ein zusätzlicher Schutz besteht durch die intradeglutitive Elevation und Ventralbewegung des Kehlkopfes.

Im Rahmen der Funktionsprüfungen sollen die Verschlussmechanismen auf allen Ebenen beobachtet werden. Bei unzureichendem Schutz der unteren Atemwege (z.B. bei einem einseitigen Stimmlippenstillstand mit unvollständigem Glottisschluss und schwerer Dysphagie) muss der supraglottische Verschluss, als Voraussetzung für die Anwendung kompensatorischer Schlucktechniken, überprüft werden.

Untersuchungsablauf:
- [e:] Phonation für einige Sekunden in mittlerer Stimmlage (Beurteilung der Stimmlippen-Beweglichkeit und des Glottisschlusses)
- Mehrmalige, kurzzeitige [e:] Phonation (Beurteilung der diadochokinetischen Beweglichkeit)
- Möglichst hohe, laute Phonation; hierbei sollte es zu einer symmetrischen Pharynxkontraktion mit Anhebung des Kehlkopfes kommen.
- Luft anhalten über mehrere Sekunden und pressen. Der Verschluss des Kehlkopfes zum Schutz vor Aspiration sollte auf glottischer Ebene erfolgen (Abb. 5.11). gelingt dies nicht, z.B. bei Vorliegen einer einseitigen Recurrensparese, muss der supraglottische Verschlussmechanismus überprüft werden. Hierzu wird der Patient aufgefordert, die Luft anzuhalten und zusätzlich zu pressen (Abb. 5.12). Dabei sollte es zu einem sphinkterartigen Verschluss des Aditus laryngis kommen (Stimmlippen/Taschenfalten legen sich aneinander, Aryknorpel verlagern sich nach medial-anterior). Manche Patienten können z.B. auf Grund einer Apraxie diese Manöver nicht umsetzen; es erscheint daher sinnvoll, vor Anwendung des supraglottischen oder des super-supraglottischen Schluckens den willkürlich durchführbaren Verschluss des Aditus laryngis endoskopisch zu kontrollieren!
- Willkürliches Husten. Der Patient soll aufgefordert werden, so stark zu husten, wie er nur kann: Kommt es dabei zu einem kräftigen Hustenstoß oder nur zu einer forcierten Exspiration? Oder kann der Patient keinerlei Reinigungsmanöver umsetzen? Ein kräftiger, willkürlicher Hustenstoß ist ein wesentlicher Sicherheitsfaktor zum Schutz vor Aspiration, sowohl für die Diagnostik als auch für die Therapie! Wie bereits erwähnt, ist diese Reinigungsfunktion auch eine wichtige Voraussetzung für das supraglottische oder das super-supraglottische Schlucken. Ein fehlender willkürlicher Hustenstoß bedeutet allerdings nicht zwangsläufig, dass auch der reflektorische Husten gestört ist. Anamnestische Angaben zu spontanen Hustenattacken sind oftmals hilfreich und zu erfragen.
- Rachen- und Kehlkopfreinigung. Bei Vorliegen von Retentionen, Penetration oder Aspiration muss versucht werden, die Bolusreste durch Änderung der Kopfhaltung, Räuspern, Husten, Nachschlucken oder auch Hochräuspern und Ausspucken zu entfernen. Es ist wichtig einzuschätzen, wie effektiv der Patient diese Manöver durchführen kann; die folgende Einteilung nach J. Murray kann für eine grobe Einschätzung verwendet werden:

Ineffektiv	Material kann nicht entfernt werden.
Gering effektiv	Material wird von endotracheal in den Aditus laryngis befördert.
Mäßig effektiv	Material kann aus dem Aditus laryngis, aber nicht aus dem unteren Pharynx entfernt werden.
Effektiv	Material wird aus dem Aditus laryngis und aus dem unteren Pharynx entfernt.

Sensibilitätsprüfung:
Sensibilitätsprüfungen können auf verschiedene Arten durchgeführt werden. Aviv et al. (2000) entwickelten eine Technik, bei der mit Hilfe eines flexiblen Endoskops (Fa. Pentax) gepulste Luftstöße (50ms, 0-10 mm Hg) auf die Schleimhaut der Aryknorpel sowie entlang der aryepiglottischen Falten (Versorgungsgebiet des N. laryngeus superior) appliziert werden *(FEESST:* Flexible Endoscopic Evaluation of Swallowing with Sensory Testing). Beim Gesunden kommt es hierdurch zu einem kurzzeitigen, reflektorischen Glottisschluss.

Addington et al. (1999) überprüften die Larynxsensibilität in Hinblick auf die Gefahr einer Aspirationspneumonie bei Patienten nach akutem Schlaganfall mit Hilfe eines Weinsäure-Inhalationstests. Bereits durch die einmalige transorale Inhalation von 20%iger Weinsäure, verdünnt mit Kochsalz, wird beim Gesunden ein reflektorischer Hustenstoß ausgelöst. Kommt es nach 3-maliger Inhalation jedoch zu keiner Reflexantwort, besteht, den Ergebnissen dieser Arbeitsgruppe zufolge, bei oraler Nahrungszufuhr eine deutlich erhöhte Aspirationsgefahr.

Bei der endoskopischen Untersuchung können die folgenden Befunde als indirekte Zeichen für das mögliche Vorliegen einer gestörten Larynxsensibilität gewertet werden:

- Überlauf von Speichel/Speisebrei in die Glottis ohne Hustenreflex
- Rötung und Gefäßinjizierung der Stimmlippenschleimhaut und der subglottischen Abschnitte (Tracheavorderwand)
- Reduzierte Schluckfrequenz.

Bei deutlichen Hinweisen auf Speichelüberlauf ohne Hustenreflex darf vor der weiteren Diagnostik keine Nahrung oral zugeführt werden und es muss eine Tracheotomie diskutiert werden. Bei bereits tracheotomierten Patienten sollte eine blockbare Trachealkanüle eingesetzt werden.

5.2.3 Schluckfunktionsprüfungen

Haben sich aus Anamnese, klinischer und endoskopischer Untersuchung keine Hinweise auf eine Gefährdung des Patienten durch Aspiration ergeben, bzw. ist der Patient in der Lage, effektiv willkürlich abzuhusten, so dass evtl. aspiriertes Material entfernt werden kann, können Schluckversuche mit Nahrung durchgeführt werden. (Bei tracheotomierten Patienten sollte dies immer in Absaugbereitschaft erfolgen!).

Das flexible Endoskop wird vor Beginn der Schluckversuche eingeführt. Um die Boluspassage möglichst vollständig beobachten zu können, empfiehlt es sich, die Endoskopspitze kurz oberhalb der Uvula, mit Aufsicht auf den Zungengrund, zu positionieren. Eine tiefere Platzierung (Höhe Epiglottis) erlaubt eine gute Beurteilung der Stimmlippenbewegungen sowie des Kehlkopfverschlusses, blendet jedoch die Boluspassage im oberen Pharynxtrakt aus. Nach jedem Schluck sollte der erfahrene Untersucher das Endoskop kurz nach distal vorschieben, um den Aditus laryngis (und evtl. die Tracheavorderwand) einzusehen.

Die Art der verabreichten Substanz muss für jeden Patienten individuell ausgesucht werden und variiert nach Konsistenz, Bolusgröße, Temperatur und Geschmack. (Bei Aspiration mit Speichelaufstau kann zur verbesserten Reflextriggerung 1/3 TL zerstoßenes Eis gegeben werden). Die verabreichten Speisen/Flüssigkeiten werden mit Lebensmittelfarben angefärbt. Wir verwenden hierfür Patentblau.

Patienten, die bislang noch *keine orale Nahrungszufuhr* hatten, erhalten in der Regel zunächst kleine Mengen (ca. 1/3 TL) einer breiigen Konsistenz, z.B. Götterspeise. (Bei Tumorpatienten nach Radiatio mit ausgeprägter Xerostomie ist dies allerdings manchmal zu klebrig). Ansonsten können Schluckversuche mit angedickter Flüssigkeit oder mit Gemüse-/Obstbrei durchgeführt werden. Kommt es zu keiner ausgeprägten Aspiration, wird die Bolusmenge zunächst erhöht (1 TL, 1 EL), um dann evtl. die nächst schwierigere Konsistenz zu überprüfen. Kommt es bei einem kleinem Bolus zur Aspiration, ist der Patient jedoch in der Lage gut abzuhusten, kann ein Schluckversuch mit einem größerem Bolus durchgeführt werden, da nachgewiesen wurde, dass sich ein größerer Bolus und eine höhere Viskosität positiv auf den Schluckvorgang auswirken können (Bisch et al., 1994; Miller et al., 1996; Hiss et al., 2001).

Wird der Patient bereits *peroral ernährt*, beginnt man mit der Konsistenz, die am besten toleriert wird (zumeist breiig). Je nach endoskopischem Befund können dann weitere Konsistenzen (weich: z. B. Brot ohne Rinde, Kartoffeln; flüssig: z. B. dickerer Saft) angeboten werden.

Nach jedem Schluck mit pathologischen Befunden müssen therapeutische Manöver wie Haltungsänderungen, Schlucktechniken und Reinigungsfunktionen auf ihre Effektivität hin überprüft werden.

5.3 Pathologische Befunde im Rahmen der endoskopischen Schluckuntersuchung

(Flexible Endoskopie) prädeglutitiv:

- Leaking: Vorzeitiger Übertritt des Bolus in den Pharynx vor Auslösung des Schluckreflexes (nur pathologisch bei Penetration) (Abb. 5.13: Leaking bis Höhe Sinus piriformes, Postkrikoidregion)
- Penetration in den Aditus laryngis
- Aspiration mit/ohne Hustenreflex.

(Flexible/starre Endoskopie) „intradeglutitiv":

Da es zum Zeitpunkt des Schluckes zu einer kurzzeitigen Verlegung der Endoskoplinse kommt, kann nur nach indirekten Zeichen gesucht werden, die auf eine intradeglutitive Aspiration hindeuten. Indem die Epiglottis nach Ablauf des Schluckreflexes in eine aufrechte Ruheposition zurückkehrt, gibt sie in der Regel den Blick frei in den Aditus laryngis. Endolaryngeale Bolusreste oder eine Anfärbung der Schleimhaut lassen dann auf eine intradeglutitive Penetration schließen. Finden sich Bolusreste auf dem subglottischen „Absatz", der durch die Membrana cricothyreoidea gebildet wird (oder ist die Schleimhaut der Tracheavorderwand angefärbt), ist dies ein sicherer Hinweis für eine abgelaufene Aspiration. Da jedoch nur wenige Abschnitte des subglottischen Raumes endoskopisch einsehbar sind, sollte der Untersucher bei Verdacht auf eine intradeglutitive Aspiration das flexible Endoskop kurz oberhalb der Epiglottis positionieren und auf spontanen Husten oder Reinigungsmanöver warten. Bleiben diese aus, sollte der Patient aufgefordert werden, kräftig zu husten. Nicht selten kann dadurch dann aspiriertes Material zu Tage gefördert werden.

Obwohl die intradeglutitive Phase des Schluckvorganges endoskopisch nicht direkt beobachtet werden kann, gelingt es dem erfahrenen Untersucher in aller Regel, Aspirationsepisoden richtig zu diagnostizieren. Verschiedene Untersuchungen haben belegt, dass die Aussagen von Videofluoroskopie und Endoskopie eine hohe Übereinstimmung aufweisen im Hinblick auf die Aspiration (Langmore et al., 1991; Wu et al., 1997).

(Flexible/starre Endoskopie) postdeglutitiv:

- Retentionen: Kleinere Bolusvolumina sollten beim Gesunden mit einem Schluck entfernt werden können. Verbleiben nach dem ersten Schluck noch Bolusreste im Bereich der Pharynxwände, den Valleculae, den Sinus piriformes oder der hinteren Kommissur, ist es wichtig, die spontane Reaktion des Patienten zu beobachten bzw. ihn zu fragen, ob noch Reste vorhanden sind. Ist die Sensibilität intakt, wird er versuchen, durch Nachschlucken oder entsprechende Reinigungsmanöver die Retentionen zu entfernen. Hierbei ist es erneut von Bedeutung, die Effektivität dieser Manöver zu beurteilen.
- Nur mit Hilfe der flexiblen Endoskopie kann das Nachlaufen enoral verbliebener Retentionen in den Pharynx beobachtet werden. In diesem Fall ist es wichtig zu beurteilen, ob und auf welcher Höhe der Schluckreflex „getriggert" wird bzw. ob es zu einer postdeglutitiven Penetration oder sogar Aspiration kommt.
- Postdeglutitiv auftretende Penetration und Aspiration werden nach den gleichen Kriterien wie bereits beschrieben, beurteilt.

Beurteilung des Schweregrades der Aspiration:

Zur Einschätzung des Schweregrades der Aspiration anhand des endoskopischen Befundes kann die folgende Einteilung verwendet werden (Schröter-Morasch, 1995):

Grad I Gelegentliche Aspiration bei erhaltenem Hustenreflex
Grad II Permanente Aspiration bei erhaltenem Hustenreflex *oder* gelegentliche Aspiration ohne Hustenreflex mit gutem willkürlichen Abhusten
Grad III Permanente Aspiration ohne Hustenreflex mit gutem willkürlichen Abhusten
Grad IV Permanente Aspiration ohne Hustenreflex und ohne willkürliches effektives Abhusten.

Bei einer Aspiration des Schweregrades I-II reichen in aller Regel konservative Maßnahmen aus, um die unteren Atemwege zu schützen (Adaptation von Nahrungskonsistenz und -menge, Haltungsänderungen, funktionelle Schlucktherapie).

Aspiration Grad III-IV, evtl. verbunden mit rezidivierenden Aspirationspneumonien, erfordert oftmals eine orale Nahrungskarenz bis hin zur Tracheotomieentscheidung. Allerdings ist in der Regel die Aspirationsgefahr bei verschiedenen Nahrungskonsistenzen unterschiedlich hoch, so dass eine Therapie-Empfehlung immer unter Berücksichtigung des Gesamtbefundes erfolgen muss!

5.4 Aufgaben der Endoskopie

- Erstdiagnostik/Verlaufskontrolle: Einschätzung der Aspirationsgefahr und Empfehlungen zur Nahrungskonsistenz (weich, breiig, flüssig) sowie zur Art der Nahrungszufuhr (oral, transnasale Sonde, PEG); ggf. Tracheotomie
- Bei tracheotomierten Patienten: Zeitpunkt der Entblockung, Kanülenanpassung, Dekanülierung
- Planung weiterführender diagnostischer Maßnahmen unter Berücksichtigung der Belastbarkeit des Patienten und therapeutischer Konsequenzen
- Entwurf eines therapeutischen Konzeptes auf der Basis direkter Struktur- und Funktionsbeobachtungen
- Kontrolle der Effektivität therapeutischer Manöver (Schlucktechnik, Haltungsänderung, Reinigungsfunktion)
- Videodokumentation zur Patientenaufklärung und -motivation.

Gegenüber der radiologischen Untersuchung bietet die Endoskopie die folgenden *Vorteile:*
- Eine flexible Pharyngolaryngoskopie kann bereits im Frühstadium, bei bettlägerigen oder nicht kooperationsfähigen Patienten durchgeführt werden. Dies ermöglicht u.U. einen frühen Therapiebeginn mit deutlich besseren Therapieerfolgen (Denk et al., 1997).
- Die Untersuchung ist gering invasiv, relativ kostengünstig, kann beliebig oft durchgeführt werden und ist somit ein optimales Instrument für die Verlaufskontrolle.
- Eine Strahlenbelastung wird vermieden.
- Die relevanten Strukturen können direkt (und über einen längeren Zeitraum hinweg) beobachtet werden. Einzelfunktionen können überprüft werden.
- Aspiration von Speichel ist nachweisbar, was bei der radiologischen Untersuchung nicht zur Darstellung kommt.

Als *Nachteile* gegenüber der radiologischen Diagnostik müssen gelten:
- Der Schluckablauf ist nicht vollständig beobachtbar (keine Aussage über orale und ösophageale Phase; intradeglutitiv ungenügende Sicht auf Larynx/ Hypopharynx).
- Die Menge des aspirierten Materials kann nicht beurteilt werden.

Daher empfiehlt es sich, zum frühestmöglichen Zeitpunkt auch eine radiologische Untersuchung durchzuführen (Kap. 4). Beide Methoden haben ihren Stellenwert und sollten einander ergänzen und nicht konkurrieren!

Literatur:

Addington WR, Stephens RE, Gilliland KA. Assessing the laryngeal cough reflex and the risk of developing pneumonia after stroke. Stroke 1999;30:1203-1207

Aviv JE, Kaplan ST, Thomson JE, Spitzer J, Diamond B, Close LG. The safety of flexible endoscopic evaluation of swallowing with sensory testing (FEESST): an analysis of 500 consecutive evaluations. Dysphagia 2000;15:39-44

Bisch EM, Logeman JA, Rademaker AW, Kahrilas PJ, Lazarus CL. Pharyngeal effects of bolus volume, viscosity, and temperature in patients with dysphagia resulting from neurological impairments and in normal subjects. J Speech Hear Res 1994;37:1041-1049

Delaney KA, Hessler R. Emergency flexible nasotracheal intubation: a report of 60 cases: Ann Emerg Med 1988;17:919-926

Denk DM, Kaider A. Videoendoscopic biofeedback: a simple method to improve the efficacy of swallowing rehabilitation of patients after head and neck surgery. ORL 1997;59:100-105

Denk DM, Swoboda H, Schima W, Eibenberger K. Prognostic factors for swallowing rehabilitation following head and neck cancer surgery. Acta Otolaryngol 1997;117:769-774

Hiss SG, Treole K, Stuart A. Effects of age, gender, bolus volume, and trial on swallowing apnea duration and swallow/respiratory phase relationships of normal adults, Dysphagia 2001;16:128-135

Kapila YV, Dodds WJ, Helm JF, Hogan WJ. Relationship between swallow rate and salivary flow. Dig Dis Sci 1984,29.528-533

Langmore SE, Schatz K, Olsen N. Fiberoptic endoscopic examination of swallowing safety: a new procedure. Dysphagia 1988;2:216-219

Langmore SE, Schatz K, Olsen N. Endoscopic and videofluoroscopic evaluations of swallowing and aspiration. Ann Otol Rhinol Laryngol 1991;100:678-681

Langmore SE, Aviv, JE. Endoscopic Procedures to evaluate Oropharyngeal Swallowing. In: Langmore SE (ed). Endoscopic Evaluation and Treatment of Swallowing Disorders. Stuttgart New York: Thieme, 2001:73-100

Lear CSC, Flanagan JB, Moorees CFA. The frequency of deglutition in man. Arch of oral biology 1965;10:83-99

Leder SB, Ross DA, Briskin B, Sasaki CT. A prospective, double-blind, randomized study on the use of topical anesthetic, vasoconstrictor, and placebo during transnasal flexible fiberoptic endoscopy. J Speech Lang Hear Res 1997;40:1352-1357

Miller JL, Watkin KL. The influence of bolus volume and viscosity on anterior lingual force during the oral stage of swallowing. Dysphagia 1996;11:117-124

Murray J, Langmore SE, Ginsberg S, Dostie A. The significance of accumulated oropharyngeal secretions and swallowing frequency in predicting aspiration. Dysphagia 1996;11:99-103

Murray J. The laryngoscopic evaluation of swallowing, FEES. In: Murray J (ed). Manual of Dysphagia Assessment in Adults. San Diego: Singular Publishing Ltd., 1998:153-193

Ovassapian A, Yelich SJ, Dykes MHM, Brunner EE. Fiberoptic nasotracheal intubation-incidence and causes of failure. Anaesth Analg 1983;62:692-695

Sawashima M, Hirose H. New laryngoscopic technique by use of fiber optics. J Acoust Soc Am 1968;43:168-169

Schröter-Morasch H. Schweregradeinteilung der Aspiration bei Patienten mit Schluckstörung. In: Gross M (Hrsg). Aktuelle phoniatrisch-pädaudiologische Aspekte. Berlin: Renata Gross Verlag, 1995 (Bd 3):145-146

Wu CH, Hsiao TY, Chen JC, Chang YC, Lee SY. Evaluation of swallowing safety with fiberoptic endoscope: comparison with videofluoroscopic technique. Laryngoscope 1997;107:396-401

6 Manometrie und pH-Metrie

Werner Kauer

Einleitung

Bei Patienten mit Dysphagie gilt es zunächst, zwischen anatomischen und funktionellen Veränderungen zu unterscheiden. Daher müssen zu Beginn jeder diagnostischen Abklärung immer die Endoskopie und/oder die radiologische Untersuchung stehen. Ist dabei eine anatomische Ursache wie z.B. ein Karzinom, Web oder Divertikel ausgeschlossen worden, kann sich die funktionelle Abklärung anschließen.

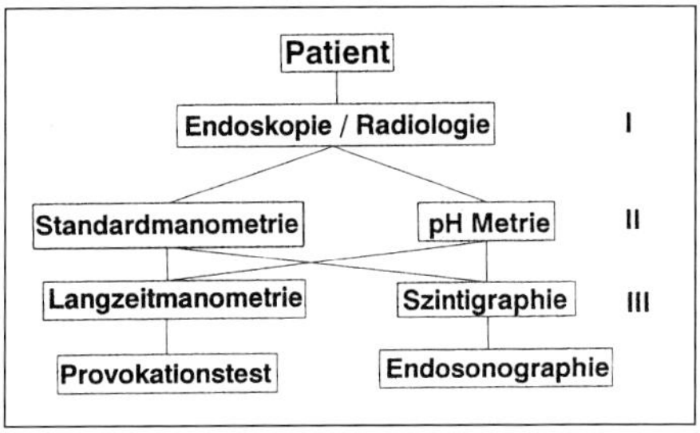

Abb. 6.1: Diagnostisches Vorgehen in der Gastroenterologie bei Patienten mit Dysphagien.

Funktionsstörungen des oberen Gastrointestinaltraktes können den Pharynx, den oberen Ösophagussphinkter (OÖS), die tubuläre Speiseröhre, den unteren Ösophagussphinkter (UÖS), den Magen und den Dünndarm betreffen. Als diagnostische Hilfsmittel stehen die stationäre Ösophagusmanometrie, die pH-Metrie, die Langzeitmanometrie, das Bilirubin-Monitoring, die Radiomanometrie, die Magenentleerungsszintigraphie sowie die antroduodenale Manometrie zu Verfügung (Abb. 6.1). Nachfolgend werden die Manometrie und die pH-Metrie detaillierter beschrieben werden.

6.1 Manometrie

6.1.1 Stationäre Manometrie

Die stationäre Ösophagusmanometrie ist eine Untersuchungstechnik, bei der die Charakteristika der Kontraktionen der Ösophagusmuskulatur unter standardisierten Bedingungen im Funktionslabor gemessen werden. Sie gilt als diagnostischer Standard zur Beurteilung der motorischen Funktion der Speiseröhre und dient als Grundlage der Klassifikation ösophagealer Motilitätsstörungen. Mit dieser Untersuchungsmethode werden der Pharynx, der OÖS, die tubuläre Speiseröhre und der UÖS untersucht (Abb. 6.2).

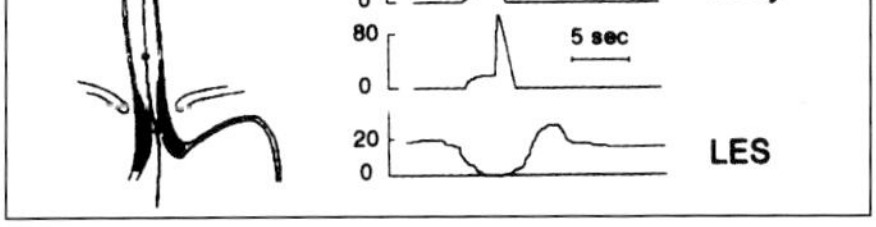

Abb. 6.2: Schematische Darstellung der Manometrie im pharyngo-ösophagealen Bereich mit normalen Druckkurven.

Pharynx/OÖS:
Ziele sind die Quantifizierung der Position, des Ruhedruckes und der Koordination des Schluckaktes sowie Relaxationsfähigkeit und Länge des ÖOS (Abb. 6.3).

Abb. 6.3: Normalbefund einer Manometrie im Bereich des Pharynx und des oberen Ösophagussphinkters.

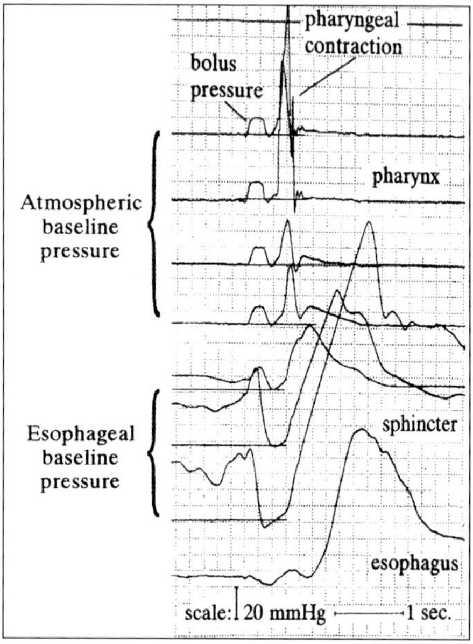

Tubuläre Speiseröhre:
Ziele sind die Quantifizierung von Amplitude und Dauer der Einzelkontraktionen sowie die Qualifizierung der Progression der Schluckwelle im tubulären Ösophagus (Abb.6.4).

UÖS:
Ziel ist die Quantifizierung seiner Position, des Ruhedruckes, der Länge, der Relaxationsfähigkeit und der Position des respiratorischen Inversionspunktes in seinem Verlauf (Abb. 6.5).

Die technische Weiterentwicklung der Datenverarbeitung ermöglicht es, die gewonnen Daten der stationären Manometrie durch

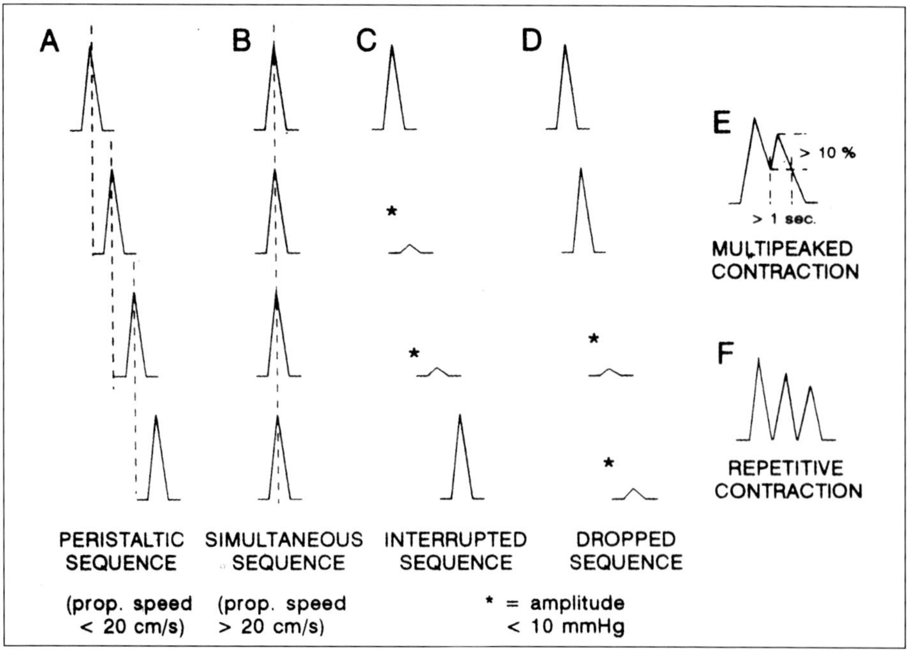

Abb. 6.4: Manometrie des Ösophagus mit Darstellung der unterschiedlichen peristaltischen Kontraktionsformen (A = regelrechte Kontraktion des tubulären Ösophagus, B-F = pathologische Kontraktionsformen).

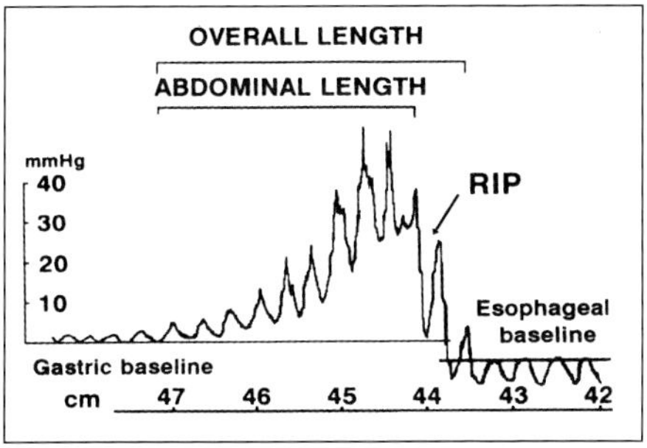

Abb. 6.5: Durchzugsmanometrie des unteren Ösophagussphinkters. RIP = respiratorischer Inversionspunkt.

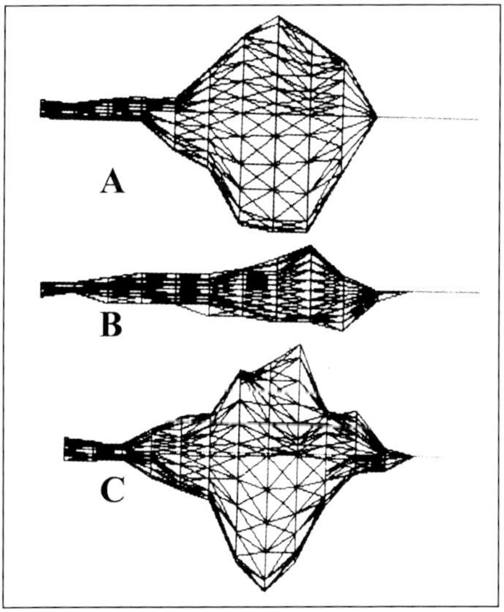

Abb. 6.6: Aufgrund manometrischer Daten erstelltes dreidimensionales Sphinktervektorvolumenmodell. A: kompetenter UÖS; B: inkompetenter UÖS bei langjähriger Refluxkrankheit; C: gleicher Patient wie B nach laparoskopischer Fundoplicatio.

eine Sphinktervektorvolumenberechnung in ein dreidimensionales Modell umrechnen zu lassen. Abb. 6.6 zeigt ein Sphinktervektorvolumenmodell eines kompetenten UÖS (A), des inkompetenten UÖS eines Patienten mit langjähriger Refluxkrankheit (B) und des UÖS des gleichen Patienten nach laparoskopischer Fundoplicatio (C).

6.1.2 Krankheitsbilder mit dem Leitsymptom der Dysphagie

Im Folgenden werden wichtige Krankheitsbilder vorgestellt, die alle das Leitsymptom Dysphagie aufweisen und funktionsdiagnostisch durch die Manometrie diagnostiziert werden können.

6.1.2.1 Achalasie

Die Achalasie ist die wohl am besten untersuchte primäre Motilitätsstörung der Speiseröhre. Sie ist klassischerweise durch eine fehlende oder inkomplette Erschlaffung des häufig hypertonen UÖS und durch Amotilität im tubulären Ösophagus gekennzeichnet (Abb. 6.7). Die funktionelle distale Obstruktion zu sammen mit der ineffektiven peristaltischen Aktivität der tubulären Speiseröhre verringert ein normales Weiterführen des Speisebolus vom Pharynx in den Magen. Die Ätiologie der primären/idiopathischen Achalasie ist bis heute ungeklärt. Mögliche Ursachen sind genetische (familiäre, ererbte Form der Achalasie), autoimmun-entzündliche Prozesse, degenerativ-neurologische Erkrankungen (peripher und/oder zentral) oder eine Infektion mit neurotropen Viren oder Parasiten (Atkinson, 1994). Die sekundäre oder Pseudoachalasie zeigt, dass das klinische Bild der Achalasie durch eine Vielzahl zu Grunde liegender Erkrankungen hervorgerufen werden kann (Tab. 6.1).

6.1.2.2 Diffuser Ösophagusspasmus

Der diffuse Ösophagusspasmus ist klinisch durch episodenhafte retrosternale Schmerzen und eine nichtobstruktive Dysphagie für feste und flüssige Nahrung gekennzeichnet. Im Vergleich zur Achalasie ist die Dysphagie beim diffusen Ösophagusspasmus in der Regel jedoch weniger stark ausgeprägt, während retrosternale Schmerzen häufiger beschrieben werden. Der klassische symptomatische diffuse Ösophagusspasmus ist selten und kommt mit ca. 1 Patient pro 100 000 Einwohner weniger häufig vor als die Achalasie. Die Ätiologie und die neuromuskulären Mechanismen, die dem diffusen Ösophagusspasmus zu Grunde liegen, sind unklar. Eine Hypertrophie der Ösophagusmuskulatur und Degeneration von Nervenfasern wurden in Einzelfällen beschrieben, diese Veränderungen treten jedoch nicht konstant auf (Ferguson et al., 1969). Das wesentliche Merkmal des diffusen Ösophagusspasmus sind intermittierend auftretende simultane und repetitive Kontraktionen im tubulären Ösophagus. Im Gegensatz zur klassischen Achalasie besteht aber noch Peristaltik (Gillies et al., 1967). Der UÖS zeigt in der Regel einen normalen Ruhedruck mit vollständiger und koordinierter schluckreflektorischer Relaxation (Abb. 6.8) (Richer & Castell, 1987).

6.1.2.3 Nussknacker-Ösophagus

Die manometrische Untersuchung von Patienten mit nichtkardialen retrosternalen Schmerzen zeigt häufig peristaltische Kontraktionen von hoher Amplitude oder langer Dauer (Abb. 6.9). Für diesen Befund wurde der Begriff Nussknacker-Ösophagus geprägt (Brand et al., 1977). Die Motilitätsstörung wird dann diagnostiziert, wenn die mittlere Amplitude oder Dauer der Kontraktionen die 95ste Perzentile oder den Mittelwert +2 Standardabweichungen der laboreigenen Normwerte übertrifft, d.h. in der Regel mehr als 180 mmHg oder länger als 7s beträgt. Die Kontraktionsamplituden können bei diesen Patienten durchaus jenseits von 400 mmHg liegen. Weiterführende Untersuchungen zeig-

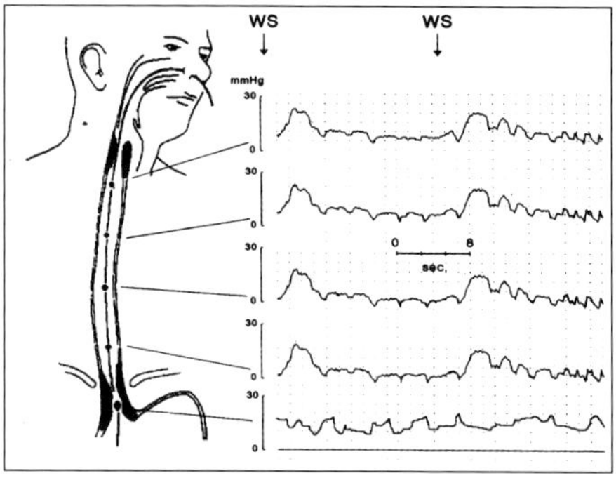

Abb. 6.7: Manometrie bei Achalasie (Erklärung s. Text). WS = wet swallow.

Tab. 6.1:	Mögliche Ursachen einer sekundären Achalasie (Pseudoachalasie)
Maligne Erkrankungen der Speiseröhre:	
	Kardiakarzinom
	Lymphom
	Bronchialkarzinom
	Prostatakarzinom
	Hepatozelluläres Karzinom
	Kolonkarzinom
Chagas-Krankheit	
Amyloidose	
Sarkoidose	
Barrett-Ösophagus	
Postvagotomie	
Chronisch idiopathische Pseudoobstruktion	
Morbus Parkinson	
Neurofibromatose	
Schwangerschaft	

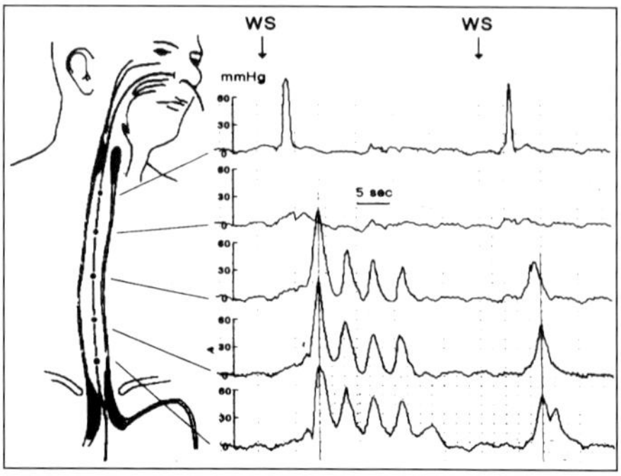

Abb. 6.8: Manometrie bei diffusem Ösophagusspasmus (Erklärung s. Text). WS = wet swallow.

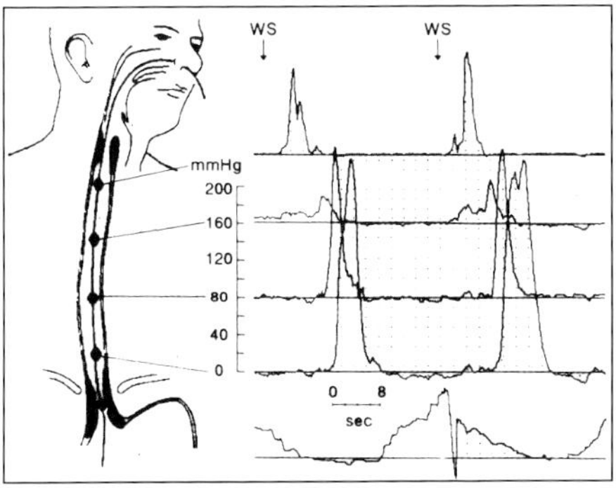

Abb. 6.9: Manometrie bei Nussknacker-Ösophagus (Erklärung s. Text). WS=wet swallow.

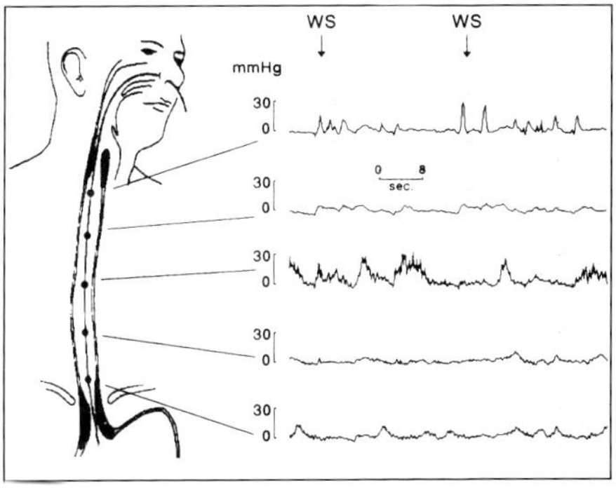

Abb. 6.10: Manometrie bei progressiver systemischer Sklerodermie (Erklärung s. Text). WS=wet swallow.

ten, dass es sich beim Nussknacker-Ösophagus um die wohl häufigste der primären Motilitätsstörungen handelt. Definitionsgemäß ist der Nussknacker-Ösophagus jedoch eine rein manometrische Abnormität, die gehäuft bei Patienten mit nichtkardialem Brustschmerz nachgewiesen werden kann. Ein Kausalzusammenhang zwischen peristaltischen Kontraktionen hoher Amplitude oder langer Dauer und dem Beschwerdebild der Patienten konnte bislang nicht bewiesen werden. Der Nussknacker-Ösophagus wird deswegen häufig nicht als eigenständiges Krankheitsbild anerkannt.

6.1.2.4 Sklerodermie

Motilitätstörungen der tubulären Speiseröhre können auch Ausdruck einer zu Grunde liegenden anderen Erkrankung oder einer generalisierten neurologischen, muskulären oder metabolischen Störung sein. Der Ösophagus kann v.a. bei Patienten mit Kollagenerkrankungen und Vaskulitiden mitbetroffen sein. Am häufigsten ist dies bei Patienten mit progressiver systemischer Sklerodermie der Fall (Donner, 1974). Eine Motilitätsstörung der Speiseröhre kann bei über 80% der Patienten mit Sklerodermie nachgewiesen werden. In der Regel handelt es sich dabei um einen Krankheitsprozess, der auf die glatte Muskulatur beschränkt ist und damit nur die unteren 2/3 der Speiseröhre betrifft. Die typischen manometrischen Befunde sind 1. eine normale Peristaltik im proximalen Ösophagus (im Bereich der quergestreiften Muskulatur) und 2. Kontraktionen mit sehr niedriger Amplitude oder 3. eine komplett fehlende Peristaltik in der distalen Speiseröhre, d. h. im Bereich der glatten Muskulatur. Der UÖS ist ebenfalls betroffen und zeigt einen deutlich verminderten oder fehlenden Ruhedruck (Abb. 6.10).

6.1.3 Langzeitmanometrie

Die Standardmanometrie des Ösophagus, der derzeitige Goldstandard für die Diagnose von Motilitätsstörungen, hat einige Einschränkungen: Die Manometrie erfolgt in der Regel in einer unnatürlichen Umgebung (dem Funktionslabor) und die Auswertung basiert auf der Analyse weniger, im Liegen durchgeführter Nass-Schlucke. Die Standardmanometrie erfasst damit nicht die normale physiologische Aktivität der Speiseröhre und eine Klassifikation und Quantifizierung der Dysfunktion sind nur bedingt möglich. Für die ambulante 24-h-Messung der Ösophagusmotilität gelten die beschriebenen Einschränkungen nicht. Die ambulante Langzeitmanometrie ermöglicht die Aufzeichnung der Kontraktionen während der normalen physiologischen Aktivitäten wie Essen, Schlafen und Arbeiten. Darüber hinaus erhöht die Langzeitmessung die Menge der für die Analyse zur Verfügung stehenden Daten und damit die Wahrscheinlichkeit, intermittierend auftretende Motilitätsstörungen zu erfassen. Fernen ermöglicht die ambulante Langzeitmessung auch die direkte zeitliche Korrelation der Ösophagusmotilität mit spontan auftretenden Symptomen. Weiterhin kann diese Methode simultan mit einer ambulanten 24-h-pH-Metrie des Ösophagus oder Magens kombiniert werden (Abb. 6.11).

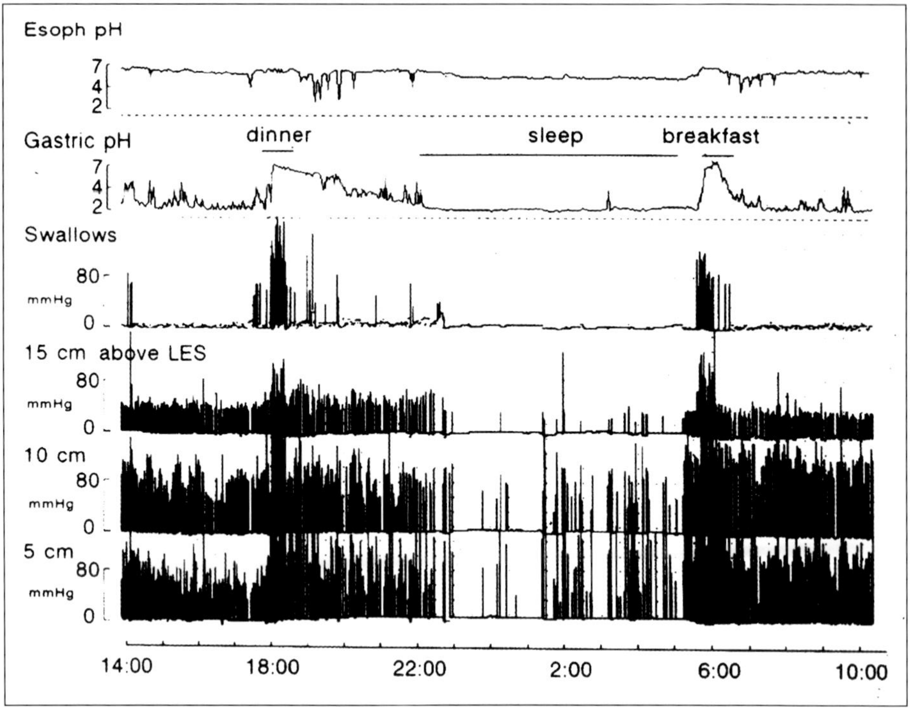

Abb. 6.11: Langzeitmanometrie mit simultaner 24-h-pH-Metrie des Ösophagus.

Hinsichtlich der Unterschiede zwischen kontinuierlich perfundierten Messkathetern (Perfusionsmanometrie) und stabilen Miniaturmessaufnehmern (Solid-State-Manometrie) sei auf die Fachliteratur verwiesen.

6.1.4 Radiomanometrie

Die Radiomanometrie ermöglicht, unter gleichzeitiger Durchleuchtung eine manometrische Untersuchung (Solid-State-Manometrie) des OÖS durchzuführen. Zu diesem Zweck wird eine Manometriesonde über die Nase eingeführt und unter radiologischer Kontrolle so platziert, dass je ein Druckaufnehmer im Pharynx, im OÖS und im Ösophagus zu liegen kommen (Farbabb. 6.12). Es werden jeweils 5 Schluckversuche durchgeführt, die als Nass-Schluck mit Kontrastmittel vorgenommen werden. Es erfolgt dabei eine parallele Aufzeichnung sowohl des radiologischen Schluckvorgangs als auch der manometrischen Vorgänge. Diese können dann im Anschluss verglichen werden. Es ist auch möglich, die Schluckvorgänge mit kontrastmittelangereicherten Nahrungsmitteln durchzuführen, um so die Nahrungsaufnahme zu simulieren. Es lassen sich somit sowohl wichtige Kenntnisse über die Koordination des Schluckaktes als auch über die Druckverhältnisse im Pharynx und OÖS gewinnen, die vor allem zur Indikationsstellung einer möglichen Myotomie des OÖS wichtig sind (s. Kap. 1 und 13).

6.2 pH-Metrie

Die 24-h-Ösophagus-pH-Metrie hat einen hohen Stellenwert in der Diagnostik der gastroösophagealen Refluxkrankheit (s. Kap. 12). Durch die pH-Metrie ist eine quantitative Erfassung des sauren gastroösophagealen Refluxes möglich. Die Indikation für die 24-h-Ösophagus-pH-Metrie ergibt sich aus den typischen Symptomen der gastroösophagealen Refluxkrankheit wie Sodbrennen, Regurgitation oder Dysphagie. Mit einer Sensitivität von 96%, einer Spezifität von 100% und einer Validität von 98% kommt dem aus der Ösophagus-pH-Metrie errechneten DeMeester Score eine wesentliche Bedeutung zu (Fuchs et al., 1987). Dieser setzt sich zusammen aus Gesamtrefluxzeit, Refluxzeit der Wach- und Schlafphase, Anzahl der Refluxepisoden, Anzahl der Episoden länger als 5 Minuten und der längsten Refluxepisode (Farbabb. 6.13).

Ansonsten wird eine Refluxkrankheit üblicherweise unterstellt, wenn der pH-Wert innerhalb der 24-h-Messung in über 4% der Zeit einen Wert < 4 aufweist.

Durch die Kombination von zwei pH-Sonden (proximaler und distaler Ösophagus; Farbabb. 6.14), der sog. dualen pH-Metrie, können sekundäre Refluxsymptome wie Heiserkeit oder Asthma durch Nachweis von „hohem Reflux“ (in der proximalen Sonde nachgewiesen) abgeklärt werden (Farbabb. 6.15).

Literatur:

Atkinson M. Antecedents of achalasia. Gut 1994;35:861-862

Brand DL, Martin D, Pope CA. Esophageal manometrics in patients with anginal type chest pain. Am J Dig Dis 1977;23:300-304

Donner MW. Swallowing mechanism und neuromuscular disorders. Semin Roentgenol 1974;9:273-275

Ferguson TB, Woodbury JD, Roper CL, Burford TH. Giant muscular hypertrophy of the esophagus. Ann Thorac Surg 1969; 8: 209-218

Fuchs KH, DeMeester TR, Albertucci M. Specivitiy and sensitivity of objective diagnosis of gastroesophageal reflux disease. Surgery 1987;102:575-580

Gillies M, Nicks R, Skyring A. Clinical, manometric, and pathological studies in diffuse esophageal spasm. Br Med J 1967;2:527-530

Richer JE, Castell DO. Diffuse esophageal spasm: a reappraisal. Ann Int Med 1984;100:242-245

7 Funktionelle Schlucktherapie

Edith Wagner-Sonntag

7.1 Einleitung

Bislang gibt es nur wenige medikamentöse oder chirurgische Therapieansätze neurogener Dysphagien (ND) (s. Kap. 1 und 13), weshalb die funktionelle Schlucktherapie als Domäne der konservativen, funktionellen Therapie angesehen werden kann. Ursache und Ausmaß einer ND werden durch multidisziplinäre Diagnostik erfasst. Auf dieser Basis kann ein Therapieplan erstellt werden. Prinzipiell sollte keine Therapie ohne vorherige Diagnostik erfolgen.

7.2 Therapieplanung

Der Therapieplan sollte spezifisch, d.h. an den Patienten und die Störung angepasst, sein (Logemann, 1998). Es gibt nicht *die* Schlucktherapie für Patienten mit ND bei Hirnstamminfarkt oder *die* Schlucktherapie für Patienten mit Störungen der oralen Boluskontrolle; die Übungen werden vielmehr ganz individuell auf die Schwierigkeiten des jeweiligen Patienten, die er z.B. in der oralen Phase hat, zugeschnitten. Das Übungsprogramm ist aber auch patientenabhängig in der Weise, dass die Fähigkeiten/Kräfte und Bedürfnisse des Patienten ernst genommen werden und bisweilen auch „übliche“ Therapiekonzepte – in vertretbarem Rahmen – unberücksichtigt bleiben. Es kann zum Beispiel durchaus im Sinne eines 85-jährigen Patienten sein, auf wochen- oder monatelanges Training der Zungenbeweglichkeit zu verzichten, um aspirationsfreies Trinken zu ermöglichen und stattdessen die Flüssigkeiten so anzudicken, dass keine Aspiration mehr auftritt. Ebenso muss eine PEG unter Umständen auch dann belassen werden, wenn ein Patient trotz der prinzipiellen Fähigkeit zu trinken, die für ihn notwendige Trinkmenge nicht bewältigt, weil die Schlucktechnik sehr aufwändig oder zu anstrengend ist.

Mit dem Patienten zusammen sollten möglichst klare und realistische Therapieziele vereinbart werden. Die einzelnen Schritte müssen für den Patienten nachvollziehbar sein und in Übereinstimmung mit ihm geplant werden, z.B.:

- Berücksichtigung von Gewohnheiten bei Auswahl und Zeitpunkt von Mahlzeiten
- Festlegung von Mengen der oralen Ernährung
- Verlängerung der Entblockungszeiten bei tracheotomierten Patienten während anderer Therapien oder während der Besuchszeit
- Steigerung von Schluckversuchen versus Verlängerung von Entblockungszeiten.

Werden diese für den Patienten wichtigen Fragen mit ihm gemeinsam geklärt, erhöht das auch die Akzeptanz für die in vielen Fällen langwierige Therapie. Unpopuläre Maßnahmen, wie z.B. orale Nahrungskarenz oder das Legen einer nasogastralen Sonde für die Flüssigkeitszufuhr, können dann leichter verkraftet werden. Angehörige und Lebenspartner sollten in diese Entscheidungsprozesse mit einbezogen werden, da sie für den Patienten eine wichtige Stütze sind und die therapeutischen Konsequenzen im Alltag mittragen müssen.

Auf der Basis der oben beschriebenen Diagnostik und der Fortschritte in der Therapie kann auch entschieden werden, ob und wann das Essen (anfangs als Ess- oder Fütterungsversuch) in die Therapie mit einbezogen werden kann. Hier muss ein wichtiger Punkt erwähnt werden, der immer wieder Anlass zu Diskussionen gibt: Das Essen mit geblockter Kanüle bei tracheotomierten Patienten. Wie bereits in Kap. 3 erwähnt, ist diese Methode unsinnig und kann außerdem für den Patienten sehr gefährlich sein. Schluckversuche sollten langsam aufbauend erfolgen, den Fähigkeiten des Patienten angepasst sein und keine trügerische Sicherheit vorgaukeln. Mit geblockter Kanüle ist effektives Räuspern und Husten nicht möglich. Da eine regelmäßige Aspiration in Kauf genommen wird – in der irrigen Annahme, dass die Blockung vor dem Eindringen von Nahrungspartikeln in die tieferen Luftwege schützt –, führt dieses Vorgehen eher zu einer Desensibilisierung als zu einer verbesserten Schluckfunktion. Die oftmals geäußerte Befürchtung, Patienten würden – wenn sie längere Zeit nicht geschluckt hätten – das Schlucken verlernen, ist völlig unbegründet.

Der Therapieplan muss im Verlauf immer wieder neu überdacht und an die sich ändernden Fähigkeiten oder Schwierigkeiten des Patienten angepasst werden.

Um das Risiko einer Aspirationspneumonie möglichst gering zu halten, ist eine tägliche Temperaturkontrolle indiziert. Außerdem sollten neue Therapieziele wie längere Entblockungszeiten oder Steigerung der Essversuche nicht zeitgleich stattfinden. Bei eventuellen Komplikationen lässt sich dann die Ursache leichter erkennen. Zusätzlich empfiehlt es sich, hier auch die Möglichkeiten der Endoskopie oder Radiologie als Therapiemonitoring zu nutzen.

Therapieplanung

- auf der Basis der multidisziplinären Diagnostik
- in Abstimmung mit dem Patienten
- angepasst an seine Fähigkeiten und Bedürfnisse
- Essen/Trinken bei tracheotomierten Patienten nur mit entblockter Kanüle
- Therapiemonitoring durch Endoskopie oder Videofluoroskopie

7.3 Therapiemethoden

In der funktionellen Schlucktherapie hat sich inzwischen eine Reihe von Methoden durchgesetzt, die sich im klinischen Alltag bewährt haben. Man kann diese Methoden grob in die Kategorien „Physiotherapie des Schluckens" und „Verhaltensmodifikation" einteilen.

Leider ist sowohl die Wirkungsweise als auch die Wirksamkeit bei den meisten therapeutischen Interventionen nicht in ausreichendem Maße untersucht. Die Regel sind hier Einzelfallstudien und Studien an kleinen, meist heterogenen Patientengruppen (Bülow et al., 2001). Die Erfahrung zeigt jedoch, dass Patienten in der Schlucktherapie auch über den kritischen Bereich der Spontanremission hinaus (> 6 Monate), selbst bei schweren ND und sogar nach vielen Jahren noch überzufällige Fortschritte erzielen (Prosiegel et al., 2002). Aus ethischen Gründen verbietet sich eine streng kontrollierte klinische Studie mit nicht therapierten Patienten.

7.3.1 Restituierende (kausale) Methoden

Viele der Behandlungstechniken der *restituierenden Therapie* sind der krankengymnastischen Therapie zerebraler Bewegungsstörungen entlehnt. Sie orientieren sich an neurophysiologisch begründeten Konzepten wie *Bobath, Kabat, Rood* (Hummelsheim & Mauritz, 1993). Diese wurden an die Erfordernisse der Schluck- und Sprechtherapie angepasst (Logemann, 1998; Bartolome, 1999). Grundsätzlich haben die kausalen Therapiemethoden die möglichst weitgehende Wiederherstellung der gestörten sensomotorischen Funktion zum Ziel.

Der Muskeltonus soll normalisiert, gewünschte Bewegungsmuster sollen fazilitiert, unerwünschte Reaktionen inhibiert werden. Dies kann durch kutane Stimulationen (z.B. Streichungen, Eisanwendung zur Tonusregulierung) und Mobilisationstechniken (z.B. Widerstandsübungen zur Stärkung der Muskelkraft) erfolgen. Bei schwerstbeeinträchtigten Patienten, besonders in der Frührehabilitationsphase, sind die *Hemmung bzw. der Abbau von Primitivschablonen* (wie z.B. Beißreflex oder Zungenstoß), eine Tonusnormalisierung, die Stimulation und Anbahnung von gewünschten Haltungen, Bewegungen und Schutzfunktionen erste Therapieziele. Fehlhaltungen wie die häufig auftretende Überstreckung des Nackens haben oft weitreichende Folgen: Fehlender Mundschluss, Zurückfallen der Zunge und erschwertes Schlucken werden dadurch verstärkt. Die richtige Lagerung im Bett bzw. die richtige Haltung im Pflegerollstuhl (jeweils der Störung und der gewünschten Bewegung angepasst) verbessern dagegen die Rumpf- und Kopfkontrolle. Pathologische Bewegungsmuster können besser gehemmt werden. Dies hilft, einen besseren Kiefer- und Mundschluss zu erarbeiten. Ein *gezielter Haltungsaufbau* erleichtert in der Folge eine bessere Auslösung des Schluckreflexes und einen normotonen Bewegungsablauf für das Kauen und Schlucken. Hier ist eine enge Zusammenarbeit mit der Physiotherapie gefordert. Stimulationen wie z.B. Pinseln, Eisbehandlung, Tapping, Dehnung betroffener Muskeln bewirken eine Tonusnormalisierung und sollen helfen, Bewegungen anzubahnen. Diese Stimulationen sind bei Patienten mit Sensibilitätsstörungen, gestörten Tonusverhältnissen oder Paresen indiziert. Zu diesen Methoden zählt auch die Stimulation des Schluckreflexes mittels *Thermosonde*, eine der wenigen gut untersuchten kausalen Therapiemethoden (Rosenbek et al., 1996).

Durch Thermosondenstimulation, Stimulation am Mundboden, Dehnung an der Halsmuskulatur etc. kann die Schluckreflexauslösung erleichtert werden. In der Folge soll dann die Schluckfrequenz erhöht und dadurch die Speichelkontrolle verbessert werden. Mit Hilfe der Mobilisationstechniken, die im Wesentlichen verschiedene Arten des Widerstandes beinhalten, werden Muskelkraft, Ausdauer und Bewegungsausmaß gestärkt.

Sind solche Fazilitierungstechniken nicht oder nicht mehr notwendig, führt der Patient selbstständige Bewegungsübungen durch. Sie setzen jedoch bereits einen aufmerksamen und kooperativen Patienten voraus. Neben rein motorischen Funktionsübungen (z.B. Zungenspitzenhebung, seitliche Zungenbewegungen) können auch an Alltagshandlungen orientierte Übungen durchgeführt werden, denn für manche Patienten sind diese Bewegungsaufträge leichter auszuführen, wenn sie in einen bekannten Zusammenhang eingebettet werden (z.B. Marmelade von der Oberlippe ablecken, Zähne mit der Zunge „putzen"). Auch Sprechübungen können diesen Zweck erfüllen (z.B. Silben- und Wortreihen der 2. Artikulationszone als Unterstützung der Zungenspitzenhebung). Atem- und Stimmübungen trainieren in besonderer Weise sowohl die äußere, als auch die innere Kehlkopfmuskulatur (z.B. forciertes Atemanhalten, harte Stimmeinsätze zur Unterstützung der laryngealen Adduktion).

Mit diesen Übungen können Geschwindigkeit, Koordination und Motiliät noch weiter verbessert werden. Sie sollen repetitiv und so häufig wie möglich durchgeführt werden, damit sie in automatisierte Bewegungen übergehen können, wie sie für manche Schlucktechniken benötigt werden. Zum einen sollen auf diese Weise über das motorische Lernen die Bewegungsabläufe automatisiert werden, zum anderen sollen Kraft und Ausdauer der betroffenen Muskeln gestärkt werden. Außerdem wird vermutet, dass kortikale Reorganisationsprozesse gefördert werden.

Der Behandlungsplan muss störungsspezifisch sein und auch vom Patienten „angenommen" werden. Dabei gilt: Bei derselben Grundstörung (z.B. verzögerte Auslösung des Schluckreflexes) kann eine bestimmte Stimulation (z.B. Kälte) bei einem Patienten wirksam sein, bei einem anderen hingegen nicht oder gar zu Abwehrreaktionen führen. Hier ist genaue Beobachtung wichtig. Bei starken Abwehrreaktionen ist der eigentliche Zweck der Reizanwendung natürlich nicht mehr gegeben.

Beispiele restituierender (kausaler) Therapiemethoden:

- Kutane Stimulationen
  - Thermosonde zur Verbesserung der Reflextriggerung
  - Pinseln, Eis, Streichungen, Tapping zur Tonusnormalisierung
- Mobilisationstechniken
  - Widerstandsübungen gegen statisches Halten (Zunge gegen den Spatel drücken)
  - Widerstandsübungen gegen Bewegung (Zunge gegen Spatelwiderstand herausstrecken)
  - PNF (z.B. Kopf- und Halsmuster)
- Selbstständige Bewegungsübungen
  - Motorische Funktionsübungen wie Zungenrückenhebung, Zungenschüsselbildung, Pfeifen, Saugübungen mit Strohhalm, Artikulationsübungen mit /K/ zur Zungenrückenhebung, mit der Stimme von hohen zu tiefen Tönen gleiten

7.4 Kompensatorische Methoden

Zum Bereich der *Verhaltensmodifikationen* gehören die sog. *kompensatorischen Therapiemethoden*. Hierunter sind Strategien zu verstehen, die zwar nicht die gestörte sensomotorische Funktion verändern, aber eine orale Nahrungsaufnahme dennoch ermöglichen oder erleichtern. Ziel ist in jedem Fall das sichere, d.h. aspirationsfreie Schlucken. Dies kann durch

Haltungsänderungen, spezielle *Schlucktechniken* und *Positionierung der Nahrung* erreicht werden. Auch *diätetische Maßnahmen* können zu den kompensatorischen Methoden gezählt werden. Nach Logemann (1995) sind die kompensatorischen Methoden „first choice", da sie leicht zu erlernen sind und ihre Wirksamkeit z.T. schon in der videofluoroskopischen Diagnostik überprüft werden kann. *Haltungsänderungen* beim Essen regulieren den Bolustransport durch gezielte Veränderung der Schwerkraftverhältnisse. So kann Patienten, die auf Grund einer einseitigen pharyngealen Parese Retentionen in den Sinus piriformes haben, eine *Kopfdrehung zur kranken Seite* helfen. Der (oftmals dilatierte) paretische Hemipharynx wird durch die Kopfdrehung oberhalb der Sinus piriformes verschlossen (Tsukamoto, 2000), sodass weniger oder keine Nahrungsreste retiniert werden. Kopfdrehungen (zur gesunden oder zur kranken Seite) können überdies auch eine laryngeale Adduktionsschwäche kompensieren, indem die gelähmte Stimmlippe gespannt wird oder die gesunde Stimmlippe durch Dehnung einen Stimmlippenverschluss erreicht. Mit einer *Kopfneigung nach vorne* kann ein vorzeitiges Abgleiten des Bolus aus der Mundhöhle verhindert werden, die Valleculae erweitern sich durch diese Kopfhaltung und können so als sekundäre Triggerzone bei verspäteter Reflexauslösung dienen. Außerdem kann die Epiglottis durch den größeren Abstand zur Rachenhinterwand leichter durchkippen. Eine Kopfneigung zur gesunden Seite leitet den Bolus per Schwerkraft über diese Seite. Dies kann den Bolustransport besonders bei einseitiger Parese des N. hypoglossus und N. glossopharyngeus erleichtern. Bei Störungen der oralen Transportphase durch beidseitige Hypoglossusparese kann die *supraglottische Kipptechnik* (eine Kombination aus Haltungsänderung und Schlucktechnik) den Bolustransport ermöglichen, indem die orale Phase ausgeschaltet wird; Voraussetzung ist allerdings eine intakte pharyngeale Phase des Schluckens: Sobald der Bolus im Mund verarbeitet ist, soll die Luft angehalten und der Kopf in einer schnellen Rückwärtsbewegung nach hinten geneigt werden. Dabei wird geschluckt und sofort danach kräftig geräuspert, um eventuell in den Kehlkopf eingedrungenes Material wieder herauszubefördern.

Da Haltungsänderungen in sehr verschiedener Weise ausgeführt werden können und Kopfdrehungen sowohl zur kranken als auch zur gesunden Seite effizient sein können – nicht zuletzt aber auch wegen der individuellen anatomischen Unterschiede –, ist es notwendig, die Durchführung und Wirksamkeit der Haltungsänderungen in der videofluoroskopischen und/oder in der endoskopischen Untersuchung zu überprüfen.

Haltungsänderungen

- Kopfneigung zur Seite (leitet den Bolus per Schwerkraft über diese Seite)
- Kopfneigung nach vorne (verhindert vorzeitiges Abgleiten des Bolus in den Pharynx, erweitert gleichzeitig die Valleculae und erleichtert das Durchkippen der Epiglottis)
- Kopfdrehung zur Seite (schließt den Recessus piriformis dieser Seite, unterstützt den Glottisschluss)
- Kombinationen von Haltungsänderungen

Ausführung und Wirksamkeit sollten radiologisch oder endoskopisch überprüft werden.

Eine weitere Möglichkeit, zu sicherem Schlucken zu gelangen, ist das Trainieren von *Schlucktechniken*. Zum Schutz vor prädeglutitiver Aspiration bei verspäteter Reflexauslösung oder bei ungenügenden laryngealen Verschlussmechanismen (wie einseitiger Stimmlippenparese) ist das *supraglottische Schlucken* indiziert. Es beinhaltet ein willkürliches, festes Atemanhalten während des Schluckens mit sofortigem forcierten Ausatmen oder Räuspern nach dem Schlucken. Falls Nahrung auf die Stimmlippen gelangt ist, wird sie auf diese Weise aus dem Kehlkopfbereich befördert und kann nicht aspiriert werden. Anschließend wird trocken nachgeschluckt. Diese Technik kann (s.o.) auch mit einer schnellen Kopfrückwärtskippung kombiniert werden, um die orale Phase zu „überspringen" und gleichzeitig die Atemwege zu schützen. Bei der *supersupraglottischen Technik* wird der Verschluss bereits in Höhe der Aryknorpel erreicht, indem zusätzlich zum festen Atemanhalten auch noch gepresst wird. Diese Technik wird angewendet, wenn der Glottisschluss durch Atemanhalten alleine nicht möglich ist. Das *Mendelsohn-Manöver,* eine willkürliche, verlängerte Kehlkopfhebung während des Schluckens, ist bei eingeschränkter Larynxelevation, gestörter Öffnung des oberen Ösophagussphinkters (OÖS) und verminderter Zungenschubkraft indiziert. Die Hyoid-Larynx-Bewegung nach oben und vorne, die die Aufdehnung des relaxierten OÖS bewirkt, soll dadurch verlängert werden. In den Sinus piriformes retiniertes Material kann auf diese Weise abgeschluckt werden. Bei ND ist oft eine Kombination aus verschiedenen kompensatorischen Methoden notwendig, damit die Patienten erfolgreich essen und trinken lernen. Außerdem benötigen viele Patienten Vorübungen aus dem Bereich der restituierenden Methoden (z.B. Übungen zum Glottisschluss, Larynxelevationsübungen, Übungen zur Verbesserung der Zungenkraft), damit sie diese kompensatorischen Techniken überhaupt ausführen können. Zusätzlich bedeutet auch die Anwendung dieser Schlucktechniken ein repetitives motorisches Üben. Eine Kontrolle der Schlucktechniken durch die Videofluoroskopie und/oder Endoskopie ist hier ebenfalls erforderlich. Zum einen kann so die Ausführung und die Wirksamkeit überprüft werden, zum anderen kann in Kontrolluntersuchungen festgestellt werden, ob der Patient die – mitunter anstrengende oder aufwändige – Schlucktechnik überhaupt noch benötigt.

Schlucktechniken

- Supraglottisches Schlucken (verschließt die Stimmlippen während des Schluckens)
- Supersupraglottisches Schlucken (verschließt den Aditus laryngis während des Schluckens)
- Mendelsohn-Manöver (Aufdehnung des OÖS während des Schluckens)
- Kombination verschiedener Techniken (z.B. Kopfneigung+supraglottisches Schlucken+ Mendelsohn-Manöver oder Mendelsohn-Manöver+Kopfdrehung)

Ausführung und Wirksamkeit sollten radiologisch oder endoskopisch überprüft werden.

Durch *Positionierung der Nahrung* soll der Bolustransport in der oralen Phase erleichtert werden. Wird die Nahrung auf den kräftigeren oder beweglicheren Zungenteil gegeben, kann der Bolus bei Hypoglossusparese besser gehalten und abgeschluckt werden. Bei verminderter oraler Sensibilität wird die Nahrung z.B. auf der Zungenhälfte mit der besseren Sensibilität platziert. Wird die Nahrung auf der Hinterzunge positioniert (z.B. bei Einschränkungen der Zungenelevation und -retraktion), kann der Bolustransport trotz muskulärer Dysfunktion ermöglicht werden.

Für die *diätetische Modifizierung,* die Wahl der geeigneten Konsistenz, ist die Fließfähigkeit und Formbarkeit der Nahrung entscheidend. So ist dünnflüssige Nahrung für Patienten mit Störungen der oralen Boluskontrolle, verspäteter Reflexauslösung oder unvollständigem laryngealen Verschluss nicht geeignet, da solche Flüssigkeiten wegen ihrer geringen Viskosität nur schwer zu kontrollieren sind und den Kehlkopf schon vor Einsetzen der Verschlussmechanismen erreichen (Lazarus et al., 1993). Für solche Patienten eignen sich breiige, passierte Speisen und angedickte Getränke besser. Andererseits können dünne Flüssigkeiten bei Patienten mit Öffnungsstörungen des OÖS geeignet sein, da sie meist auch noch durch einen unvollständig geöffneten Sphinkter fließen können. Um die passende Konsistenz auszuwählen, ist es notwendig die Hauptsymptomatik der ND zu beachten. Neben diesen Erwägungen spielen auch noch die Zusammensetzung der Nahrung und der Geschmack eine wichtige Rolle. So werden fetthaltige Speisen im Fall einer Aspiration von der Lunge am wenigsten toleriert, stark wasserhaltige Speisen sind unproblematischer. Die gerne verwendete Götterspeise ist vom Standpunkt der Sicherheit her optimal: Sie verflüssigt sich rasch und ist daher leicht abzuhusten; andererseits ist sie sehr leicht, rutscht sehr schnell ab und ist deswegen schwerer zu kontrollieren. Süße Speisen und Milchprodukte führen bei vielen Patienten zur Bildung von zähem Schleim, der schlecht abgeschluckt werden kann. Salzige und säurehaltige Nahrung regen eine dünnflüssigere Speichelbildung an und erleichtern die Reflexauslösung, werden aber oft als zu „reizend" empfunden. Darüber hinaus sollten natürlich auch geschmackliche Vorlieben des Patienten berücksichtigt werden. Generell erhöhen sowohl Geschmacks- als auch Temperaturreize den sensorischen Input und können so die Schluckreflextriggerung erleichtern. Eine gute Zusammenarbeit zwischen Patient, Therapeut und Diätpersonal ist in all diesen Ernährungsfragen von großer Wichtigkeit. In der Therapie versucht man dann, mit mindestens einer Konsistenz sicheres Essen für den Patienten zu erreichen und geht dann zur nächst schwierigeren Stufe über.

Diätetische Maßnahmen

Wichtige Parameter, die bei der Auswahl der Diät eine Rolle spielen sind:

- Änderung der Nahrungskonsistenz (nach den Erfordernissen an die Formbarkeit und Fließfähigkeit)
- Änderung der Nahrungszusammensetzung, um die Sekretbildung zu beeinflussen
- Erhöhung des sensorischen Inputs (Temperaturreize, Geschmacksreize)
- Tracheotomierte Patienten nur mit entblockter Kanüle und in Absaugbereitschaft essen lassen.

7.5 Biofeedback

Biofeedback ist eine aus der Verhaltenspsychologie stammende Methode, bei der z. B. die Muskelspannung mit Oberflächenelektroden gemessen und dem Patienten über ein auditives oder visuelles Signal hinsichtlich Amplitude und Dauer (meist PC-gestützt) rückgemeldet wird. Dieses Verfahren kann in der Schlucktherapie unter zwei Zielsetzungen eingesetzt werden:

1. Zur gezielten Entspannung. Im Zuge der Schlucktherapie kann es zu Überanstrengung durch Fehlspannungen vor allem im Bereich der Mundboden-, Hals- und Kehlkopfmuskulatur kommen. Biofeedback kann dem Patienten gezielte Entspannung von Muskeln ermöglichen. Über ein visuelles oder auditives Feedback kann der Patient kontrollieren, ob er die entsprechenden Muskeln entspannt.
2. Zum Training der Muskelkraft (Larynxelevation, Zungenkraft). In diesem Fall wird das (visuelle oder auditive) Feedback dazu genutzt, dem Patienten den Grad der Muskelspannung

(entsprechend der eingesetzten Kraft), z.B. bei der Zungenrückenhebung oder der Kehlkopfhebung, anzuzeigen. Er kann erkennen, ob er beispielsweise beim Mendelsohn-Manöver die Kehlkopfhebung über einige Sekunden halten kann (entsprechend einem Dauertonus, sichtbar gemacht als Plateau einer Kurve oder Dauersignalton).

Einzelne Studien belegen einen guten Erfolg des Biofeedback-Trainings (z.B. Bryant, 1991).

7.6 Hilfsmittel

Zusätzlich können für manche Patienten *externe Hilfsmittel* hilfreich sein. Rutschfeste Unterlagen bzw. geeignete Trinkgefäße ermöglichen es dem Patienten, sich ganz auf das Essen und den Schluckvorgang zu konzentrieren. Weitere Hilfsmittel sind Übungsanleitungen, Aufkleber am Rollstuhl oder Tisch, die den Patienten an eine bestimmte Kopfdrehung erinnern sollen und die sog. „Schluckuhr", die den Patienten in regelmäßigen zeitlichen Abständen per Piepton daran erinnert, seinen Speichel zu schlucken.

7.7 Outcome

Wie bereits erwähnt, gibt es bislang nur wenige Studien, die die Wirksamkeit der unterschiedlichen Therapiemethoden bzw. das Outcome von Patienten mit ND nach Schlucktherapie untersucht haben (Langmore, 1995). Oft wurden vorschnell Verbesserungen im Outcome einer Schlucktherapie zugeschrieben (z.B. Schurr et al., 1999).Im Sinne einer „evidence-based-medicine“ ist bislang nur die Wirksamkeit weniger Methoden nachgewiesen: Die Effizienz der Thermostimulation bzgl. Fazilitierung der Schluckreflextriggerung ist gesichert (Kaatzke-McDonald et al., 1996; Rosenbek et al., 1996). Die Wirksamkeit von Schlucktechniken und Haltungsänderungen bzgl. einer Verbesserung der Boluspassage bzw. einer Verhinderung von Aspirationen ist belegt (z.B. McConnel et al., 1989; Tsukamoto, 2000). Zur Efffizienz adaptativer Verfahren s. Kuhlemeier et al. (2001).

Wichtige Einflussfaktoren auf das Outcome sind neben dem Ort und Ausmaß der Schädigung Aufmerksamkeit, Motivation und interessanterweise auch Einsicht des Patienten (Parker et al., 1999) (bzgl. Outcome-Parameter s. auch 1.5). Die aktive Mitarbeit des Patienten ist in jedem Fall gefordert, egal ob mit kausalen, kompensatorischen oder zusätzlichen Methoden gearbeitet wird; Therapiedauer und Behandlungserfolg sind in starkem Maße davon abhängig. Einige Studien haben gezeigt, dass die funktionelle Schlucktherapie sinnvoll und effizient in dem Sinn ist, dass Patienten mit neurogenen Dysphagien zu sicherem aspirationsfreien Schlucken gelangen können (Horner et al., 1991; Neumann et al., 1995; Prosiegel et al., 2002). Was die Wirksamkeit oder Überlegenheit einzelner Behandlungsmethoden anbelangt, besteht jedoch sicherlich noch viel Forschungsbedarf.

Literatur:

Bartolome G. Grundlagen der funktionellen Dysphagietherapie (FDT). In: Bartolome G, Buchholz D, Feussner H, Hannig C, Neumann S, Prosiegel M, Schröter-Morasch H, Wuttge-Hannig A (Hrsg). Schluckstörungen – Diagnostik und Rehabilitation. München, Jena: Urban & Fischer,1999:179-296

Bartolome G, Prosiegel M, Yassouridis A. Long-term functional outcome in patients with neurogenic dysphagia. NeuroRehabilitation 1997;9:195-204

Bülow M, Olsson R, Ekberg O. Videomanometric analysis of supraglottic swallow, effortful swallow, and chin tuck in patients with pharyngeal dysfunction. Dysphagia 2001;16:190-195

Bryant M. Biofeedback in the treatment of a selected dysphagic patient. Dysphagia 1991;6:140-144

Horner J, Buoyer FG, Alberts MJ, Helms MJ. Dysphagia following brainstem stroke: clinical correlates and outcome. Arch Neurol 1991;48:1170-1173

Hummelsheim H, Mauritz KH. Neurophysiologische Grundlagen krankengymnastischer Übungsbehandlung bei Patienten mit zentralen Hemiparesen. Fortsch Neurol Psychiat 1993;61:208-216

Kaatzke-McDonald MN, Post E, Davis PJ. The effects of cold, touch, and chemical stimulation of the anterior faucial pillar on human swallowing. Dysphagia 1996;11:198-206

Kuhlemeier KV, Palmer JB, Rosenberg D. Effect of liquid bolus consistency and delivery method on aspiration and pharyngeal retention in dysphagia patients. Dysphagia 2001;16:119-122

Langmore SE. Efficacy of behavioral treatment of oropharyngeal dysphagia. Dysphagia 1995;10:259-262

Logemann JA. Dysphagia: evaluation and treatment. Folia Phoniatr Logop 1995;47:140-164

Logemann JA. Dysphagia: basic assessment and management issues. In: Johnson AF, Jacobson BH (eds.). Medical speech-language pathology – a practitioner's guide. New York, Stuttgart: Thieme, 1998:17-37

Lazarus CL, Logemann JA, Gibbons P. Effects of maneuvers on swallowing function in a dysphagic oral cancer patient. Head Neck 1993;15:419-424

McConnel FM, Cerenko D, Mendelsohn MS. Manofluorosgraphic analysis of swallowing. Otolaryng Clin North Am 1989;21:625-635

Neumann S, Bartolome G, Buchholz D, Prosiegel M. Swallowing therapy of neurologic patients: correlation of outcome with pretreatment variables and therapeutic methods. Dysphagia 1995;10:1-5

Parker C, Power M, Hamdy S, Tyrell P, Bowen A, Thompson DG. Does patient insight into swallowing dysfunction following stroke help predict outcome? Scientific paper presented at the eighth annual dysphagia research society meeting, Burlington, Vermont, USA, October 17-19, 1999

Prosiegel M, Scheicher M, Wagner-Sonntag E. Neurogene Dysphagien: aktuelle diagnostik- und therapierelevante Aspekte. Neurol Rehabil 1996;4:218-224

Prosiegel M, Heintze M, Wagner-Sonntag E, Hannig C, Wuttge-Hannig A, Yassouridis A. Schluckstörungen bei neurologischen Patienten: Eine prospektive Studie zu Diagnostik, Störungsmustern, Therapie und Outcome. Nervenarzt 2002;73:364-370

Rosenbek JC, Roecker EB, Wood JL, Robbins J. Thermal application reduces the duration of stage transition in dysphagia after stroke. Dysphagia 1996;11:225-233

Schurr M, Ebner K, Maser A. Formal swallowing evaluation and therapy after traumatic brain injury improves dysphagia outcomes. J Trauma 1999;46:817-821

Tsukamoto Y. CT study of closure of the hemipharynx with head rotation in a case of lateral medullary syndrome. Dysphagia 2000;15:17-18

8 Praktische Ernährungstherapie

Arno J. Dormann, Brigitte Sönnichsen

8.1 Einleitung

Solange wir gesund sind, spielt die Ernährung eine selbstverständliche Rolle. Für den Kranken steht häufig die medikamentöse oder eine andere Therapie als Kurativmaßnahme im Vordergrund, dies gilt auch für Patienten mit Schluckstörungen. Die Bedeutung der Ernährung als palliativer und/oder supportiver Bestandteil der Therapie wird oft von allen Beteiligten unterschätzt. In Situationen, die einer enteralen Langzeiternährung bedürfen, verliert der Vorgang des „Essens" seine Selbstverständlichkeit und fällt in die Zuständigkeit von Ärzten und Schwestern. Kenntnissen und Fähigkeiten aller Beteiligten, die zur Durchführung einer Sondenernährung notwendig sind, sollten deshalb im Rahmen der ganzheitlichen Patientenbetreuung eine hohe Beachtung geschenkt werden.

Dieser Beitrag widmet sich dem Thema der enteralen Ernährungstherapie in praktisch-anschaulicher Weise und soll Hilfestellung im Alltag bei der Betreuung und Pflege von enteral ernährten Patienten mit Schluckstörungen geben. Neben der Erfassung des Ernährungszustandes werden auch technische Aspekte mit Indikationen für unterschiedliche Sondensysteme dargestellt. Auch der postinterventionelle Verlauf und die ambulante Versorgung stellen in zunehmenden Ausmaß Anforderungen an alle Beteiligten. Hier ist die Auswahl des geeigneten Substrates, die Aufbauphase der enteralen Kost und die gute pflegerische Versorgung der Patienten maßgeblich für den guten Langzeiterfolg entscheidend.

8.2 Erfassung des Ernährungszustandes

Die Diagnostik des Ernährungszustandes sollte frühzeitig erfolgen, um eine effektive Therapie zu gewährleisten. Ein reduzierter Ernährungszustand und anhaltende Mangelernährung können auf die Mortalität, Morbidität, Therapietoleranz, Komplikationsrate und damit auf die Prognose des Patienten Einfluss nehmen. Relevant sind auch wirtschaftliche Konsequenzen durch erhöhte Krankenhausverweildauern oder zusätzlich notwendige Behandlungen. Patienten mit Schluckstörungen geraten über kurz oder lang in einen Mangelzustand, wenn nicht rechtzeitig interveniert wird.

Wir verfügen über eine Reihe von Messgrößen und Untersuchungsmethoden zur Erfassung des Ernährungszustandes, die das Risiko und Ausmaß einer Mangelernährung anzeigen (Tab. 8.1) (Behrendt, 1999).

Generell erfordert eine zuverlässige Diagnose die gleichzeitige Verwendung unterschiedlicher Parameter. Einzeln auftretende pathologische Werte müssen immer kritisch interpretiert werden. Eine Kombination aus verschiedenen Parametern kann als klinische Richtlinie zur Erfassung des Ernährungszustandes hilfreich sein. Diese Richtlinien müssen einfach und praktikabel sein, um von Ernährungsfachkräften, Pflegepersonal und Ärzten erfolgreich eingesetzt zu werden.

Tab. 8.1: Übersicht klinisch relevanter Parameter zur Beurteilung des Ernährungszustandes	
Anthropometrie	*Biochemie*
Körpergröße*	Serumproteine (Albumin, Präalbumin, Transferrin, retinolbindendes Protein)
Körpergewicht*	Cholinesterase
BMI*	N-Bilanz
Hautfaltenmessungen	Serumharnstoff
Oberarmmuskelumfang	Kreatinin-Index
BIA	
Ernährungsanamnese	*Immunologie*
	Lymphozytenzahl
	Intracutaner Hauttest
Assessment -Verfahren	
MNA (Mini Nutritional Assessment)	
MST (Malnutrition Screening Tool)	
NRS (Nutritional Risk Score)	
SGA (Subjective Global Assessment)	

*Fettgedruckt = im Text ausführlich behandelt

Validierte Verfahren sind die Ernährungsanamnese sowie anthropometrische und biochemische Parameter.

8.2.1 Anamnese

Grundlage jeder Beurteilung des Ernährungszustandes ist die allgemeine Anamnese, eine ausführliche Ernährungs- und Sozialanamnese und die körperliche Untersuchung des Patienten. Die Anamnese umfasst die medizinische Vorgeschichte und die aktuelle Situation des Patienten. Die Durchführung der Ernährungs- und Sozialanamnese beinhaltet das Erfassen und Dokumentieren von Ernährungs- und Trinkgewohnheiten, Gewichtsverläufe, Ernährungsprobleme, gastrointestinale Symptome, Nahrungsmittelintoleranzen, Aversionen, Unverträglichkeiten, Mobilität, Aktivität, Wohnsituation und die Nahrungsversorgung. Bei der körperlichen Untersuchung verschafft man sich einen Eindruck über den Gesamtzustand des Patienten. Der Konstitutionstyp (muskulös, kachektisch, adipös) wird visuell erfasst. Auffälligkeiten im Bereich der Haut, der Schleimhäute, der Haare und des Mundes können Anzeichen für eine Mangelerscheinung sein. Erfasst werden die Vitalzeichen wie Puls, Blutdruck, Atmung, Temperatur und der Hydratationszustand (Behrendt, 1999).

8.2.2 Anthropometrie

Als klinisch bedeutsamster Parameter zur Beurteilung des Ernährungszustandes eines Patienten gilt immer noch das Verhältnis zwischen Körpergewicht und Körpergröße und die Veränderung dieses Verhältnisses im Verlauf der letzten Wochen und Monate. Früher bestimmte man das Normalgewicht über die BROCA-Formel (eingeführt 1879; Körpergröße in cm minus

Tab. 8.2: BMI – Vergleichsgrößen			
Normalgewicht	19-25 kg/m²	ausgeprägte Mangelernährung	<16 kg/m²
Untergewicht	<19 kg/m²	Adipositas	>29 kg/m²
Übergewicht	>25 kg/m²	massive Adipositas	>35 kg/m²

100=Normalgewicht in kg). Heute wird das Normalgewicht durch den Body-Mass-Index (BMI) ersetzt: BMI = Körpergewicht (kg)/Körpergröße $(m)^2$. Der BMI ist die derzeit am häufigsten gebrauchte Kenngröße des Ernährungszustandes (Tab. 8.2) (Müller, 1999).

8.2.3 Bioelektrische Impedanz-Analyse (BIA)

Zur Bestimmung der Körperzusammensetzung kann z. B. die Hautfaltendicke gemessen werden, um die Fett- und Muskelmasse abzuschätzen. Dieses Verfahren ist sehr ungenau, heute wird dazu häufig die BIA genutzt. Dieses validierte nicht-invasive Verfahren ist leicht und schnell durchzuführen und stellt keine Belastung für den Patienten dar. Über je zwei Hautelektroden an Hand und Fuß wird ein homogenes elektrisches Wechselstromfeld mit konstanter Stromstärke in der Messperson erzeugt und der elektrische Gesamtwiderstand des Körpers in Ohm gemessen. Unter Verwendung der drei Parameter Resistance, Reactance und Phasenwinkel sowie weiterer Daten der Messperson (Gewicht, Größe, Alter, Geschlecht) kann die Körperzusammensetzung errechnet werden. Die wichtigsten Anteile sind Fett- und Magermasse. Letztere ist in Körperzellmasse (Body Cell Mass, BCM) und Extrazellulärmasse (Extra Cellular Mass, ECM) unterteilt. Diese Kompartimente sind ernährungsmedizinisch folgendermaßen definiert:

Die BCM ist die Summe der sauerstoffverbrauchenden, kaliumreichen, glukoseoxidierenden Zellen und umfasst die Zellen der Muskulatur, der inneren Organe, des Gastrointestinaltraktes, des Blutes, der Drüsen und des Nervensystems; die BCM ist die zentrale Größe bei der Beurteilung des Ernährungszustandes eines Patienten, da sämtliche Stoffwechselaktivitäten des Organismus innerhalb der Zelle der BCM geleistet wird. Die ECM ist der Teil der Magermasse der sich außerhalb der Zellen befindet (flüssiger Anteil, Haut, Kollagen, Elastin, Sehnen, Faszien, Skelett). Das Fett (BF, Body Fat) wirkt als Isolator für den Wechselstrom. Fettzellen besitzen nicht die typische Doppelmembranen der BCM und haben daher auch keinen kapazitiven Widerstand. Fehlernährung und Mangelernährung, die mit Veränderungen des Körperwasserhaushaltes einhergehen, lassen sich durch Veränderungen der Kompartimente BCM und ECM hervorragend diagnostizieren. Die Kenntnis der Messwerte und die Analyse der Körperzusammensetzung erlauben somit eine Beurteilung des Wasserhaushaltes und des Ernährungszustandes des Körpers (Sönnichsen, 2000).

8.2.4 Biochemische Bestimmungen

Ernährungrelevante Laborparameter können schon frühzeitig Hinweise auf eine Mangelernährung geben. Serumproteine spielen eine zentrale Rolle bei der Diagnose der Mangelernährung (Tab.8.3). Kommt es zu einem Mangelzustand, entwickelt sich je nach Halbwertszeit des jeweiligen Proteins ein Abfall des Serumspiegels. Dieser wird jedoch auch durch verschiedene

Tab. 8.3: Serumproteine

	Albumin	Präalbumin	Transferrin	Retinolbindendes Protein
HWZ	13-20 d	2 d	4-7 d	12 h
Normalwerte	33-52 g/l	0,2-0,4 g/l	2-3,6 g/l	30-60 mg/l

Faktoren beeinflusst: Postaggressionsstoffwechsel, Leber- und Nierenerkrankungen, Enteropathien, Gravidität und bestimmte Medikamente können ihn erniedrigen; Exsikkose, bestimmte Medikamente (wie Anabolika, Corticosteroide und orale Kontrazeptiva) können ihn erhöhen.

8.3 Sondentechniken

Die orale Ernährung besitzt im Vergleich zur künstlichen enteralen Ernährung über Sonden wesentliche Vorteile. Die orale Kostzufuhr ist für den Patienten angenehm, besitzt zudem eine hohe soziale Komponente und kann therapeutisch genutzt werden. Wesentliche Nachteile der oralen Ernährung sind insbesondere bei Patienten mit Schluckstörungen gleichzeitig die wesentlichen Gründe, die zur Indikation einer Sonderernährung führen. Bedeutsam sind die Aspirationsgefahr, die körperliche Ermüdung und vor allem die hypokalorische Zufuhr von Substraten selbst bei Einsatz von Supplementen. Vor Indikationsstellung zur Sondenernährung sollte immer ein Protokoll über die aufgenommene Trink- und Essmenge erstellt werden, um so eine optimale Therapieplanung durchführen zu können (Sönnichsen, 1999).

Heutzutage stehen sehr verschiedene Verfahren der Sondentechnik zur Verfügung, die sich in der Applikationsweise der Sonden und der Zufuhr von Substraten wesentlich unterscheiden.
Die Sonden werden primär nach dem Ort des Körpereintritts (nasal, gastral, enteral [jejunal, duodenal]) bezeichnet (Farbabb. 8.1). Bei gastraler Sondenlage wird der gesamte Verdauungstrakt genutzt, dies entspricht im Prinzip der regulären Ernährung. Eine duodenale oder jejunale Ernährung spart den Magen als Reservoir aus. Diese Option ist insbesondere dann hilfreich, wenn die Koordination zwischen gastraler und nachgeschalteter Peristaltik gestört ist (z. B. postoperativ, Z.n. Resektionen, neurochirurgische Patienten, Magenentleerungsstörung bei Diabetes). Es besteht so auch die Möglichkeit, einer Aspiration entgegenzuwirken (Montecalvo, 1992). Zusätzlich muss zwischen Sonden, die durch präformierte Stomata eingeführt werden (z. B. Nase) und perkutanen Sonden unterschieden werden. Durch fundierte Kenntnisse der unterschiedlichen Techniken können heutzutage nahezu alle Patienten enteral ernährt werden.

8.3.1 Nasogastrale Sonden

Transnasale Sonden finden Anwendung, wenn die Sondenernährung nur über kurze Zeit (max. 4 Wochen) durchgeführt wird oder die Ernährungsdauer noch unklar ist und eine definitive Entscheidung über das weitere Vorgehen noch abgewartet werden muss (z.B. Schlaganfallpatienten mit Dysphagie und rascher Besserung, Intensivpatienten). Das Anwendungsgebiet ist breit, es stehen eine Vielzahl verschiedener Sondengrößen für Kinder und Erwachsene zur Verfügung (Durchmesser: 6,5-15 CH, Länge: 40-60 cm Kinder, 100-130 cm Erwachsene). PVC-Sonden sollten heutzutage nicht mehr verwendet werden. Neuere Sonden aus

Polyurethankunststoffen oder Silikonkautschuk sind auf Grund der hohen Biokompatibilität, des geringen Fremdkörpergefühls und der guten Langzeitstabilität auch für den längerfristigen nasalen und perkutanen Einsatz geeignet. Heutzutage werden ausschließlich Sonden aus Polyurethan oder Silikon verwendet.

Vor Anlage jeder Sonde sollten der Patient bzw. die Angehörigen über die Maßnahme einschließlich der anschließenden Ernährungstherapie aufgeklärt werden. So kann eine optimale Patientenkooperation erreicht werden. Für die Anlage muss der obere Gastrointestinaltrakt passierbar sein. Die Auswahl der Sonde richtet sich nach folgenden Parametern. Der Durchmesser der Sonde sollte einerseits möglichst gering gewählt werden, um einen bestmöglichen Patientenkomfort zu erreichen, gleichzeitig kann ein zu kleines Lumen die Applikation von Nahrung und/oder Medikamenten erschweren und zum Verschluss der Sonde führen. Meist werden bei Kindern Durchmesser von 8 CH und bei Erwachsenen von 15 CH gewählt. Eine Länge von 50-60 cm ist bei Kindern, von 100-120 cm bei Erwachsenen zu wählen.

Vor Anlage der Sonde sollte der Patient > 6 Stunden nüchtern sein und die notwendigen Hilfsmittel müssen griffbereit stehen (Sonde, ggf. Gleitmittel für Mandrin, Stethoskop, Blasenspritze, Pflasterset, Lokalanästhetikum, Ablaufbeutel etc.). Manchmal kann es hilfreich sein, die Sondenlänge vorab zu bestimmen. Hierzu wird die Länge der Distanz Ohrläppchen – Nasenspitze (meist 10 cm) mit dem Abstand Nase – Magengrube (meist 40-50 cm) addiert, umso die richtige Sondenlänge zu bestimmen. Diese Distanz kann dann auf der Sonde markiert werden, um zu vermeiden, dass sich die Sonde im Magen aufkringelt. Nach Reinigung der Nasenwege und Auswahl des größeren Nasenlochs wird der Naseneingang mit lokalanästhesierendem Gel oder Spray betäubt. Der Patient befindet sich in aufrechter oder halbaufrechter Position. Zunächst wird die Sonde ca. 10 cm am Boden des unteren Nasenganges eingeführt. Dann wird der Kopf nach vorne gebeugt und der Patient zum aktiven Schlucken aufgefordert. Synchron wird die Sonde vorgeschoben.

Bei Hustenstoß oder Widerstand ist die Sonde zurückzuziehen und ein erneuter Versuch zu starten. Bei guter Passage wird die Sonde nach gastral vorgeschoben und – nachdem die Lagebestimmung mittels Einblasen von Luft durch Auskultation (Alternativen: pH- oder Röntgenkontrolle) erfolgt ist – sicher an der Nase fixiert. Die Sonde kann zusätzlich an der Austrittsstelle nasal mit einem Filzschreiber markiert werden. Wesentliche Vorteile der nasogastalen Sondenanlage sind die Bedside-Platzierung und die einfache Technik, die nicht invasiv und überall verfügbar ist. Zusätzlich besteht im Vergleich zu den perkutanen Techniken kein zeitlicher Vorlauf. Trotz aller Vorsichtmaßnahmen birgt auch die Platzierung der nasogastralen Sonde akute und chronische Risken. Akut kann die Sondeneinlage zu Nasenbluten und Verletzungen der zuführenden Wege ebenso wie zur reflektorischen Bradykardie bis zur Asystolie führen. Im Langzeitverlauf limitieren insbesondere wiederholte Sondendislokationen und Läsionen der zuführenden Wege (Nase/Oropharynx/Ösophagus/Magen) den Einsatz dieser Sondensystem. Zusätzlich ist die Schluck-Rehabilitation bei liegender Sonde erschwert. Klinisch relevant sind aber auch die reduzierte Zufuhr von Sondenkost im Vergleich zu perkutanen Sonden auf Grund der Dislokationen sowie die Aspirationsgefahr. Hierdurch können Patienten vital bedroht werden. Zusammenfassend gilt, dass nasogastrale Sonden nur kurzzeitig eingesetzt werden sollten. Auf Grund der potenziell vitalen Gefährdung ist der Einsatz insbesondere bei Patienten mit Schluckstörungen streng zu stellen. Ist ein längerfristiges Schluckdefizit (> 2-4 Wochen, je nach Grundkrankheit) zu erwarten, sollte umgehend eine perkutane Sonde gelegt werden, um Risiken zu minimieren und den Rehabilitationserfolg zu optimieren (Kalde, 1999).

8.3.2 Nasoenterale/Nasojejunale Sonden

Nasoenterale oder Nasojejunale Sonden dienen wie nasogastrale Sonden der kurzzeitigen (bis 4 Wochen) enteralen Ernährung. Im Gegensatz zur gastralen Sonde erfolgt die Applikation der Sondenkost direkt in den Dünndarm. Einlumige Dünndarmsonden werden heutzutage nur noch selten verwendet, durch Verbesserung der perkutanen Applikationsverfahren besteht heutzutage meist die Möglichkeit, neuere Verfahren (s.u.) anzuwenden. Heutzutage werden zunehmend mehrlumige Sonden (2 oder 3 Lumen-Sonden z.B. Trelumina®) zur intestinalen Ernährung von Problempatienten verwendet. Entscheidend ist hierbei die Möglichkeit einer intestinalen Ernährung bei gleichzeitiger gastraler Dekompression. Patienten mit Magenausgangsstenose (maligner/benigner Genese), Gastroparesen (diabetisch, postoperativ), Intensivpatienten (frühe postoperative Ernährung) oder akuter/chronischer Pankreatitis sind für diese Sondentechniken beispielsweise pradestiniert (Montecalvo, 1992).

Entscheidend für den erfolgreichen klinischen Einsatz ist bei der Anwendung nasointestinaler Sonden die Applikationstechnik, die eine sichere und dauerhafte Lage der Sonde im Bereich distal der Flexura duodenojejunalis oder in Ausnahmen des distalen Duodenums gewährleisten muss (Külling, 2000). Meist wird die Anlagetechnik "beneath the scope (BTS)" verwendet. Hierbei wird endoskopisch gastral das distale Ende der zuvor nasal einführten Sonde mit einer speziellen Zange gefasst und mit dem Gerät nach intestinal geführt. Ist ein weiteres Vorspiegeln nicht mehr möglich, wird die Zange mit der fixierten Sonde maximal vorgeschoben, danach in situ belassen und gleichzeitig das Gerät zurückgezogen. Befindet sich das Endoskop im Magen, wird die Zange gelöst und langsam in das Gerät zurückgeführt. Kommt es hierbei zur Sondendislokation nach proximal kann diese transpylorisch mittels der Fasszange vorgeschoben werden. Bei mehrlumigen Sonden ist darauf zu achten, dass die gastrale Sondenöffnung nicht transpylorisch platziert wird.

Dieses endoskopische Verfahren ist aufwändig und erfordert auch vom Untersucher einige Fertigkeiten. Vorteilhaft ist, dass durch direkte visuelle Kontrolle eine gute Lagekontrolle der Sonde gewährleistet ist. Bei der „over the wire" (OTW)-Technik wird endoskopisch ein Führungsdraht (z. B. 0,035´´ Jagwire Boston Scientific®) soweit wie möglich in den Dünndarm vorgebracht und bei Entfernung des Endoskops belassen. Danach wird über diesen liegenden Draht, der zuvor nach nasal umgeleitet wird, die Sonde platziert. Hilfreich sind hierbei insbesondere bei mehrlumigen Sonden eine radiologische Kontrolle oder zuvor auf die Sonde aufgebrachte Farbmarkierungen. Dieses Verfahren ist der zuvor geschilderten Technik als gleichwertig anzusehen und die Auswahl des Verfahrens hängt sicherlich vom Untersucher ab (Külling, 2000). Die einfachste Methode ist die „through the scope" (TTS)-Technik. Hier wird durch das weit einführte Endoskop eine dünnlumige Sonde direkt in das Jejunum eingebracht und beim Rückzug des Gerätes belassen. Nachteil dieser Methode ist selbst bei Verwendung von Geräten mit maximal großem Arbeitskanal, dass nur einlumige Sonden mit geringem Durchmesser verwendet werden können. Für alle intestinalen Verfahren gilt, dass der geringe Durchmesser der Sonde eine Okklusion fördert, dies insbesondere bei Applikation von Medikamenten. Zusätzlich zu den oben angeführten Problemen nasaler Sonden besteht bei allen intestinalen Sonden eine potenzielle Dislokationsgefahr mit konsekutivem Aspirationsrisiko. Dies gilt insbesondere dann, wenn keine tiefe intestinale Anlage erfolgte.

Zusammenfassend gilt, dass der Einsatz ein- und mehrlumiger nasointestinaler Sonden nur kurzzeitig bei ausgewählten Patienten erfolgen sollte. Entscheidend für den klinischen Einsatz ist die Erfahrung und der Erfolg bei der primären Platzierung.

8.3.3 Transkutane Sonden

Ist die künstliche enterale Ernährung längerfristig (> 2-4 Wochen) zu gewährleisten, müssen transkutane Sonden angewendet werden. Eine Übersicht der mittlerweile verfügbaren Verfahren ist in Tab. 8.4 dargestellt. Perkutane endoskopische Verfahren haben sich bei Patienten mit Schluckstörungen durchgesetzt. Sie erfordern den geringsten Aufwand und erreichen die beste Erfolgsquote im Vergleich mit Alternativverfahren (Gauderer, 1999).

Tab. 8.4: Perkutane Sonden
Perkutane endoskopische Verfahren
Perkutane endoskopische Gastrostomie (PEG)
Durchzugsverfahren (Pull-Verfahren)
Direktpunktion
Push-Methode
Perkutane endoskopische Jejunalsonde (Jet-PEG)
Endoskopische perkutane Jejunostomie (EPJ)
Ergänzende Verfahren
Sonographische Verfahren (PSG)
Radiologische Verfahren
Operative Verfahren
Gastrostomien
Laparoskopische Verfahren (Lap-PEG/J)
Feinnadelkatheterjejunostomie (FKJ, Lap-FKJ)
Zweitverfahren
Button/Wechselkopfsysteme
**Fettgedruckt = im Text ausführlich behandelt*

Indikationen zur Anlage einer perkutanen Sonde bestehen bei neurologischen und neurologisch/geriatrischen Patienten (z. B. neurogene Dysphagien bei amyotropher Lateralsklerose, nach Schlaganfall). Auch bei Patienten mit Tumoren (z. B. Kopf-/Halstumoren, Tumorkachexie, strahlenbedingte Schäden) ist diese Technik etabliert. Es ist aber immer analog jeder medikamentösen Therapie im Einzelfall zu prüfen, ob diese Art des Ernährungsverfahrens eine sinnvolle therapeutische Option darstellt.

8.3.3.1 Perkutane endoskopische Gastrostomie *(Gastrale Sondenanlage)*

Absolute Kontraindikationen zur Anlage einer perkutanen endoskopischen Gastrostomie (PEG) sind die fehlende Endoskopieoption, schwere Gerinnungsstörungen, die Magenausgangsstenose und allgemeine Kontraindikationen für eine enterale Ernährung, z. B. Peritonitis, Ileus (Dormann, 1999; Gauderer, 1999). Liegt eine akute Infektion oder Sepsis vor, sollte die enterale Ernährung bis zur Konsolidierung des Infektes mittels einer nasalen Sonde gewährleistet werden. Relative Kontraindikationen sind sehr von der Erfahrung des Anwenders abhängig und müssen individuell entschieden werden. Die fehlende Diaphanoskopie stellt heute keine

Kontraindikation dar. Ist bei Impression der Bauchdecke ein gutes Vorwölben der Magenwand und bei der Probepunktion mit einer dünnen Nadel eine gute Passage in den Magen zu erzielen, kann mit einiger Erfahrung auch bei diesen Patienten eine PEG sicher angelegt werden (Ponsky, 1998). Patienten mit nachgewiesenen Magenentleerungsstörungen sollten primär eine jejunale Sondenanlage (s. u.) erhalten. Ist dies nicht möglich, kann auch zunächst eine PEG gelegt werden und diese im weiteren Verlauf nach jejunal verlängert werden (s. u.). Größere Mengen Aszites können das Verkleben der Magen- mit der Bauchwand verhindern und stellten früher eine Kontraindikation dar. Ist periinterventionell die Einlage einer dauerhaften Aszitesdrainage gewährleistet, kann auch bei diesen Patienten eine PEG angelegt werden. Ein aktives Ulkusleiden stellt nur dann ein Problem dar, wenn das Ulkus direkt im Bereich der Punktionsstelle an der Magenvorderwand oder im Magenausgang liegt. In diesen Fällen sollte zunächst eine Ulkustherapie erfolgen und die Sonde später angelegt werden. Alternativ kann aber auch eine jejunale Sondentechnik gewählt werden. Zustände nach Operationen können die Anlage einer PEG unmöglich machen, wenn magenresezierende Verfahren gewählt wurden und der verbleibende Magenrest zu klein oder gar nicht vorhanden ist. In diesen Fällen kann meist problemlos eine jejunale Sondenanlage erfolgen. Größere Hernien im Bereich des Oberbauchs können in Einzelfällen die Sondenanlage erschweren. Bei portaler Hypertension mit Ösophagusvarizen und hypertensiver Gastropathie kann in Einzelfällen die PEG-Anlage auf Grund von großen Gefäßkonvoluten oder schwerwiegenden Gerinnungsstörungen nicht möglich sein (Gauderer, 1999). Die elektive Anlage einer PEG sollte bei akuten Infektionen und vor bzw. nach Chemotherapie mit Leukozytennadir zu einem günstigeren Zeitpunkt erfolgen. Ist dies nicht möglich, sollte eine periinterventionelle Antibiotikaprophylaxe für einige Tage bzw. die laufende Antibiose fortgeführt werden (Dormann, 1999). Problematischer ist die Entscheidung bei Patienten mit ventrikuloperitonealem Shunt oder Peritonealdialysekathetern. Für beide Patientengruppen sind erfolgreiche PEG-Anlagen berichtet, diese sollten aber in erfahrenen Zentren erfolgen, um eine Verletzung des Katheters und infektiöse Komplikation zu vermeiden (Gauderer, 1999). Die Vorbereitung des Patienten sollte für jede Klinik standardisiert erfolgen. Eine rechtsgültige Einverständniserklärung des Patienten bzw. des gesetzlichen Betreuers ist zuvor einzuholen. Es sollte im Aufklärungsgespräch auch immer auf die Folgen der PEG-Anlage und die notwendigen weiteren Konsequenzen hingewiesen werden. Am Anlagetag muss der Patient > 8 h nüchtern sein (bei Magenentleerungsstörungen besser > 24 h). Ein venöser Zugang zur Applikationen einer Analgosedierung (z. B. 5 mg Dormicum®, 50 mg Dolantin®) ist ebenso wie eine Mund- und Rachenhygiene (desinfizierende Mundspülung) zu fordern. Besteht stärkerer Haarwuchs im Bereich des Abdomens, kann dieser mit einem Langhaarschneider gekürzt werden. 30 Minuten vor PEG-Anlage erhält jeder Patient eine periinterventionelle Antibiotikaprophylaxe mit 1 x 1 g Ceftriaxon i.v. (Dormann, 2000).

Zur PEG-Anlage haben sich in Deutschland zwei Verfahren etabliert, wobei das Durchzugsverfahren dominiert. Die Direktpunktionstechnik bleibt Einzelfällen, bei denen die Durchzugstechnik nicht eingesetzt werden kann, vorbehalten (Dormann, 2000).

Die Anlage erfolgt unter chirurgischen Bedingungen in der Endoskopieeinheit. Nach Desinfektion des Abdomens wird das Endoskop intubiert und relevante Erkrankungen des proximalen Gastrointestinaltraktes (z. B. Ulkus, Magenausgangsstenose etc.) werden ausgeschlossen. Bei abgedunkeltem Raumlicht wird nach ausgiebiger Luftinsufflation im Bereich der Magenvorderwand proximal der Angulusfalte eine Diaphanoskopie gesucht. Diese Stelle wird markiert und eine Lokalanästhesie (z. B. 5 ml Xylocain) gesetzt. Die Punktionsnadel wird hierbei bis in den Magen geführt, um die Länge und Richtung des zukünftigen Stomakanales zu ermitteln. Danach wird eine ca. 1 cm breite tiefe Stichinzision gesetzt und die Punktionskanüle der handelsüblichen Sets (z. B. Freka PEG 15 CH, Fresenius-Kabi) eingeführt. Nach Rückzug der Punktionsnadel verbleibt die Einführhülse gastral. Hierüber wird dann der Zugfaden eingeführt, mit einer Zange gefasst und nach oral gezogen. An das Ende dieses Fadens wird die PEG-Sonde angebunden und durch den Oropharynx in den Magen gezogen. Die innere Halteplatte muss sich am Ende der Untersuchung an der vorderen Magenwand befinden. Abschließend wird die äußere Halteplatte angebracht und die Wunde mit einem standardisierten Verband versorgt. Dieses Verfahren der PEG-Anlage ist langjährig etabliert und sicher (Gauderer, 1999). Probleme können beim Durchzug der Sonde durch den Oropharynx bei Patienten mit hochgradigen Tumorstenosen auftreten und zu Verletzungen führen. Bei diesen Patienten hat sich das Verfahren der gastropexiegesicherten endoskopischen Direktpunktions-PEG (Cliny PEG 13, AP-Nenno Medizintechnik) bewährt (Dormann, 2000). Die Vorbereitung und Probepunktion erfolgen analog dem Durchzugsverfahren unter endoskopischer Kontrolle (ggf. mit einem 5-6 mm Stenosegerät). Die Fixierung des Magens erfolgt durch Anlegen von zwei Gastropexienähten, die unter Zuhilfenahme eines speziellen Apparates angelegt werden. Nach sicherer Fixierung des Magens kann eine direkte Punktion und das Einbringen einer Schleuse ohne Dislokationsgefahr erfolgen. Durch die Schleuse wird ein Ballonkatheter eingeführt, intragastral geblockt und dann die Schleuse entfernt. Unter Verwendung dieser beiden Techniken kann auch bei Problempatienten sicher eine PEG angelegt werden (in unserem Krankengut – ca. 400 PEG-Sonden/Jahr – beträgt die Erfolgsrate ca. 99%) (Dormann, 2000).

Leichte Komplikationen nach PEG-Anlagen sind der akute Wundschmerz und lokale Wundinfektionen (ohne systemische Infektzeichen) (Gauderer, 1999). Das Pneumoperitoneum ist ebenso wie das Hautemphysem zwar klinisch imponierend, bedarf aber im Normalfall außer der Überwachung keiner weiteren insbesondere chirurgischen Interventionen. Im chronischen Verlauf stehen vor allem Sondenprobleme, meist durch fehlerhafte Pflege bedingt, sowie Granulationen und Leckagen im Vordergrund. Wesentlich bedeutsamer sind schwerwiegende Komplikationen nach PEG-Anlage, die aber in nur < 1% der Fälle auftreten. Akut sind dies Verletzungen der Gefäße und Oberbauchorgane sowie schwerwiegende Infektionen (ausgehend vom Stoma oder periinterventionelle Pneumonien). Derartige Komplikationen sind insbesondere bei Patienten in sehr reduzierten Allgemeinzustand, wie dies typisch für PEG-Patienten ist, potenziell lebensbedrohlich und führen zusätzlich zu einer verlängerten Krankenhausbehandlung (Dormann, 1999). Sondendislokationen können kurze Zeit (bis 7 Tage) nach Sondenanlage zur Peritonitis führen. Diese Patienten müssen überwacht werden und ggf. eine Antibiotikatherapie erhalten. Eine ausschließlich durch mangelnde Pflege bedingte schwerwiegende Komplikationen ist das „buried bumper syndrome". Hierzu kommt es, wenn die innere Halteplatte nicht regelmäßig mobilisiert wird und in die Magenwand einwächst (s. u.) (Dormann, 2001). Diese verschiedenen, teilweise auch schweren, Komplikationen müssen dem Anwender bekannt sein, er muss diese Probleme erkennen und die korrekte Behandlung einleiten; so kann die Mortalität nach PEG-Anlage auf < 0,1 % gesenkt werden.

8.3.3.2 Perkutane endoskopische Jejunalsonde (Jet-PEG), Endoskopische perkutane Jejunostomie (EPJ *[Jejunale Sondenlage]*)

Ergänzende endoskopische Verfahren zur jejunalen transkutanen Sondenanlage sind die perkutane endoskopische Jejunalsonde (Jet-PEG = Verlängerung der PEG mittels eines Jejunalkatheters) und die endoskopische perkutane Jejunostomie (EPJ = Einbringen einer PEG Sonde in das Jejunum). Die Indikation zur jejunalen Sondenanlage wird, außer bei magenresezierten Patienten, in der Regel anhand des klinischen Verlaufs und meist bei Problemen mit einer liegenden PEG gestellt (z.B. Reflux, Aspirationen, Magenausgangsstenose, Motilitätsstörung etc.) (Tab. 8.5). Klare Richtlinien zur primären Anlage einer EPJ bestehen derzeit noch nicht (Gauderer, 1999). Deshalb ist es nicht erstaunlich, dass das wesentlich häufiger eingesetzte Verfahren die Jet-PEG ist (De Legge, 1995). Bei Anlage einer Jet-PEG wird durch eine vorhandene PEG (meist CH 15) ein Jejunalkatheter (meist CH 9) nach gastral eingeführt. Diese Sonde wird mit einer speziellen Fasszange nach jejunal (BTS-Technik, s.o.) platziert. Entscheidend für einen guten Erfolg ist zum einen die sichere jejunale Platzierung und die Vermeidung intragastraler Schlaufenbildungen. Deshalb legen wir diese Sonden immer unter radiologischer Kontrolle an. Wird der jejunale Schenkel der Sonde im Bereich des proximalen Duodenums positioniert, kann es zum Zurückschlagen der Sonde kommen, was im ungünstigsten Fall eine Aspiration bedingt. Auf Grund des geringen Innendurchmessers dieser Sonden sind die Langzeitergebnisse schlecht. Eine gute Pflege der Sonde ist für die erfolgreiche Nutzung entscheidend; Medikamentenapplikationen sollten nur in flüssiger Form bzw. gastral durchgeführt werden. Der entscheidende Vorteile dieses Verfahrens liegt in der Möglichkeit der gastralen Dekompression bei gleichzeitiger jejunaler Ernährung. So können auch Problempatienten (insbesondere neurochirurgische Patienten mit ausgeprägter Retroperistaltik) enteral ernährt werden.

Tab. 8.5: Indikation zur perkutanen jejunalen Sondenanlage

Jet-PEG und EPJ	**EPJ**	**Jet-PEG**
Rez. Erbrechen	Magen(teil)resektion	Gastrale Ableitung
Reflux	PEG nicht möglich	und
Gastroparese		jejunale Ernährung
Retroperistaltik		
Magenausgangsstenose		

Im Gegensatz dazu erfolgt die Vorbereitung und Anlage bei einer EPJ nach dem Durchzugsverfahren analog der PEG, die in das Jejunum platziert wird (Rumalla, 2000). Die absoluten und relativen Kontraindikationen entsprechen im Wesentlichen denen bei PEG-Anlage, wobei bei fehlender Diaphanoskopie keine Anlage endoskopisch erfolgen darf. Der wesentliche Vorteil liegt gegenüber der Jet-PEG darin, dass eine sichere Platzierung der Sonde im Jejunum erreicht wird. Nachteilig ist, dass ausschließlich jejunal ernährt werden kann. Ist eine gastrale Dekompression erforderlich, muss zusätzlich eine nasogastrale Sonde oder eine transkutane PEG gelegt werden. Das EPJ-Verfahren erfordert bei nicht voroperierten Patienten vom Untersucher einige Übung. Unter Verwendung eines langen Endoskops (Kinderkoloskop, Koloskop, Enteroskop) wird die Diaphanoskopie im Bereich der Flexura duodenojejunalis gesucht. Dies ist in Einzelfällen sehr schwierig und gelingt oft nur bei maximal abgedunkeltem Raum. Die Darmperistaltik wird (Buscopan® oder Glukagon) herabgesetzt, dann erfolgt die Probepunktion mit einer dünnen Kanüle. Liegt diese Kanüle sicher intraluminal, wird sie mit einer Fasszange gefasst und so der Darm sicher an der Bauchwand fixiert. Nun wird mit der Punktionskanüle aus einem Standard-PEG-Set der Darm neben der Kanüle punktiert. Erscheint die Kanüle intraluminal, wird die Einführungshilfe vorgeschoben, die Fasszange von der Kanüle gelöst und dann der durch die Einführungshilfe geführte Faden gefasst. Dieser Faden wird nach oral geführt, die PEG daran fixiert und bis zur endgültigen Position mittels Durchzugstechnik analog der PEG-Anlage gebracht. Eine erneute Passage zur Kontrolle der korrekten Sondenlage ist nach unserer Meinung ebenso wenig erforderlich wie bei der PEG-Anlage. Wir führen die EPJ-Anlage bei nicht voroperierten Patienten immer unter der Option einer radiologischen Kontrolle durch. So ist es wesentlich einfacher, die Lage des Gerätes zu kontrollieren, falls initial keine Diaphanoskopie erreicht wird.

8.3.3.3 Weitere Verfahren

Alle weiteren Verfahren der sonographisch oder radiologisch kontrollierten Sondenanlage sind nur bei einem kleinen Anteil der Patienten indiziert und werden deshalb nicht ausführlich dargestellt (Tab. 8.4). Chirurgische Verfahren sollten heutzutage nur dann eingesetzt werden, wenn mit den endoskopischen oder alternativen Verfahren keine Sonde platziert werden kann. Dies ist bei effektiver Nutzung der vorhandenen Techniken selten der Fall. Eine Ausnahme stellt die Feinnadelkatheterjejunostomie (FKJ, Lap-FKJ = direktes operatives Einbringen einer Jejunalsonde) dar. Erfolgt bei Patienten eine Laparotomie, sollte dieses Sondenverfahren genutzt werden, um Zweitinterventionen zu vermeiden. Prädestiniert sind Notfallpatienten mit Bauchtrauma oder Elektivpatienten mit viszeralchirurgischen Eingriffen (z. B. Ösophagus- oder Magenresektionen). Diese Sonden können dann auch im Rahmen der längerfristigen postoperativen Ernährungstherapie analog anderer Jejunalsonden genutzt werden (Sarr, 1999).

8.3.3.4 Button

Buttonsysteme oder sog. Ventilkopfsysteme sind als Zweitsysteme nach Erstanlage einer PEG entwickelt worden. Indikationen bestehen bei Patienten, die Probleme mit der liegenden PEG entwickeln, z.B. pflegerisch bei Ekzem/Allergie oder Leckagen/Granulationen. Meist ist es aber der Wunsch des mobilen Patienten (neurologisch, pädiatrisch, onkologisch), eine angenehmere Alternative zur PEG-Sonde zu erhalten (Dormann, 2001). Für Patienten, die unter einer isolierten Schluckstörung leiden, ist ein Buttonsystem gut geeignet und sie profitieren in ihrer Lebensqualität. Ein Buttonsystem sollte erst bei stabilen Stomaverhältnissen (meist > 4 Wochen nach PEG-Anlage) indiziert werden. Bei florider Stomainfektion, langem oder gewundenem Kanal (> 4,5 cm) oder falls eine PEG-Neuanlage nicht mehr möglich ist, sollte auf den Einsatz verzichtet werden. Anlage und Wechsel des Systems erfolgen in der Regel ambulant unter endoskopischer Kontrolle. In Ausnahmefällen kann der Button auch ohne Endoskopie gewechselt werden, in diesen Fällen wird eine radiologische Kontrolle empfohlen. Zur Zeit werden von den vorhandenen Systemen Buttonsysteme mit einem flüssigkeitsgefüllten Rückhalteballon bevorzugt. Diese sind meist problemlos anzulegen und zeigen eine gute Langzeitstabilität (Dormann, 1999).

Ein neues verbessertes Verfahren der Anlage eines Button (Freka Button Gastrostomy®) mittels

Seldingertechnik wird kurz exemplarisch dargestellt. Nachdem das Endoskop in den Magen geführt wurde, wird die kurz abgeschnittene PEG mit einer Schlinge gefasst und in das Antrum vorgeschoben. Der gleichzeitig eingebrachte Seldingerdraht sichert das Stoma. Über den Seldingerdraht wird ein Längenmesser eingeführt und die exakte Stomalänge bestimmt. Danach wird ein Button ausgewählt, dessen Länge ca. 1 cm länger als die gemessene ist, um ein ausreichendes Spiel des Systems oberhalb der Bauchdecke zu gewährleisten. Danach wird mit drehenden Bewegungen der Button entlang des Seldingerdrahtes nach gastral geführt und mit 5-7,5 ml NaCl 0,9% geblockt. Abschließend wird die abgeschnittene PEG nach oral entfernt. Sind eine endoskopisch kontrollierte Anlage bzw. ein Wechsel nicht möglich, kann die Lage des Button anhand einer röntgendichten Markierung kontrolliert werden. Die Sondenkost kann dann umgehend über ein Adapaterstück appliziert werden. Die Vorteile dieses Verfahren sind kosmetischer Natur, sie entlasten den mobilen Patienten vom Stigma der PEG und erhöhen die soziale Akzeptanz. Eine Schluck- und Sprachtherapie sowie eine Bewegungstherapie sind möglich, insbesondere kann der Patienten schwimmen und baden. Die Pflege des Button ist problemlos und kann von den Patienten meist selbst durchgeführt werden. Nachteilig ist der mit der Anlage verbundene Zweiteingriff und die zeitliche Latenz zur PEG. Waren Ballonsysteme früher relativ instabil auf Grund von Ballon- oder Ventildefekten, kann bei den neuen Systemen bei adäquater Pflege von einer Liegedauer von > 6-12 Monaten ausgegangen werden. Deshalb wird ein Routinewechsel nicht mehr durchgeführt.

8.3.3.5 Entfernung transabdomineller Sonden

Die Entfernung transabdomineller Sonden kann endoskopisch kontrolliert (Fassen des abgeschnittenen Sondenendes) oder durch Spontanabgang (Abschneiden der Sonde auf Hautniveau) erfolgen. Erfahrungen mit dünnlumigen Sonden (9 CH) bei Erwachsenen zeigen, dass ein Spontanabgang sicher praktiziert werden kann. Für größere Sonden und bei Kindern ist dieses Vorgehen nicht belegt. Auf Grund der meist verwendeten dickeren Sonden (CH 15) und der unten beschriebenen Komplikationen (z. B. „burried bumper syndrome") erfolgt heutzutage die Entfernung in der Regel endoskopisch-kontrolliert (Dormann, 2001). Eine Ausnahme stellen Systeme mit Ballonkathetern (z. b. Cliny PEG 13, Button etc.) dar. In diesen Fällen kann selbstverständlich der Katheter entblockt und dann entfernt werden (Dormann, 2000). Nach der Entfernung der Sonde wird das Stoma, welches sich in der Regel innerhalb von 24 Stunden spontan verschließt, einmalig mit einem Verband versorgt. Eine Nahrungskarenz ist nicht erforderlich.

8.4 Diätetik

8.4.1 Nahrungsauswahl

Die Industrie bietet eine Fülle von Nährlösungen zur enteralen Ernährung an, deren Zusammensetzung und Kennzeichnungspflicht vom Gesetzgeber vorgeschrieben und in der Diätverordnung geregelt ist. Grundsätzlich unterscheidet man zwischen ergänzenden und bedarfsdeckenden bilanzierten Diäten (Kalde, 1999; Sönnichsen, 2000). Ergänzende Diäten sind nicht bedarfsdeckend, d. h. die Inhaltstoffe entsprechen nicht dem täglichen Nährstoffbedarf. Sie müssen deshalb immer in Kombination mit einer Basisernährung gegeben werden. Ergänzungsdiäten liegen in flüssiger, verzehrfertiger Form in unterschiedlichen Geschmacksrichtungen vor. Sie sind zur Energieanreicherung gedacht oder/und gleichen Protein- und Vitamindefizite aus. Die Tagesdosis liegt bei 400-600 ml täglich zusätzlich zur oralen Ernährung. Weitere Nahrungsergänzungsmittel sind Supplemente in pulverisierter Form, die der Küchenkost beigemischt werden. Diese Supplemente sind geschmacksneutral und als Einzelnährstoff oder in Nährstoffkombination erhältlich. Auf dem Markt befinden sich Kohlenhydrate, Proteine, Fett/KH-Gemische, Ballaststoffe und Dickungsmittel zur Anreicherung der Nahrung.

Die bedarfsdeckenden Diäten sind zur ausschließlichen Ernährung per os oder per Sonde einzusetzen. Die Nährstoffrelation ist ausgewogen und entspricht den Empfehlungen der Ernährungskommissionen. Diese Diäten unterscheiden sich im Abbaugrad der Nährstoffe. Von niedermolekularen Nahrungen (chemisch definierte Diät = CDD, Oligopeptid-Diäten = OPD, Peptid-Diät) spricht man, wenn die Nährstoffe enzymatisch gespalten vorliegen. Die abgebauten Nährstoffe benötigen weniger Verdauungs- und Resorptionsleistung und können bei entsprechenden Erkrankungen eingesetzt werden, z.B. chronisch entzündliche Darmerkrankungen im akutem Schub, Kurzdarmsyndrom, Pankreasinsuffizienz und prädiagnostisch zur Reduktion des Darminhalts.

Hochmolekulare Diäten (nährstoffdefinierte Diät = NDD) enthalten komplexe Nährstoffe in leichtverdaulicher Form. Sie benötigen eine weitestgehend normale Digestions- und Resorptionsleistung. Dementsprechend sind sie einzusetzen bei Störungen der Nahrungsaufnahme und -passage und bei Bewusstseinsstörungen. Als Standardnahrung kommen sie zu ca. 90% in der Klinik zum Einsatz. Bei den nährstoffmodifizierten Diäten liegt eine geänderte Nährstoffkomponente, entsprechend der Stoffwechselsituation, vor. Eingesetzt werden diese Nahrungen bei Patienten mit Diabetes mellitus, Fettmalabsorption, Leber- und Niereninsuffizienz und in der Pädiatrie. Spezialnahrungen zur Immunonutrition werden für die Ernährung kritisch Kranker eingesetzt. Diese Nahrungen sind angereichert mit immunmodulierenden Substanzen wie Omega-3-Fettsäuren, Glutamin, Arginin, Nukleotiden und bestimmten Mikronährstoffen als Antioxidanzien.

8.4.2 Therapieplan

Welche Sondennahrung der Patient braucht und vor allem wie viel, hängt von der Erkrankung und dem Ernährungszustand des Patienten ab. Zum Erstellen eines optimalen, patientenorientierten Therapieplans ist die Erfassung des Ernährungszustandes (s. o.) unabdingbar, denn diese Parameter fließen in die Berechnungsgrundlagen für den Energie- und Nährstoffbedarf mit ein (Tab. 8.6) (Sönnichsen, 2000).

Tab. 8.6: Empfehlungen für den Nährstoff- und Energiebedarf

Protein	0,8 – max. 2 g / kg Istgewicht	Flüssigkeit	30 – 40 ml / kg KG (nach Bilanz)
Fett	1 – max. 2 g / kg Istgewicht	Ballaststoffe	mind. 30 g / Tag
KH	4 – max. 6 g / kg Istgewicht	Energie	25 – 50 kcal / kg Istgewicht
Mikronährstoffe nach Empfehlungen der Ernährungskommissionen			

Die Art und Weise des Kostaufbaus richtet sich nach der Sondenlage und der individuellen Situation des Patienten. Ist dieser über eine längere Zeit parenteral ernährt worden oder hat er über einen längeren Zeitraum nur geringfügig und einseitig Nahrung aufgenommen, dann muss der Kostaufbau in der Regel sehr langsam erfolgen. Das Gleiche gilt, wenn die Sondenspitze intestinal liegt.

Beispiel: Intestinale Sondenlage

1. Tag	250ml	Sondenkost	Laufrate 25ml/h
2. Tag	500ml	Sondenkost	Laufrate 50ml/h
3. Tag	1000ml	Sondenkost	Laufrate 75ml/h
4. Tag	1500ml	Sondenkost	Laufrate 100ml/h

Auch bei der gastralen Sondenlage muss mit der Ernährungstherapie einschleichend begonnen werden, damit sich Verdauung und Resorption an diese Ernährungsform adaptieren können.

Beispiel: Gastrale Sondenlage

1. Tag	500ml	Sondenkost	Laufrate 50ml/h
2. Tag	1000ml	Sondenkost	Laufrate 100ml/h
3. Tag	1500ml	Sondenkost	Laufrate 150ml/h

Gesteigert wird die Laufrate nur bei guter Verträglichkeit, wenn keine Probleme auftreten (Tab. 8.7). Nach Anlage perkutaner Sonden kann nach 4 Stunden mit dem Ernährungsaufbau begonnen werden. Zunächst werden 500 ml Flüssigkeit über die Sonde verabreicht. Bei problemlosem

Tab. 8.7: Komplikationen und Lösungsvorschläge

Diarrhöen, abdominelle Krämpfe, Meteorismus	
Mangelnde Aufbauphase	Nicht zu schnell mit der Ernährung beginnen
Bolusgabe	Übergang auf kontinuierliche Zufuhr (Schwerkraft oder Ernährungspumpe)
Bakterielle Kontamination	Überleitgerät wechseln, Nahrung verwerfen, Sonde durchspülen Hygiene: beim Anrühren, Umfüllen, Anhängen Adapter regelmäßig wechseln; Zugänge pflegen
Substrat zu kalt	Nahrung auf Raumtemperatur bringen
Hypalbuminämie	CDD (chemisch definierte Diäten) oder vollständige parenterale Ernährung
Ballaststoffmangel	Substrat mit Ballaststoffen (Quellfähigkeit) Einsatz von Wegerichsamen (Agiocur®-Madaus) oder Johannisbrotkernmehl (Arobon®-Nestle)
Medikamente	Antibiotika: Darmflora mit Lactobacillus „wiederaufforsten" (z.B. Perenterol®, Omniflora®, Mutaflor®); Mg-Präparate, Kaliumsalze, Tetracycline, Antimykotikum, Chemo- und Strahlentherapie: Einsatz von CDD
Intestinale Sondenlage	Zufuhrgeschwindigkeit reduzieren (max.120-150ml/h)
Grunderkrankung	z.B. entzündliche Darmprozesse, Einsatz von CDD
Bei Meteorismus	Gabe von Kümmel- oder Fencheltee.
Bei persistierender Diarrhöe	Nahrung abstellen und Teepause einhalten (2-3 l ungesüßten dünnen Schwarztee), Gabe von Antidiarrhoika.

Tab. 8.7 Teil II: Komplikationen und Lösungsvorschläge

Erbrechen, Völlegefühl, Übelkeit	
Mengenmäßig zu hohe Nahrungszufuhr	Reduktion der Nahrung, Gabe energiereicher Sondennahrung
Zufuhrrate zu hoch	Reduktion der Zufuhrrate
Substrat zu kalt	Bei Raumtemperatur verabreichen
Bolusgaben	Wechsel auf kontinuierliche Zufuhr Zufuhr und Geschwindigkeit reduzieren, Nahrungszufuhr ins Duodenum oder Jejunum
Magenretention	Medikamenteneinsatz: Metoclopramid (Paspertin®), Domperidon (Motilium®)
Aspiration	
Patient zu flach gelagert	Oberkörper höher betten, bei kontinuierlicher Zufuhr ständig, bei intermittierender Gabe für die Dauer der Zufuhr plus 1 Std.
Mengenmäßig zu hohe Nahrungszufuhr	Nahrungszufuhr reduzieren – Sondenlage regelmäßig überprüfen – Sondendurchmesser ggf. verringern
Gestörte Magen- Entleerung	Intestinale Nahrungszufuhr
Bei nachgewiesener Aspiration Sondennahrung unterbrechen und entsprechende intensivtherapeutische Maßnahmen einleiten.	
Okklusionen	
Prävention	Regelmäßig die Sonde spülen (bei jeder Unterbrechung)
Spülflüssigkeit	Mit der richtigen Flüssigkeit spülen (keine säurehaltigen Flüssigkeiten wie z. B. Früchtetees, Säfte)
Medikamente	Vor und nach jeder Medikamentengabe spülen Medikamente möglichst in flüssiger Form verabreichen Tabletten mörsern und vollständig in Wasser auflösen Medikamente nie mit Sondennahrung mischen, Wechselwirkung beachten
Sondendurchmesser	Sondendurchmesser mit Nahrung und Applikationsform abstimmen Dünnlumige Sonden besonders sorgfältig spülen
Bei verstopfter Sonde mit Pepsinwein, kohlensäurehaltiger Flüssigkeit, Kochsalzlösung oder Cola-Getränken versuchen diese freizuspülen. Cave: Bei zu hohem Druckaufbau durch kleinlumige Spritzen kann die Sonde platzen.	
Schleimhautläsionen, Drucknekrosen	
Einsatz von PVC-Sonden	Sonden aus gewebefreundlichem Material wählen (Polyurethan oder Silikonkautschuk), PVC-Sonden max. 3 Tage verwenden, kleinstmöglichen Durchmesser wählen
Schlechte Sondenfixierung	Sondenfixierung überprüfen, tägliche Nasenpflege
Ösophaguserosion	PEG-Anlage erwägen
Bei langfristiger enteraler Ernährung PEG-Anlage vorziehen.	
Wundinfektionen bei perkutanen Sonden	
Grad I : Rötung, Sekretaustritt	2x tägl. trockener Verbandwechsel
Grad II: Lokaler Eiteraustritt	Abstrich, ggf. Antibiotikagabe, Wundbereich kräftig desinfizieren
Grad III: Tiefer Infekt, komplizierte Infektion	Antibiotikagabe, Wunde mit NaCl spülen, ggf. chirurgische Intervention
Hypergranulationsgewebe	Abätzen mit Höllenstein; chirurgisch abtragen
Defekte am Sondenzubehör	Die äußeren Anschlüsse der PEG wie Halteplatte, Schlauchklemme und Ansatzstücke sind austauschbar und können bei Bedarf erneuert werden. Schlauchklemme bei geschlossener PEG öffnen, um Materialermüdung vorzubeugen.
Buried bumper Syndrom	Durch regelmäßiges Mobilisieren des Katheters wird ein Einwachsen der inneren Halteplatte verhindert.

Verlauf wird im Anschluss Sondennahrung appliziert. Sondennahrungen enthalten im Durchschnitt 80% freies Wasser, bei einem Flüssigkeitsbedarf von 30-40 ml/kg KG muss in der Regel Flüssigkeit in Form von Wasser, Tee oder Infusionen bedarfsgerecht substituiert werden.

8.4.3 Applikationsformen

Zur Applikation von Sondenkost stehen verschiedene Systeme zur Verfügung:
- Bolusgabe: per Blasenspritze oder per Ernährungspumpe mit spezieller Bolusförderung
- Schwerkraftapplikation
- Kontinuierliche Applikation per Ernährungspumpe.

Während der Einschleichphase sollte der kontinuierlichen Applikation per Ernährungspumpe der Vorzug gegeben werden, da diese weniger Komplikationen und Probleme bereitet (Tab. 8.7). Bei der intestinalen Sondenlage ist die Pumpenapplikation obligat (Kalde, 1999; Sönnichsen, 1999). Die Überleitsysteme, die zur Pumpen- und Schwerkraftapplikation zum Einsatz kommen, sind Einmalartikel und müssen aus mikrobiologischen und mechanischen Gründen nach 24 Stunden verworfen werden. Bei Verwendung von Adaptern sind auch diese regelmäßig zu wechseln.

8.5 Wundversorgung

Eine sorgfältige Wundversorgung bei perkutan angelegten Sonden ist wichtig, um eine Infektion an der Sondeneintrittstelle zu verhindern. Bis zur Abheilung der Stichinzision (ca. 1 Woche) ist der Verband täglich zu wechseln, danach 2-3 Mal wöchentlich. Am 4. Tag nach Anlage kann der Patient duschen. Bei reizloser Punktionsstelle ist weder ein Verband notwendig noch ergeben sich Einschränkungen bei der Körperpflege; Baden und Schwimmen sind möglich (Sönnichsen, 1999).

8.5.1 PEG/EPJ

Ab dem 1. Post-OP-Tag nach PEG oder EPJ-Anlage erfolgt ein steriler, trockener Verbandswechsel. Der Wundbereich, der Katheter und die Halteplatte werden mit farblosen Desinfektionsmittel und sterilen Mullkompressen gereinigt. Die Sonde wird vorsichtig ca. 1-2 cm in die Bauchdecke vorgeschoben und im Einstichkanal um 360° gedreht, um ein Einwachsen der inneren Halteplatte zu verhindern. Der Wundbereich wird auf Veränderungen inspiziert und anschließend die Sonde leicht, bis zum spürbaren Widerstand, angezogen. Eine sterile Schlitzkompresse (Metalline) wird aufgelegt, die Halteplatte zurückgeschoben und fixiert. Die Halteplatte sollte ca. 1 cm Abstand zur Bauchdecke haben, ein starker Zug kann zu Druckulzera und zum „Buried-Bumper-Syndrom“ führen. Mit einer sterilen Kompresse wird die Halteplatte abgedeckt und mit Stretchpflaster fixiert, hierbei darf keine feuchte Kammer entstehen (Sönnichsen, 1999).

8.5.2 JET-PEG

Bei der Wundversorgung der JET-PEG ist darauf zu achten, dass nur das Vorschieben und nicht das Drehen der Sonde praktiziert wird. Beim Drehen könnte der intestinale Schenkel dislozieren, was eine Neuanlage zur Folge hätte (Sönnichsen, 2000).

8.5.3 Direktpunktions-PEG, Button

Die Direktpunktions-PEG und der Button haben den pflegerischen Vorteil, dass kein Verband notwendig ist. Die Mobilisation erfolgt durch Drehen der Sonde. Blockungskontrollen sollten nur von geschulten Mitarbeitern durchgeführt werden (Dormann, 2000).

Literatur:

Behrendt W. Klinisch relevante Parameter zur Beurteilung des Ernährungszustandes. Akt Ernähr-Med 1999;24:14-19

DeLegge MH, Duckworth PF Jr, McHenry L Jr, Foxx-Orenstein A, Craig RM, Kirby DF.. Percutaneous endoscopic gastrojejunostomy: a dual center safety and efficacy trial. J Parenter Enteral Nutr 1995;19:239-243

Dormann AJ, Wigginghaus B, Risius H, Kleimann F, Kloppenborg A, Grunewald T, Huchzermeyer H. A single dose of ceftriaxone administered 30 minutes before percutaneous endoscopic gastrostomy (PEG) significantly reduces local and systemic infective complications. Am J Gastroenterol 1999;37:3220-3224

Dormann AJ, Huchzermeyer H. Effizienz und Ökonomie der Antibiotikaprophylaxe bei perkutaner endoskopischer Gastrostomie (PEG). Chirurgische Praxis 2000;4:40-44

Dormann AJ, Glosemeyer R, Leistner U, Deppe H, Roggel R, Wigginghaus B, Huchzermeyer H. Modified percutaneous endoscopic gastrostomy (PEG) with gastropexy – early experience with a new introducer technique. Zeitschrift für Gastroenterologie 2000;38:933-938

Dormann AJ, Mussig O, Wejda B, Huchzermeyer H. Erfolgreicher Einsatz eines Buttonsystems bei Buried Bumper-Syndrom. Dtsch Med Wschr 2001;126:722-724

Dormann AJ, Wejda B, Roggel R, et al. Skin level gastrostomy using a novel balloon-type device: long-term results in oncological patients. Nutr Clin Prax, in press, 2001

Gauderer M. Twenty years of percutaneous endoscopic gastrostomy: origin and evolution of a concept and its expanded applications. Gastrointest Endosc 1999;50:879-883

Kalde S, Kolbing N, Vogt M. Enterale Ernährung, 2. Auflage. München, Jena: Urban & Fischer, 1999

Külling D, Bauerfeind P, Fried M. Transnasal versus transoral endoscopy for placement of nasoenteral feeding tubes in critically ill patients. Gastrointest Endosc 2000;52:506-510

Montecalvo MA, Steger KA, Farber HW, Smith BF, Dennis RC, Fitzpatrick GF, Pollack SD, Korsberg TZ, Birkett DH, Hirsch EF, et al. Nutritional outcome and pneumonia in critical care patients randomized to gastric versus jejunal tube feeding. Crit C Med 1992;20:1377-1387

Müller MJ. Ernährungsmedizinische Praxis. Berlin Heidelberg: Springer, 1999

Ponsky JL. Transilluminating percutaneous endoscopic gastrostomy. Endoscopy 1998;30:656

Rumalla G, Baron TH. Results of direct percutaneous endoscopic jejunostomy, an alternative method for providing jejunal feeding. Mayo Clin Proc 2000;75:807-810

Sarr MG. Appropriate use, complications and advantages demonstrated in 500 consecutive needle catheter jejunostomies. Br J Surg 1999;86:557-561

Sönnichsen B, Seidel J, Huchzermeyer H, Schütz H. Enterale Ernährungstherapie. Klinikleitfaden, Klinikum Minden, 1999

Sönnichsen B, Dormann AJ. Mangelernährung – Spezialfälle eines Ernährungsteams. Ernähr-Umschau 2000;47: 45-48

9 Tracheotomie und Kanülenversorgung*

Angela Schelling

9.1 Indikationen zur Tracheotomie bei dysphagischen Patienten

Die Tracheotomie hat das Ziel, durch Eröffnung der Luftröhre die Atemwege frei zu machen (z.B. Luftnot durch Verlegung der Glottis), freizuhalten (z.B. Langzeitintubation) oder die unteren Atemwege vor Aspiration zu schützen (z.B. schwere Dysphagie).

Bei Dysphagiepatienten liegt nur selten eine unzureichende Luftzufuhr vor. Sie weisen jedoch häufig einen insuffizienten Verschluss des Kehlkopfs beim Schlucken auf mit der konsekutiven Gefahr einer Aspiration. Je nach Ausprägung der Schluckstörung können Aspirationen prä-, intra- oder postdeglutitiv auftreten, wobei Mischformen möglich sind. Vor allem Patienten, die aspirieren und zusätzlich unter gastroösophagealem Reflux (evtl. verbunden mit Erbrechen) leiden, sind hochgradig gefährdet, eine Aspirationspneumonie zu entwickeln. Patienten, die unter einer radiologisch bzw. endoskopisch gesicherten Aspiration Grad IV leiden (s. Kap. 4 bzw. 5), müssen – insbesondere wenn es bereits zum Auftreten einer Apirationspneumonie kam – tracheotomiert und mit einer blockbaren Kanüle versorgt werden. Bei Vorliegen einer Aspiration geringeren Grades ist die Indikation zur Tracheotomie abhängig von klinischen Symptomen (z.B. rezidivierenden Pneumonien) sowie von der Restitutionsdynamik.

Obwohl Endoskopie und Videofluoroskopie ein „objektives" Maß für den Grad der Aspiration liefern, handelt es sich dabei immer nur um Momentaufnahmen. Es kann daher im Einzelfall sehr schwierig sein, (erschreckend) schwere endoskopische/radiologische Befunde mit einem (erstaunlich) guten klinischen Zustand des Patienten in Einklang zu bringen (oder umgekehrt) und dann die Entscheidung für oder gegen eine Tracheotomie abzuleiten.

9.2 Operative Techniken

In Abhängigkeit von der Operationsindikation kann die Eröffnung der Trachea mit Hilfe verschiedener Techniken durchgeführt werden.

9.2.1 Koniotomie

Handelt es sich um einen Fall akut aufgetretener, lebensbedrohlicher Dyspnoe ohne die Möglichkeit der Intubation oder vorbereiteten Tracheotomie, kann eine Koniotomie notwendig werden. Obwohl dieser Eingriff relativ selten durchgeführt wird, soll er kurz vorgestellt werden. Am überstreckten Hals wird der Ringknorpel ertastet, um dann zwischen Schild- und Ringknorpel die Membrana cricothyreoidea (Lig. conicum) zu inzidieren und die Trachea zu eröffnen. Die Durchtrennung gelingt im Allgemeinen schnell und gefahrlos, da in diesem Bereich keine Blutgefäße und Nerven verlaufen, die verletzt werden könnten. Die Inzisionsstelle

*Alle Abbildungen dieses Kapitels finden Sie auf den Seiten 65 bis 80.

wird aufgespreizt und eine Kanüle eingesetzt. Nach Sicherstellung der Atmung sollte dann eine klassische Tracheotomie erfolgen, um Ringknorpelnekrosen zu vermeiden (Theissing, 1988).

9.2.2 Tracheotomie

9.2.2.1 Plastisches Tracheostoma

In der Regel wird für die Anlage eines Tracheostomas die Operationstechnik nach Björk gewählt. Hierbei wird ein sog. plastisches oder epithelialisiertes Stoma angelegt.

Nach einem Hautschnitt in medianer oder horizontaler Schnittführung wird durch die Halsweichteile sowie den Schilddrüsenisthmus hindurch die Tracheavorderwand freipräpariert. In Höhe des 2. oder 3. Trachealrings wird die Trachea dann inzidiert, ein nach unten gestielter Türflügellappen aus der Tracheavorderwand gebildet und an den unteren Rand der Hautinzision adaptiert (Abb. 9.1 a,b). Diese mukokutane Anastomose stabilisiert die Trachealöffnung und dient bei einem Kanülenwechsel als Schiene. Zusätzlich wird dann noch die Halshaut an die eröffnete Luftröhrenwand angenäht, so dass ein Trichter entsteht (epithelialisiertes Tracheostoma), dessen Wände vollständig mit Epithel bedeckt sind (Naumann, 1998). Der erste Kanülenwechsel kann problemlos bereits unmittelbar nach der Operation durchgeführt werden.

9.2.2.2 Nicht-plastisches Tracheostoma

Gelegentlich werden sog. nicht-plastische Stomata angelegt. Hierbei wird lediglich die Luftröhre inzidiert und ein Knorpelfenster exzidiert. Es entsteht so ein Tracheotomiekanal, dessen Wandung von den verschiedenen Gewebeanteilen der Halsweichteile gebildet wird (nicht-epithelialisiertes Tracheostoma). Der einzige Vorteil dieser Operationstechnik liegt darin, dass zur Dekanülierung lediglich die Kanüle entfernt werden muss und das Stoma spontan zugranulieren kann. Ansonsten bietet diese Technik nur Nachteile, da das instabile, rasch schrumpfende Stoma in aller Regel Probleme beim Kanülenwechsel verursacht (Kulissenphänomen, via falsa) und es häufig zum Auftreten von Granulationen kommt.

9.2.3 Perkutane Tracheotomietechniken

In den letzten Jahren werden in zunehmendem Maße von chirurgisch nicht ausgebildeten Intensivmedizinern perkutane Techniken zur Anlage eines Tracheostomas angewandt. Hierbei fanden vor allem die Techniken nach Ciaglia sowie nach Fantoni Verbreitung.

9.2.3.1 Perkutane Dilatationstracheotomie (PDT) nach Ciaglia

Im Jahr 1985 beschrieben Ciagla und Mitarbeiter ein perkutanes Tracheotomieverfahren in Dilatationstechnik (PDT). Hierbei wird die Trachea – zumeist unter bronchoskopischer Kontrolle – mit einer Kanüle zwischen der 1./2. oder der 2./3. Trachealspange punktiert. Durch die Kanüle wird ein Seldingerdraht eingeführt, über den dann Dilatatoren zunehmenden Durchmessers in das Tracheallumen eingebracht werden (Abb. 9.2a). Hierdurch wird die Öffnung in der Trachealwand schrittweise erweitert. Nach vollständiger Dilatation wird im letzten Schritt eine Trachealkanüle über den Dilatator eingeführt.

9.2.3.2 Translaryngeale Tracheotomie (TLT) nach Fantoni

Die von Fantoni beschriebene translaryngeale Tracheotomie (TLT) unterscheidet sich von der PDT im Wesentlichen dadurch, dass Trachea und Halsweichteile auf umgekehrtem Wege, d.h. „von innen nach außen" dilatiert werden (Fantoni et al., 1997). Unter bronchoskopischer Sicht wird die Trachea zwischen der 2. und 3. Trachealspange punktiert. Über die liegende Kanüle wird ein Seldingerdraht eingebracht, der retrograd am Tubus vorbei (evtl. kurzzeitige Entblockung) nach kranial, aus der Mundhöhle herausgeführt wird. Dort wird das zervikale Ende des Drahtes mit einer Trachealkanüle verbunden. Nach Umintubation mit einem dünnen Endotrachealtubus wird die Kanüle an diesem vorbei durch den Oropharynx und Larynx ins Innere der Trachea an die Punktionsstelle und schließlich durch diese hindurch gezogen (Abb. 9.2b). Nach Entfernung des Endotrachealtubus wird die Kanüle dann um 180 Grad gedreht und in ihre endgültige Position gebracht. Die beschriebenen perkutanen Tracheotomieverfahren weisen, in Abhängigkeit von der jeweiligen Operationstechnik, unterschiedliche intra- und postoperative Komplikationsmöglichkeiten auf, die an dieser Stelle nicht weiter erörtert werden sollen (Übersicht: Byhahn et al., 2000).

In Hinblick auf den Kanülenwechsel ergeben sich für alle perkutanen Tracheotomieverfahren einige Besonderheiten. Während bei der Anlage eines plastischen Tracheostomas ein stabiler Zugang zur Trachea geschaffen wird, der einen in aller Regel problemlosen Kanülenwechsel ermöglicht, wird bei den perkutanen Techniken das prätracheale Gewebe lediglich dilatiert und zur Seite gedrängt. Die Wundflächen werden gegen die Trachealkanüle gepresst. In den ersten Tagen kommt es nach Entfernung der Kanüle zu einem spontanen Verschluss des Stomas, was das Einführen einer neuen Kanüle ohne technische Hilfsmittel praktisch unmöglich macht. Frühestens nach 7 Tagen, besser erst zwischen dem 11. und 13. postoperativen Tag sollte daher der erste Kanülenwechsel durchgeführt werden. Im Gegensatz zu einem plastischen Tracheostoma bleiben perkutan angelegte Stomata immer relativ eng und der Kanülenwechsel gestaltet sich erfahrungsgemäß im Langzeitverlauf zunehmend schwieriger (Granulationsbildung). In unserem eigenen Patientenkollektiv mussten über 80% aller perkutan angelegten Tracheostomata operativ revidiert und in plastische Stomata umgewandelt werden. Ein weiterer Nachteil von perkutanen Tracheotomieverfahren bei Dysphagiepatienten ist darin zu sehen, dass der eng die Kanüle umschließende Tracheotomiekanal verhindert, dass aufgestauter Speichel nach außen abfließen kann. Das Stoma ist zwar „trocken" und somit hygienischer; der Anreiz für den Patienten, abzuschlucken, ist aber erfahrungsgemß stärker, wenn der Speichel sich nicht bis in Höhe des Oropharynx aufstaut, sondern nach außen abfließen kann.

Perkutane Tracheotomietechniken erscheinen dann indiziert, wenn Kurzzeittracheotomien notwendig sind und der Patient zügig, nach Möglichkeit noch auf der Intensivstation, dekanüliert werden kann. (Nach Entfernen der Kanüle granuliert das Stoma spontan zu.)

Handelt es sich jedoch um Patienten mit Schluckstörungen, die auf Grund einer hochgradigen

Aspiration über einen längeren Zeitraum tracheotomiert bleiben müssen, ist die primäre Anlage eines plastischen Tracheostomas die Therapie der Wahl.

Die Abschätzung der Prognose eines Patienten in der Initialphase der Behandlung ist sicherlich oftmals problematisch und macht die interdisziplinäre Absprache zwischen Intensivmedizinern und den primär beteiligten Fachdisziplinen wünschenswert.

9.3 Auswirkungen der Tracheotomie auf die Schluckfunktion

Auch wenn die Anlage eines Tracheostomas eine lebensnotwendige Maßnahme bei Dysphagiepatienten mit hochgradiger Aspiration ist, kann das Stoma selbst eine zusätzliche Beeinträchtigung der Schluckfunktion bewirken. Das differenzierte Zusammenspiel von Atmung und Schluckablauf, das in den eng zusammen liegenden anatomischen Strukturen des oberen Aerodigestivtraktes stattfindet, kann durch den unphysiologisch geleiteten Atemstrom (transstomatal statt translaryngeal) empfindlich gestört werden.

9.3.1 Larynxelevation

Durch die Anlage eines Tracheostomas wird die Tracheavorderwand mit der Halshaut verbunden, wodurch die Ventral-Kranialbewegung des Kehlkopfes (normalerweise ca. 2,5 cm) beim Schlucken behindert wird (Sundgren et al., 1993; Kahrilas et al., 1996). Hierdurch kann es zu einem ungenügenden Verschluss des Aditus laryngis sowie zu einer unvollständigen Öffnung des oberen Ösophagussphinkters kommen (Feldman et al., 1966; Bonano, 1971; Nash et al., 1988). Logemann und Mitarbeiter konnten in einer Studie nachweisen, dass Patienten, deren offene Trachealkanüle kurzzeitig mit dem Finger verschlossen wurde, durch die veränderten Druckverhältnisse eine deutlich verstärkte laryngeale Elevation aufwiesen (Logemann et al., 1998).

9.3.2 Laryngeale Reflexe

Durch den unphysiologisch umgeleiteten Atemstrom kommt es zu einer Sensibilitätsstörung im Larynxbereich mit einer möglichen Beeinträchtigung der laryngealen/trachealen Hustenreflexe (Feldman et al., 1966).

Nach Langzeittracheotomie (>6 Monate) fand sich im Tierversuch eine Beeinträchtigung des protektiven, reflektorischen Glottisschlusses mit einem erhöhten Aspirationsrisiko (Sasaki et al., 1977).

Untersuchungen von Shaker et al. (1995) zeigten, dass tracheotomierte Patienten im Gegensatz zu Gesunden eine Störung der Schluckkoordination (Apnoe, Glottisschluss, pharyngeale Kontraktion) mit einer Verkürzung der laryngealen Verschlusszeit aufweisen. Dennoch kam es bei allen untersuchten Patienten zu einem vollständigen intradeglutitiven Stimmlippenschluss ohne das Auftreten einer Aspiration. Die Koordinationsstörung allein verursachte also noch keine Dysphagie mit Aspiration. Kommen jedoch mehrere Komponenten zusammen, die einen negativen Effekt auf die Schluckfunktion haben, könnte aus der Summe der Faktoren eine klinisch relevante Dysphagie resultieren.

9.3.3 Ösophagus

Durch den geblockten Kanülencuff kann es zu einer Verdrängung der elastischen Pars membranacea der Tracheahinterwand und damit zur Kompression des Ösophagus kommen. Hierdurch wird die Boluspassage behindert, was zu einem Aufstau mit Überlauf in den Larynx führen kann (Feldman et al., 1966; Nash et al., 1988; Elpern et al., 1994). Schluckversuche im Rahmen der Dysphagieabklärung sollten daher nach Möglichkeit bei ungeblockter Trachealkanüle durchgeführt werden!

9.3.4 Geruchs- und Geschmacksbeeinträchtigung

Da tracheotomierte Patienten transstomatal einatmen, kann die Atemluft nicht die Riechspalte passieren. Hierdurch kommt es zu einer Beeinträchtigung der olfaktorischen und gustatorischen Sinneswahrnehmungen, die einen wichtigen Stimulus für den Schluckvorgang darstellen.

9.3.5 Intrathorakaler Druckaufbau

Patienten mit einem Tracheostoma können in der Regel keinen ausreichenden intrathorakalen Druck aufbauen, da die Luft über das Stoma entweicht. Der Einsatz der Bauchpresse ist jedoch wichtig, um z.B. bei ungeblockter Kanüle aspiriertes Material abzuhusten sowie Schlucktechniken wie das supraglottische bzw. das supersupraglottische Schlucken anzuwenden.

Auf Grund der oben aufgeführten Punkte mag es nun so scheinen, als würde die Tracheotomie selber wesentlich zur Manifestation einer Dysphagie beitragen. Dies ist jedoch sicherlich nicht der Fall! Aktuellen Untersuchungen von Leder & Ross (2000) zufolge, die den Schluckstatus von Patienten vor und nach einer Tracheotomie untersuchten, scheint dieser Eingriff (zumindest im Rahmen der Akutversorgung) keinen nennenswerten Einfluss auf das Vorhandensein bzw. das Ausmaß einer Aspiration zu haben. Patienten, die vor der Tracheotomie problemlos schlucken konnten, wiesen auch postoperativ keine Schluckstörung auf; Patienten, die vor der Tracheotomie aspirierten, taten dies auch nach dem Eingriff (dann allerdings geschützt durch eine geblockte Trachealkanüle!).

9.3.6 Bedeutung offener/geschlossener Trachealkanülen

Wie bereits oben erwähnt, hat der unphysiologisch umgeleitete Atemstrom bei tracheotomierten Patienten vielfache Auswirkungen auf den Schluckablauf. Zahlreiche Untersuchungen beschäftigten sich mit der Frage, ob sich durch einen Verschluss der Trachealkanüle und den dadurch „normalisierten" Atemstrom, die Schluckfunktion verbessern und die Aspirationsgefahr verringern lässt.

Hierbei fanden sich ganz widersprüchliche Ergebnisse. Einige Studien belegten eine Verringerung der Aspirationshäufigkeit durch einen Trachealkanülenverschluss (Muz et al., 1989, 1994; Dettelbach et al., 1995; Eibling et al., 1996; Stachler et al., 1996). Andere Untersuchungen hingegen konnten keinerlei Auswirkungen auf den Aspirationsgrad in

Abhängigkeit von der Verwendung einer offenen bzw. verschlossenen Trachealkanüle nachweisen (Leder et al., 1996, 1998, 1999).

Obwohl die „Aspiration“ als Kriterium zur Beurteilung der Schluckfunktion klinisch von großer Relevanz ist, lassen sich anhand der zitierten Untersuchungen keine Aussagen zur Biomechanik des Schluckvorganges selber ableiten.

Eine der ersten Arbeiten, die sich mit dieser Thematik bei tracheotomierten Patienten beschäftigte, stammt von Logeman et al. (1998). Die Autoren untersuchten den Einfluss von verschlossenen bzw. offenen Trachealkanülen auf verschiedene biomechanische Parameter des Schluckablaufes bei Patienten. Obwohl der Kanülenverschluss eine verbesserte Larynxelevation bewirkte (s.o.), kam es zu einem verminderten Kontakt zwischen Zungengrund und Pharynxhinterwand sowie zu einer verzögerten pharyngealen Kontraktion. Eine vorbestehende Aspiration wurde bei manchen Patienten verbessert, bei anderen kam es zu einer Verschlechterung. Zusammenfassend ergab sich, dass keine generelle Empfehlung (geschlossene/offene Trachealkanüle) ausgesprochen werden kann, sondern im Einzelfall entschieden werden muss, ob sich eine Aspiration durch einen (temporären) Kanülenverschluss positiv beeinflussen lässt oder nicht.

Leder et al. (2001) untersuchten ebenfalls mit dem Ziel, biomechanische Zusammenhänge im Schluckablauf aufzudecken, mit Hilfe der Manometrie die Druckverhältnisse im oberen Ösophagussphinkter sowie im Pharynx bei tracheotomierten Patienten. Hierbei zeigte sich jedoch kein signifikanter Unterschied in Abhängigkeit von der Verwendung einer offenen oder geschlossenen Trachealkanüle, d.h. es schien von untergeordneter Bedeutung zu sein, ob der Patient transstomatal oder translaryngeal atmet (Leder et al., 2001).

9.4 Kanülenversorgung dysphagischer Patienten

In Abhängigkeit von dem zu Grunde liegenden Krankheitsbild muss der tracheotomierte Patient mit einer individuell angepassten Kanüle versorgt werden. Grundsätzlich sollte der Kanülendurchmesser so groß wie möglich gewählt werden, um den Atemwegswiderstand so gering wie möglich zu halten. Andererseits darf die gewählte Kanüle der Trachealwand nicht zu dicht anliegen, um Druckschäden bzw. iatrogene Verletzungen im Rahmen des Kanülenwechsels zu vermeiden.

Kanülen sind entweder aus Kunststoff (PVC, Polyurethan, Silicon, Mediplast) oder aus Metall (Silber) gefertigt. (Silberkanülen haben den Vorteil, dass sie gut gewebeverträglich sind und nicht so schnell verborken, da der Schleim schlechter haften kann.) Um endotracheale Schleimhautläsionen zu vermeiden, sollten alle Patienten zur Nacht eine Kunststoffkanüle tragen (größere Elastizität).

Cave: In Abhängigkeit von dem verwendeten Material haben Kanülen gleicher Größenbezeichnung unterschiedliche Außendurchmesser. So haben z. B. die dünnwandigeren Silberkanülen einen geringeren Außendurchmesser als Kunststoffkanülen gleicher Größe!

9.4.1 Blockbare Trachealkanülen

Patienten mit einer radiologisch oder endoskopisch gesicherten Aspiration Grad III-IV (s. Kap. 4 bzw. 5) werden in der Regel mit einer geblockten Trachealkanüle versorgt. Durch den geblockten Cuff der Kanüle wird aspiriertes Sekret/Speichel aufgefangen und daran gehindert, in die unteren Atemwege abzulaufen. Bei ausreichend weitem Stoma kann das aspirierte Material nach außen ablaufen (nasses oder feuchtes Stoma).

Cave: *Punktionstracheotomien umschließen die Kanüle zumeist sehr dicht, so dass das Stoma trocken erscheint, obwohl sich das Sekret möglicherweise bis in den Oropharynx aufstaut (s.o.)!* Es ist wichtig, regelmäßig den Cuffdruck zu überprüfen, dessen Richtwert für jede Kanüle nach Herstellerangaben festgelegt ist. Da es durch einen dauergeblockten Cuff zu Druckschäden an der Trachealschleimhaut kommen kann, müssen Kanülensitz und Schleimhautstatus in regelmäßigen Abständen endoskopisch kontrolliert werden.

Wie aus Abb. 9.3a ersichtlich ist, atmet der Patient bei suffizienter Blockung ausschließlich durch die Kanüle ein und aus. Die Ausatemluft kann nicht transglottisch entweichen, so dass auch keine stimmhafte Phonation möglich ist.

Es gibt eine Vielzahl von blockbaren Trachealkanülen unterschiedlicher Hersteller. Erwähnt werden soll eine Kanüle der Fa. Mallinckrodt, da sie über einen besonders schleimhautschonenden Kanülencuff (High-volume-low-pressure-Cuff) verfügt: Hi-Lo-Lanz™. Über ein Lanz-Ventil kommt es zu einem kontinuierlichen Druckausgleich zwischen dem Kanülen-Cuff und einem außen gelegenen, luftgefüllten Bällchen (Abb. 9.4). Auftretender Cuff-Überdruck (intrathorakale Druckerhöhung durch Husten, Pressen/„Überblockung") wird auf diese Weise nach außen abgeleitet. Hierdurch kann die Trachealschleimhaut effektiv vor Druckschäden geschützt werden.

Ebenfalls von der Fa. Mallinckrodt steht eine Kanüle zur Verfügung, die speziell für Patienten mit einem ausgeprägten Speichelaufstau oberhalb des Kanülencuffs geeignet ist: Hi-Lo-Evac/LanzTM. In der Kanülenwandung wird ein zusätzlicher Schlauch geführt, der oberhalb der Manschette nach außen mündet. Hierüber kann aufgestautes Sekret regelmäßig mit Hilfe einer Spritze abgezogen werden.

Patienten, die temporär entblockt werden können (z.B. Zunahme der Spontanschlucke, verminderter Speichelaufstau, geringeres Aspirationsrisiko) können mit einer blockbaren Sprechkanüle versorgt werden (Abb. 9.5). Diese Kanülen sind mit einer blockbaren Manschette und einem Phonationsfenster (s.u.) ausgestattet. Im entblockten Zustand kann der Patient bei intakter Kehlkopffunktion stimmhaft sprechen! Dazu kann die Kanüle außen mit dem Finger oder mit einem Sprechventil (z.B. Firma Rüsch) verschlossen werden.

Für die Schlucktherapie ist diese Kanüle günstig, da der Patient ohne einen vorherigen Kanülenwechsel Reinigungsmanöver durchführen und sich an die vermehrte Atemarbeit gewöhnen kann. Außerdem kann die Kraft eines reflektorischen Hustenstoßes effektiv genutzt werden. Nach Abschluss der Therapiesitzung kann die Kanüle dann wieder geblockt werden, wobei darauf zu achten ist, dass eine geschlossene Innenkanüle eingesetzt wird, die das Phonationsfenster abdichtet!

Hinweis zum Absaugen: Aspirationsgefährdete Patienten, die mit einer geblockten Trachealkanüle versorgt sind, müssen vor und *während* der Entblockung durch die Kanüle abgesaugt werden! Ist das Stoma weit und nass, sollte vor der Entblockung zusätzlich transstomatal abgesaugt werden.

9.4.2 Einfache Trachealkanülen

In der Regel bestehen einfache Trachealkanülen aus einer Außen- und einer zugehörigen Innenkanüle (Inlet oder auch „Seele" genannt), die durch einen Schraubmechanismus miteinander verbunden sind. Zur täglichen Reinigung kann es ausreichen, die Innenkanüle zu entfernen, während die Außenkanüle im Stomakanal verbleibt. Alle 2 - 3 Tage sollte jedoch ein vollständiger Kanülenwechsel erfolgen.

Wie aus Abb. 9.3b ersichtlich ist, besteht zwischen Kanüle und Trachealwand ein Spielraum, durch den hindurch die Luft die Glottis passieren kann. Hierdurch wird, wenn die Kanüle mit dem Finger kurzzeitig verschlossen wird, stimmhaftes Sprechen ermöglicht. Gleichzeitig kann aber auch aspiriertes Material an der Kanüle vorbei in die unteren Atemwege gelangen.
Einfache Kanülen aus Silber und Kunststoff sind in den Abb. 9.6 und 9.7 dargestellt.

9.4.3 Sprechkanülen

Sprechkanülen zeichnen sich gegenüber anderen Kanülen durch zwei Besonderheiten aus: Zum einen besitzen sie ein Sprechventil in Form einer Klappe, die sich beim Einatmen durch die einströmende Luft öffnet und beim Ausatmen durch den Luftstrom wieder verschließt (Abb. 9.3c). Andererseits findet sich an der konvexen Seite des Kanülenrohres eine Öffnung (Phonationsfenster), durch die die ausgeatmete Luft entweichen und die Glottis zur Stimmbildung passieren kann. Diese Öffnung ist entweder siebartig durchlöchert (Siebkanüle, Abb. 9.8) oder die Kanüle besitzt eine einzige große Öffnung (Lochkanüle, Abb. 9.9). Siebkanülen haben den Nachteil, dass das Phonationsfenster bei Patienten mit vermehrter Sekretbildung schnell verlegt wird; Lochkanülen regen dagegen eher zur Granulationsbildung an. Das Inlet der Sprechkanülen sollte auch bei Siebkanülen stets eine große Öffnung haben.

Im Einzelfall kann es schwierig sein, für einen Patienten eine optimale Sprechkanüle mit einem frei durchgängigen Phonationsfenster zu finden. Insbesondere bei Patienten mit einem kurzen, kräftigen Hals kommt es vor, dass das Phonationsfenster in den Halsweichteilen liegt und keine Phonation möglich ist. Daher ist es von Vorteil, dass viele Firmen Sonderanfertigungen von Kanülen anbieten.

9.4.4 Platzhalter

Platzhalter (sog. Stoma-Stents oder Buttons) dienen dazu, den Zugang zur Trachea offenzuhalten. Sie werden eingesetzt, wenn der Patient so gut wie nicht mehr abgesaugt werden muss, ein endgültiger operativer Stomaverschluss aber noch zu riskant erscheint.

Es gibt verschiedene Modelle, wie z.B. die sog. Long-Term Cannula der Fa. Montgomery, die im Stomakanal liegt und mit 2 kleinen „Lippen“ an der Tracheavorderwand verankert ist. Der Schaft der Silikonkanüle wird so weit gekürzt, dass er ca. 2,5 cm aus dem Stoma herausragt. Er wird mit einem Stöpsel verschlossen und mittels Faden um den Hals fixiert. Abb. 9.3d zeigt schematisch einen eingesetzten Stoma-Stent.

Ein grundlegendes Problem bei der Verwendung von Platzhaltern stellt jedoch die endotracheale Befestigung dar. Durch einen kräftigen Hustenstoß werden die Stents gelegentlich aus dem Stoma herauskatapultiert.

9.5 Entblockung, Dekanülement und Stomaverschluss

Für hochgradig aspirationsgefährdete Patienten stellt die Tracheotomie und die Versorgung mit einer zunächst *dauergeblockten Trachealkanüle* eine lebensnotwendige Maßnahme dar.

Kommt es im weiteren Krankheitsverlauf zu einer Stabilisierung bzw. Verbesserung des Allgemeinzustandes, der pulmonalen Situation sowie des Schluckstatus des Patienten (klinisch, endoskopisch, evtl. radiologisch zu verifizieren), kann mit einer *temporären Entblockung* begonnen werden.

Erste Entblockungsversuche sollten zunächst im Beisein von betreuendem Arzt und Schlucktherapeut unter Absaugbereitschaft erfolgen. Idealerweise wird vor und nach (evtl. auch während) der Entblockung eine Videoendoskopie durchgeführt. Hierbei können der spontane Abschluck von Sekret/Speichel beobachtet und das Ausmaß von Retentionen beurteilt werden. Falls es zu einer Penetration oder Aspiration von Sekret kommt, können Reinigungsfunktionen wie z. B. Räuspern oder Husten (spontan bzw. nach Aufforderung) auf ihre Effektivität hin überprüft werden.

Toleriert der Patient die kurzzeitige Entblockung gut und sind die klinischen und endoskopischen Befunde zufriedenstellend, kann der Entblockungszeitraum langsam gesteigert werden (Minuten, Stunden, ganztags). Nach Möglichkeit sollte der Patient dabei zu Beginn pulsoximetrisch überwacht werden, um evtl. auftretende pulmonale Komplikationen frühzeitig zu erkennen.

Für manche Patienten ist es günstiger, die Entblockungszeiten zunächst in zwei Abschnitte aufzuteilen (z. B. vor- und nachmittags), unterbrochen von einer Mittagspause mit geblockter Kanüle.

Im nächsten Schritt kann eine *blockbare Sprechkanüle* eingesetzt werden. Der Patient kann sich im ungeblockten Zustand an die vermehrte Atemarbeit (Exspiration transglottisch) gewöhnen und Reinigungsmanöver trainieren. Voraussetzung für eine Sprechkanüle ist natürlich, dass die oberen Atemwege frei sind; d.h. die Glottis sollte ausreichend weit sein und subglottische Granulationen oder Stenosen müssen endoskopisch ausgeschlossen werden.

Wiederum unter Überwachung mittels Pulsoxymetrie kann nun versucht werden, den Entblockungszeitraum auf die Nacht auszudehnen (stundenweise steigern). Sind die klinischen und endoskopischen Befunde zufriedenstellend, kann dann die blockbare gegen eine *einfache Sprechkanüle* ausgetauscht werden.

Wird diese Sprechkanüle problemlos toleriert und besteht eine stabile Atmung, kann das Sprechventil durch einen Stöpsel ersetzt werden *(abgestöpselte Sprechkanüle)*. Auf diese Weise ist der obere Aerodigestivtrakt wieder verschlossen und der Patient gewöhnt sich an die vermehrte und „normale" Atemarbeit bei In- und Exspiration.

Weist der Patient in Ruhe und unter körperlicher Belastung (soweit dies bei neurologischen Patienten zu überprüfen ist) keine Dyspnoe auf und ist er in der Lage, Sekret und Speichel sicher abzuschlucken, kann die Dekanülierung in Betracht gezogen werden. Endoskopisch und ggf. bronchoskopisch/radiologisch sollten sich dabei keine signifikanten Aspirationshinweise mehr ergeben (Knöbber, 1991).

Eine sichere orale Nahrungsaufnahme verschiedener Konsistenzen ist in den meisten Fällen Voraussetzung für einen Stomaverschluss. Allerdings gibt es immer wieder Ausnahmen von dieser Regel, da das Tracheostoma selber die Schluckfunktion negativ beeinflussen kann (s. 9.3) und manche Schlucktechniken wie z.B. das supraglottische und vor allem das supersupraglottische Schlucken erst bei verschlossenem Tracheostoma erfolgreich angewendet werden können.

Im Einzelfall kann es sehr schwierig sein zu entscheiden, ob man einen Tracheostomaverschluss wagt – in der Hoffnung die Schluckfunktion zusätzlich zu verbessern – und dafür evtl. das Risiko einer Aspirationspneumonie oder Dyspnoe mit der Gefahr der Retracheotomie in Kauf nimmt.

Einen Kompromiss, falls die endgültige Dekanülierung noch zu riskant erscheint, stellt das temporäre Einsetzen eines Stoma-Stents (s. 9.4.4) dar.

Erfüllt der Patient jedoch die Anforderungen für ein *Dekanülement,* wird die Kanüle entfernt und die Stomaränder werden durch Anlage eines Heftpflasterverbandes für einige Tage zusammengezogen. Dadurch kommt es zu einer deutlichen Schrumpfung des Tracheostomakanals.

Perkutan angelegte Stomata verschließen sich in aller Regel nach Entfernung der Kanüle spontan. Auch offen angelegte, nicht-epithelialisierte Tracheotomien können dem spontanen Verschluss überlassen werden, wobei das kosmetische Resultat gelegentlich unbefriedigend ist. Bei Patienten mit stabilen Tracheostomata muss ein *plastischer Stomaverschluss* mit Exzision des epithelialisierten Kanals und mehrschichtigem Wundverschluss durchgeführt werden (Theissing, 1988; Keminger, 1989). In der Regel kann der Eingriff in örtlicher Betäubung durchgeführt werden.

Literatur:

Bonano PC. Swallowing dysfunction after tracheostomy. Ann Surg 1971;174:29-33

Byhahn C, Lischke V, Westphal K (Hrsg.). Tracheotomie, Indikation und Anwendung in der Intensivmedizin. Darmstadt: Steinkopff Verlag, 2000

Ciaglia P, Firsching R, Syniec C. Elective percutaneous dilatational tracheostomy. A new simple bedside procedure; preliminary report. Chest 1985;87:715-719

Dettelbach MA, Gross RD, Mahlmann J, Eibling DE. The effect of the Passy-Muir valve on aspiration in patients with tracheostomy. Head Neck 1995;17:297-302

Eibling DE, Gross RD. Subglottic air pressure: a key component of swallowing efficiency. Ann Otol Rhinol Laryngol 1996;105:253-258

Elpern EH, Scott MG, Petro L, Ries MH. Pulmonary aspiration in mechanically ventilated patients with tracheostomies. Chest 1994;105:563-566

Fantoni A, Ripamonti D. A non-derivative, non-surgical tracheostomy: the translaryngeal method. Intensive Care Med 1997;23:386-392

Feldman SA, Deal CW, Urguhart W. Disturbances after Tracheostomy. Lancet 1966;1:954-955

Kahrilas PJ, Lin S, Chen J, Logeman JA. Oropharyngeal accommodation to swallow volume. Gastroenterology 1996;111:297-306

Keminger K. Plastischer Trachealverschluss. In: Kremer K, Lierse W, Platzer W, Schreiber HW, Weller S (Hrsg.). Chirurgische Operationslehre, Bd 1, Stuttgart: Thieme, 1989:36-37

Knöbber DF. Der tracheotomierte Patient. Berlin, Heidelberg, New York: Springer, 1991

Langmore SE. Interpretation of Findings: A Model of Disordered Swallowing. In: Langmore SE (ed). Endoscopic Evaluation and Treatment of Swallowing Disorders. Stuttgart New York: Thieme, 2001:144-155

Leder SB, Tarro JM, Burrell MI. Effect of occlusion of a tracheotomy tube on aspiration, Dysphagia 1996;11:254-259

Leder SB, Ross DA, Burrell MI, Sasaki CT. Tracheotomy tube occlusion status and aspiration in early postsurgical head and neck cancer patients. Dysphagia 1998;13:167-171

Leder SB. Effect of a one-way tracheotomy speaking valve on the incidence of aspiration in previously aspirating patients with tracheotomy. Dysphagia 1999;14:73-77

Leder SB, Ross DA. Investigation of the causal relationship between tracheotomy and aspiration in the acute care setting, Laryngoscope 2000;110:641-644

Logeman JA, Pauloski BR, Colangelo L. Light digital occlusion of the tracheostomy tube: a pilot study of effects on aspiration and biomechanics of the swallow. Head Neck 1998;20:52-57

Muz J, Mathog RH, Nelson R, Jones LA. Aspiration in patients with head and neck cancer and tracheostomy. Am J Otolaryngol 1989;10:282-286

Muz J, Hamlet S, Mathog R, Farris R. Scintigraphic assessment of aspiration in head and neck cancer patients with tracheostomy. Head Neck 1994;16:17-20

Nash M. Swallowing problems in the tracheotomized patient. Otol Clin North Am 1988;21:701-709

Naumann HH (Hrsg.). Kopf- und Halschirurgie, Bd. 3, 2.Aufl.. Stuttgart, New York: Georg Thieme Verlag, 1998

Sasaki CT, Suzuki M, Horiuchi M, Kirchner JA. The effect of tracheostomy on the laryngeal closure reflex. Laryngoscope 1977;87:1428-1433

Shaker R, Milbrath M, Ren J, Campbell B, Toohill R, Hogan W. Deglutitive aspiration in patients with tracheostomy: effect of tracheostomy on the duration of vocal cord closure. Gastroenterology 1995;108:1357-1360

Stachler RJ, Hamlet SL, Choi J, Fleming S. Scintigraphic quantification of aspiration reduction with the Passy-Muir valve. Laryngoscope 1996;106:231-234

Sundgren P, Maly P, Gullberg B. Elevation of the larynx on normal and abnormal cineradiogram. Br J Radiol 1993;66:768-772

Theissing J. Mund-, Hals- und Nasenoperationen: kurzgefasste Operationslehre. 2.Aufl. Stuttgart, New York: Georg Thieme Verlag, 1988

10 Mikrobiologische und krankenhaushygienische Aspekte

Peter Emmerling

Patienten mit neurogenen Dysphagien leiden oft an chronischen neurologischen Erkrankungen, die häufige und langwierige stationäre Behandlungen notwendig machen. Deshalb sind sie oft abwehrgeschwächt und in besonderem Maße infektionsgefährdet. Die sie bedrohenden Erreger finden sich in ca. zwei Dritteln der Infektionen in der körpereigenen Flora, hauptsächlich im Verdauungstrakt (endogene Quelle); in ca. einem Drittel stammen sie aus der belebten und unbelebten Umgebung der Patienten (exogene Quelle), von wo sie vor allem wegen Nichtbeachtung von Hygiene-Standards durch das Klinikpersonal auf die Patienten übertragen werden. Die sich im Krankenhaus ereignenden Infektionen bezeichnet man als *nosokomiale,* d. h. im Zusammenhang mit einer stationären medizinischen Maßnahme stehende Infektionen. Angaben zur Häufigkeit variieren im europäischen Schrifttum zwischen 6,1% und 9,3%. Für Deutschland ermittelte eine im Auftrag der Deutschen Krankenhausgesellschaft (1990) durchgeführte Studie eine Rate an nosokomialen Infektionen zwischen 5,7% und 6,3% mit einem dadurch bedingten durchschnittlich etwa 10 Tage längeren Krankenhausaufenthalt. In der von Rüden, Daschner & Schuhmacher durchgeführten NIDEP-Studie betrug 1995 die Prävalenz nosokomialer Infektionen dagegen nur 3,5% (Rüden et al., 1995).

Nosokomiale Infektionen manifestieren sich nach umfassenden amerikanischen Daten (Emori & Gaynes, 1993) am häufigsten als Harnwegsinfektionen (33,1%), Pneumonien (15,5%), Wundinfektionen (14,8%) und als Bakteriämie/Sepsis (13,1%), während 23,5% andere Körperbereiche betreffen. In Urin, Trachealsekret, Wundabstrich und Blut betroffener Patienten herrschen unter den grampositiven Bakterienarten Staphylokokken, Pneumokokken und Enterokokken vor, unter den gramnegativen Keimen *Enterobacter sp., Klebsiella sp.,* Kolibakterien, *Proteus*-Arten, *Pseudomonas aeruginosa und Acinetobacter sp.* sowie unter den Pilzen *Candida albicans,* weitere *Candida sp.,* selten *Aspergillus fumigatus.* Beim Nachweis eines oder mehrerer dieser potenziellen Infektionserreger muss der behandelnde Arzt anhand klinischer Symptome und von Entzündungsparametern (Leukozytenzahl, C-reaktives Protein, Blutkörperchensenkungsgeschwindigkeit) die oft schwierige Frage beantworten, ob es sich nur um eine asymptomatische Besiedlung (Kolonisation) oder eine behandlungsbedürftige Infektion handelt. Trifft Letzteres zu, ist die Zahl der in vitro als noch wirksam ausgetesteten antimikrobiellen Medikamente zunehmend häufig schon stark eingeschränkt.

Der Arzt steht dann vor der Resistenzproblematik, auf deren weltweite Ausdehnung seit Anfang der 90er Jahre internationale Expertengremien immer wieder die Öffentlichkeit aufmerksam machen. Wichtigste Problemkeime sind derzeit Methicillin-resistente *Staphylococcus aureus* (MRSA)-Stämme, multiresistente Enterokokken – einschl. Vancomycin-resistenter Enterokokken (VRE) –, Penicillin-resistente Pneumokokken sowie multiresistente Stämme der genannten gramnegativen Keimarten, die auf Grund des Infektionsschutzgesetzes fortlaufend erfasst werden müssen. Zur Behandlung von nosokomialen Infektionen durch einen oder gar mehrere dieser Erreger steht mitunter nur noch ein einziges Antibiotikum zur Verfügung. Ist der Erreger auch dagegen resistent oder scheidet das Medikament wegen Unverträglichkeit aus, kann die Infektion, z. B. eine lebensbedrohliche Pneumonie oder Sepsis, nicht mehr antimikrobiell beherrscht werden. Neue Medikamente, die die unwirksamen alten ersetzen könnten, sind wegen der hohen Entwicklungskosten von der pharmazeutischen Industrie kaum noch zu erwarten. Deshalb kommt der strikten Befolgung bewährter Hygienemaßnahmen zur Prävention von Krankenhausinfektionen noch größere Bedeutung als früher zu.

In diesem Zusammenhang ist aus epidemiologischen Gründen auch die konsequente Erfassung und Bewertung von nosokomialen Infektionen wichtig, wie sie das seit 1.1.2001 gültige Infektionsschutzgesetz (IfSG) in seinen §§ 6 und 23 allen medizinischen Einrichtungen vorschreibt (Bundesgesundheitsbl-Gesundheitsforsch-Gesundheitsschutz, 2000). Danach ergeben sich im Einzelnen folgende Verpflichtungen:

- Nichtnamentliche Meldung des gehäuften Auftretens (Ausbruch) nosokomialer Infektionen, bei denen ein epidemiologischer Zusammenhang wahrscheinlich ist, an das Gesundheitsamt
- Fortlaufende Registrierung mindestens einer der vom gesetzlich beauftragten Robert-Koch-Institut (RKI) genannten nosokomialen Infektionen
  - Postoperative Wundinfektionen
  - Katheterassoziierte Septikämien
  - Beatmungsassoziierte Pneumonien
  - Katheterassoziierte Harnwegsinfektionen
- Erfassung von Erregern mit besonderen Resistenzen und Multiresistenzen (Tab. 10.1)

Tab. 10.1 **Liste der zu erfassenden Erreger gem. § 23 Abs. 1 S. 1 IfSG**

Erregerspezies	Zu erfassen ist die Resistenz (auch Einzel-R) gegen folgende Substanzen, sofern im Rahmen der klinisch-mikrobiologischen Diagnostik getestet
1 Staphylococcus aureus	Vancomycin, Oxacillin, Gentamicin, Chinolon Gr. IV (z. B. Moxifloxacin), Teicoplanin, Quinupristin/Dalfopristin
2 Streptococcus pneumoniae	Vancomycin, Penicillin (Oxacillin 1 µg), Cefotaxim, Erythromycin, Chinolon Gr. IV (z. B. Moxifloxacin)
3 Enterococcus faecalis Enterococcus faecium	Vancomycin, Gentamicin ("high level": Gentamicin 500 mg/l; Streptomycin 1000 mg/l (Mikrodil.) bzw. 2000 mg/l (Agardilution)), Teicoplanin; E. faecium: zusätzlich Quinupristin/Dalfopristin
4 Escherichia coli Klebsiella sp.	Imipenem/Meropenem, Chinolon Gr. II (z. B. Ciprofloxacin), Amikacin, Ceftazidim, Piperacillin/Tazobactam, Cefotaxim oder analoge Testsubstanz
5 Enterobacter cloacae Citrobacter sp. Serratia marcescens	Imipenem/Meropenem, Chinolon Gr. II (z. B. Ciprofloxacin), Amikacin
6 Pseudomonas aeruginosa Acinetobacter baumannii	Imipenem/Meropenem, Chinolon Gr. II (z. B. Ciprofloxacin), Amikacin, Ceftazidim, Piperacillin/Tazobactam
7 Stenotrophomonas maltophilia	Chinolon Gr. II (z. B. Ciprofloxacin), Amikacin, Ceftazidim, Piperacillin/Tazobactam, Cotrimoxazol
8 Candida spp.	Fluconazol

- Erstellung von Listen und Bewertung der Daten durch die jeweilige Einrichtung
- Zehnjährige Aufbewahrung und Gewährung von Einsicht auf Verlangen des Gesundheitsamts.

Große Bedeutung als Verursacher nosokomialer Infektionen kommt den multiresistenten Staphylokokken (MRSA) zu. Der Infektion geht häufig eine unbemerkte Besiedlung voraus. Sie betrifft in erster Linie hospitalisierte Patienten, auch Bewohner von Alten- und Pflegeheimen. Bei Gesunden kommen MRSA sehr selten vor. Prädilektionsstellen sind Nasen-Rachen- und Perianalraum, wo sie monatelang persistieren können. Auf Patienten übertragen werden MRSA vorrangig durch die Hände des medizinischen Personals. Ihre hohe Widerstandsfähigkeit gegenüber Trockenheit und Wärme ermöglicht es ihnen, in der unbelebten Umgebung der Patienten, z. B. auf Geräten, Instrumenten, Inventar, Pflegeartikeln und Kitteln, monatelang vermehrungs- und damit infektionsfähig zu bleiben. MRSA-Infektionen stellen in stationären Einrichtungen vieler Länder, u.a. USA, Frankreich, Spanien, Italien, die einen Anteil von 20–60 % MRSA an allen untersuchten S. aureus aus klinisch relevanten Untersuchungsmaterialien aufweisen, ein eskalierendes, kaum noch beherrschbares Problem dar. In Deutschland betrug die Inzidenzrate auf Grund einer überregionalen multizentrischen Studie der Paul-Ehrlich-Gesellschaft 1998 15,2% (Kresken et al., 1998), ist aber wahrscheinlich derzeit schon beträchtlich höher. Andererseits liegt dieser Wert in den skandinavischen Ländern und den Niederlanden infolge strikter Präventions- und Kontrollstrategien deutlich niedriger (< 1 %).

Weiterhin sind vancomycinresistente Enterokokken (VRE) und *Clostridium difficile* bedeutsame grampositive Erreger von im Krankenhaus erworbenen Infektionen.

Enterokokken sind ein normaler Bestandteil der menschlichen Darmflora und im Allgemeinen nur schwach pathogen. Dennoch sind sie in der Lage, Erkrankungen wie Harnwegs- und Wundinfektionen, aber auch Endokarditis und Sepsis zu verursachen. Bei schon natürlicherweise begrenzter Antibiotika Empfindlichkeit – das Mittel der Wahl ist Ampicillin – kommen seit 1986 immer mehr multiresistente Enterokokken-Stämme mit dem herausragenden Merkmal einer Vancomycin-Resistenz auf. Inzwischen trifft dies in den USA auf rund 25% der von Intensivpatienten stammenden Enterokokken-Isolate zu (Murray, 2000). In Deutschland begegnete man ihnen bisher weitaus seltener, allerdings mit zunehmender Tendenz.

Clostridium difficile kommt im Darm gesunder Erwachsener in 1–3% vor. Im Krankenhaus steigt die asymptomatische Besiedlung der Patienten mit der Dauer ihres Aufenthalts auf 25–30% an. Der Erreger findet sich an den Händen von Klinikpersonal, an Bettwäsche, Bettschüsselspülgeräten, kontaminierten Endoskopen sowie am Fußboden. In den Verdauungstrakt gelangt er hauptsächlich über Schmierinfektion und verunreinigte Lebensmittel. Das Risiko einer Erkrankung ist erhöht bei verstärkter Keimexposition und verminderter Schutzfunktion der Standortflora im Darm, somit vor allem nach Antibiotikagabe, gastrointestinalen Vorerkrankungen, bauchchirurgischen Eingriffen sowie bei Patienten unter immunsuppressiver Behandlung oder Strahlentherapie. Alle gängigen Antibiotika sind in der Lage, die Erkrankung hervorzurufen. Von *Cl. difficile* produzierte Toxine – ein Entero und ein Cytotoxin – können eine Antibiotika-assoziierte Diarrhoe bzw. eine pseudomembranöse Colitis verursachen (Fekety, 1995).

Neben MRSA, VRE und Cl. difficile wird die Problematik nosokomialer Infektionen im Klinikalltag wesentlich von den genannten gramnegativen Keimarten beherrscht.
Sucht man nach Faktoren, die im Rahmen eines Ursachenkomplexes besondere Bedeutung für die zunehmende Verbreitung multiresistenter Keime als potenzielle Verursacher nosokomialer Infektionen haben, stehen die folgenden im Vordergrund:

- Selektionsvorteil durch häufige und teilweise ineffiziente Antibiotikagabe
- Zunahme intensivmedizinischer Maßnahmen, von Implantationen synthetischer Materialien sowie aggressiver Hochdosis-Chemotherapien
- Fehler oder Inkonsequenz im Hygieneregime
- Zunahme von Besiedlungen bei prädisponierten Patienten
- Mangelnde Information von Nachfolgeeinrichtungen bei Verlegung von Patienten, die mit multiresistenten Erregern kolonisiert sind.

Literatur:

Deutsche Krankenhausgesellschaft. Ermittlung und Analyse von Krankenhausinfektionen. Düsseldorf: Deutsche Krankenhaus Verlagsgesellschaft, 1990

Emori TG, Gaynes RP. An overview of nosocomial infections, including the role of the microbiology laboratory. Clin Microbiol Rev 1993;6:428-442

Fekety R. Antibiotic-associated colitis. In: Mandell GL, Bennett JE, Dolin R (eds). Principles and practice of infectious diseases. 4th ed. New York: Churchill Livingstone, 1995:978-987

Kresken M, Hafner D und die Studiengruppe. Resistenzsituation bei klinisch wichtigen Infektionserregern gegenüber Chemotherapeutika in Mitteleuropa, 1998

Murray BE. Vancomycin-resistant enterococcal infections. N Engl J Med 2000;342:710-721

Rüden H, Daschner F, Schumacher M. Nosokomiale Infektionen in Deutschland – Erfassung und Prävention (NIDEP-Studie). Schriftenreihe des Bundesministeriums für Gesundheit, 1995

Surveillance nosokomialer Infektionen sowie die Erfassung von Erregern mit speziellen Resistenzen und Multiresistenzen. Bundesgesundheitsbl-Gesundheitsforsch-Gesundheitsschutz 2000;43:887-890

11 Aspirationspneumonie – Diagnostik und Therapie

Peter Schomerus

11.1 Einleitung

Unter *Aspiration* versteht man den Übertritt oropharyngealen Sekrets oder aus dem Magen regurgitierten Materials durch den Larynx in die Luftwege während der Inhalation.

Die *Aspirationspneumonie* entsteht in der Regel durch die Inhalation von *oropharyngealem* Sekret, das vor allem bei Schwerkranken sehr bakterienreich sein kann. Die Aufnahme von *saurem, sterilem Mageninhalt* führt dagegen in erster Linie zu einer chemischen Schädigung (Verätzung) der Lunge, die auch als *(chemische) Pneumonitis* bezeichnet wird. Aus ihr kann sich allerdings sekundär eine Pneumonie entwickeln. Voraussetzung für eine chemische Schädigung bei Aspiration ist ein pH-Wert des Magensaftes von < 2,5. Diese Voraussetzung ist nicht mehr gegeben, wenn durch Verabreichung von Säureblockern (sog. H2-Blocker oder Protonenpumpenhemmer) der pH-Wert im Magen steigt. Dann ist aber mit einer bakteriellen Besiedelung des Magens, vor allem mit gramnegativen Keimen, zu rechnen. Der aspirierte Mageninhalt ist somit bakteriell belastet und kann eine *Pneumonie* verursachen. Etwa 10% der außerhalb des Krankenhauses erworbenen *(community-aquired)* Pneumonien sind Aspirationspneumonien. Sie gelten als häufigste Todesursache bei Patienten mit Dysphagie.

11.2 Risikofaktoren für eine Aspirationspneumonie

Auch der Gesunde aspiriert im Schlaf gelegentlich geringe Sekretmengen. Die natürlichen Abwehrreaktionen wie Hustenreflex, der mukoziliare Reinigungsmechanismus und die Alveolarmakrophagen verhindern aber schwerwiegende Folgen. (Übrigens kann auch die Pneumokokkenpneumonie streng genommen als Aspirationspneumonie gelten, da Pneumokokken zunächst den Oropharynx besiedeln und über den Larynx in die Lunge gelangen.)

Tiefe Bewusstlosigkeit bei Intoxikationen, zerebralen Anfällen, Schlaganfällen und Anästhesie erhöht das Risiko für eine *Säureaspiration* und damit für eine Pneumonitis. Schluckstörungen, die bei 40-70% der Schlaganfallpatienten nachweisbar sind, führen eher zu einer *Aspiration von Oropharyngealsekret*. Das Risiko für eine Pneumonie ist bei Schlaganfallpatienten siebenfach höher, wenn eine Dysphagie vorliegt. Weder die Ernährung über eine nasogastrale noch die über eine PEG-Sonde kann dieses Risiko mindern. Schon die Notwendigkeit, den Patienten zu „füttern“, stellt offenbar einen erheblichen Risikofaktor dar. Auch die inhalierte Sekretmenge und der Grad der bakteriellen Besiedelung der Schleimhäute beeinflussen das Risiko einer Pneumonie (s. 11.5).

11.3 Klinik der Aspirationspneumonie und ihre Folgen

Während die Säureaspiration häufiger als akutes Ereignis imponiert, verläuft die Aspiration bei Dysphagie oft unbemerkt. Die Pneumonie entwickelt sich eher subakut mit Fieberanstieg, ohne Schüttelfrost, mit Husten und Anstieg der Leukozyten. Im Verlauf können dann Anämie, Gewichtsverlust und Nachtschweiß hinzutreten.

Ohne Behandlung oder bei Therapieresistenz können sich als Komplikationen Einschmelzungen des Lungengewebes ergeben, die von einer *nekrotisierenden Pneumonie* bis zu *Lungenabszessen* reichen (von Lungenabszess spricht man bei einer Größe der Nekrosehöhle von > 2 cm). Bei diesen Komplikationen wird meist reichlich eitriges Sputum produziert und es kann auch Blut ausgehustet werden *(Hämoptysen)*. Eine Eiteransammlung im Pleuraraum *(Pleura-Empyem)* kann sich jederzeit als Komplikation einer Pneumonie über ein *parapneumonisches Exsudat* entwickeln (Abb. 11.1).

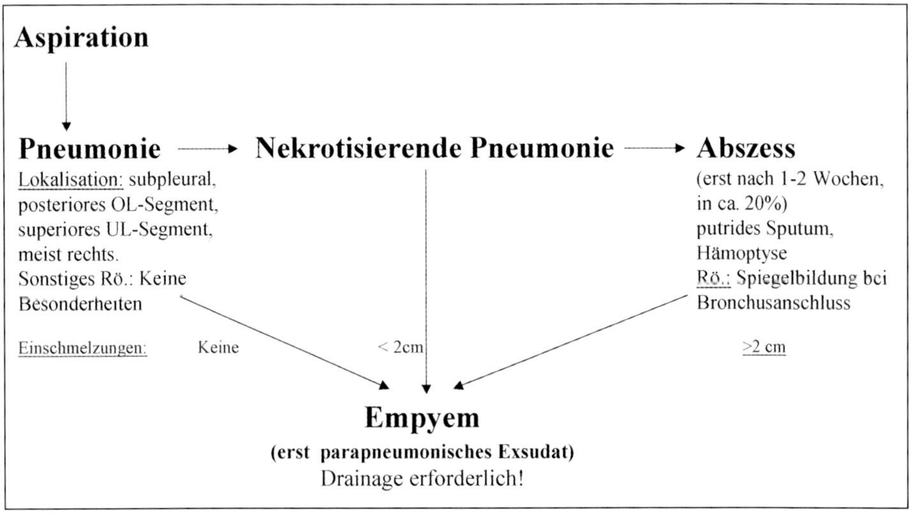

Abb. 11.1: Aspirationspneumonie – Ablauf, Befunde, Komplikationen.

11.4 Diagnostik

Das Röntgenbild zeigt Infiltrate meist rechts, im posterioren Oberlappensegment oder im oberen Unterlappensegment. Abgesehen von der Lokalisation gibt es keine für die Aspirationspneumonie typischen Merkmale. Sind mediastinale Lymphknoten vergrößert, sollten ein Malignom oder eine Tuberkulose in Betracht gezogen werden. Entwickelt sich ein Abszess, kann eine Spiegelbildung nachweisbar sein. Zur Erregerisolierung wurde in den 70er Jahren häufig die perkutane transtracheale Aspiration angewandt, die heute allerdings zu Gunsten der bronchoskopisch gewonnenen Proben in Form eines steril entnommenen Bürstenabstrichs oder einer Bronchiallavage verlassen wurde. Für ein repräsentatives Ergebnis ist neben dem Vermeiden einer Kontamination beim Zurückziehen des Instruments aus den Bronchien die sofortige Verarbeitung der Probe erforderlich, wobei auch die für den Nachweis von Anaerobiern geltenden Bedingungen beachtet werden müssen.

Ein solcher Versuch der Erregerisolierung sollte dann angestrebt werden, wenn nach einer ersten antibiotischen Therapie keine Besserung zu erreichen und mit einer Resistenz der Bakterien zu rechnen ist. Blutkulturen sind bei Aspirationspneumonien selten positiv.

11.5 Bakteriologie

11.5.1 Die oropharyngeale Flora

Als physiologische bakterielle Besiedelung des Oropharynx finden sich Anaerobier in 10fach höherer Konzentration als Aerobier: Auf 10^7 Aerobier/ml, vornehmlich Streptokokken, kommen 10^8 Anaerobier/ml. Hierbei handelt es sich sowohl um gramnegative Keime wie Fusobakterien, Keime der Bacteroides-fragilis-Gruppe und Prevotella spp., als auch um grampositive Erreger wie Peptostreptokokken und andere anaerobe Streptokokken. Die Keimzahlen der Anaerobier sind höher bei Zahnhautentzündung *(Periodontitis)*, Zahnfleischentzündung und fehlender Mundpflege, geringer bei zahnlosen Menschen.

Bei schwerer allgemeiner Erkrankung ändert sich das bakterielle Spektrum des Oropharynx schnell. Es lassen sich vermehrt gramnegative Aerobier *(Enterobacteriaceae)* nachweisen, bei hospitalisierten Patienten, insbesondere bei chronisch Kranken, auch Staphylococcus aureus und Pseudomonas spp.

11.5.2 Bakteriologie der Aspirationspneumonien

Die Anaerobierdiagnostik stellt erhebliche Anforderungen an Gewinnung, Transport und Verarbeitung der Proben. Wie schon erwähnt, war in den 70er Jahren die transtracheale Aspiration eine weit verbreitete Methode der Probengewinnung bei Pneumonien und Lungenabszessen. Damals wurden bei den sog. community-aquired und durch Aspiration entstandenen Pneumonien und Komplikationen in 90% Anaerobier isoliert, häufig auch kombiniert mit Aerobiern (Bartlett et al., 1974). Bei den nosokomialen Infektionen waren Anaerobier in 35% mitbeteiligt, ansonsten fanden sich wesentlich häufiger aerobe Enterobacteriaceen (47%), Staph. aureus (31%) und S. pneumoniae (26%) als Isolate, etwa passend zu der oben erwähnten veränderten oropharyngealen Besiedelung (Bartlett et al., 1986).

Neuere Ergebnisse aus zwei Studien stellen diese frühen Ergebnisse und Folgerungen für die Therapie in Frage (Mier et al., 1993; Marik & Careau, 1999). In der ersten Studie wurde bei 52 Patienten in einem frühen Stadium der Aspirationspneumonie bronchoskopisch unter sterilen Bedingungen ein Bürstenabstrich aus den Bronchien gewonnen. Nur bei 19 Patienten ließen sich Bakterien in signifikanter Keimzahl nachweisen. S. pneumoniae, Staph. aureus, H. influenzae und Enterobacteriaceen fanden sich bei den außerhalb des Krankenhauses erworbenen, gramnegative Keime einschließlich Pseudomonas aeruginosa bei den nosokomialen Pneumonien. Erstaunlicherweise konnte nur in einem Fall ein Anaerobier isoliert werden. Die zweite Studie kommt zu ähnlichen Ergebnissen.

Die Ursache für die diskrepanten Befunde könnte einmal in der unterschiedlichen Art der Probengewinnung liegen, wobei die heutige Form zu exakteren Ergebnissen führt. Ein weiterer Grund könnte darin liegen, dass die früheren Ergebnisse vornehmlich in fortgeschrittenen Stadien der Erkrankung, nämlich bei nekrotisierenden Pneumonien und Lungenabszessen, die neuen Befunde aber im Frühstadium gewonnen wurden.

Bis zum Vorliegen weiterer Untersuchungen sollten Konsequenzen bezüglich der Therapie vorsichtig gezogen und Anaerobier, zumindest bei längerem Verlauf und besonderen Bedingungen, weiterhin berücksichtigt werden.

11.6 Therapie

Früher waren Antibiotika mit Anaerobierwirksamkeit Standard in der Therapie der nicht im Krankenhaus erworbenen Aspirationspneumonien und Lungenabszesse. Zunächst galt Penicillin als Mittel der Wahl. Dann zeigte sich, dass die gramnegativen Anaerobier durch beta-Lactamase-Bildung gegen Penicillin zunehmend resistent und die Behandlungsergebnisse dadurch schlechter wurden (Gudiol et al., 1991).

Clindamycin oder Penicillin kombiniert mit Metronidazol oder später mit einem beta-Lactamase-Inhibitor (BLI) (Sulbactam oder Clavulansäure) erwiesen sich als wirksame Alternativen.

Von den meisten Autoren wird auch heute noch die Berücksichtigung der Anaerobier bei der antibiotischen Therapie der Aspirationspneumonie empfohlen (Bartlett, 1998; Mangino & Fass, 1999; Finegold, 2000).

Bei nosokomialen Infektionen sollten Staphylokokken und aerobe gramnegative Bakterien in die Kalkulation einbezogen werden. Hier bietet sich Piperacillin in Kombination mit einem BLI an. Alternativen sind Imipenem, Meropenem oder ein Cephalosporin der 3. Generation (z.B. Ceftriaxon) plus Metronidazol. Cefoxitin besitzt eine gute Anaerobierwirksamkeit, während viele Cephalosporine wie z.B. Ceftazidim nur eine geringe oder keine Wirkung gegen Anaerobier zeigen.

Empfehlungen auf Grund der beiden neueren Studien beziehen die Anaerobier nur noch in besonderen Situationen wie ausgeprägten Periodontitiden, eitrigem Sputum und Alkoholismus ein (Marik, 2001). Ansonsten wird z.B. Levofloxacin oder ein Cephalosporin der 3. Generation für ausreichend erachtet. Bei nosokomialen Aspirationspneumonien wird auch Levofloxacin oder alternativ Piperacillin mit einem BLI empfohlen. Kommen Pseudomonaden in Betracht, können Ciprofloxacin oder Ceftazidim eingesetzt werden. (Unter den Chinolonen besitzt Ciprofloxacin nach wie vor die höchste Pseudomonasaktivität.)

Selbstverständlich sollten alle Antibiotika, zumindest bis zur Entfieberung *parenteral* verabreicht werden. Die Dauer der Therapie ist in der Regel mit 1-2 Wochen zu veranschlagen, muss aber im Einzelfall vom Verlauf abhängig gemacht werden.

Abszesse benötigen eine Therapie über 3-12 Wochen, Empyeme immer eine chirurgische Intervention mit Drainage.

In Krankenhäusern ist ein Wechsel des Antibiotika-Regimes (etwa nach einem halben Jahr) zur Vermeidung von Resistenzentwicklungen sinnvoll.

Tab. 11.1 Empfehlungen zur Therapie der Aspirationspneumonie.

Außerhalb des Krankenhauses erworben:	
	Ampicillin plus BLI, z.B. Ampicillin 3 x 2 g plus Sulbactam 3 x 1 g tägl.
oder	Levofloxacin 1-2 x 500 mg (± Clindamycin oder Metronidazol; s.u.)
oder	Ceftriaxon 2 g tägl. (± Clindamycin oder Metronidazol; s.u.)
oder	Cefoxitin 3-4 x 2 g tägl.
Nosokomial:	
	Piperacillin plus BLI, z.B. Piperacillin 3 x 3 g plus Sulbactam 3 x 1 g tägl.
oder	Levofloxacin 1-2 x 500 mg tägl. (± Clindamycin oder Metronidazol; s.u.)
oder	Ceftazidim 3 x 2 g tägl. (± Clindamycin oder Metronidazol; s.u.)
bei V.a. Pseudomonas	Ciprofloxacin oder Ceftazidim
Besondere Situation:	• Langer Verlauf, schwere Grundkrankheit • Periodontitis, Gingivitis • Alkoholismus
	Piperacillin plus BLI, z.B. Piperacillin 3 x 3 g tägl. plus Sulbactam 3 x 1g tägl.
oder	Imipenem (Meropenem) 3 x 500 mg (evtl. auch höher bis 4 x 1 g tägl.)
oder	Levofloxacin 500 mg tägl. plus Clindamycin 3 x 600 mg oder plus Metronidazol 3 x 500 mg tägl.
oder	Ceftriaxon 2 g tägl. plus Clindamycin 3 x 600 mg oder plus Metronidazol 3 x 500 mg tägl.

In Tab. 11.1 sind die Empfehlungen zusammengefasst, wobei mit dem Zeichen ± darauf hingewiesen werden soll, dass Anaerobier durch die Monotherapie nur unzureichend eingeschlossen sind.

Literatur:

Bartlett JG, Gorbach SL, Finegold SM. The bacteriology of aspiration pneumonia. Am J Med 1974;56:202-207

Bartlett JG, O´Keefe P, Tally FP, Louie TJ, Gorbach SL. Bacteriology of hospital-aquired pneumonia. Arch Intern Med 1986;146:868-871

Bartlett JG. Aspiration Pneumonia. In: Gorbach SL, Bartlett JG, Blacklow NR (eds). Infectious Diseases. 2nd ed, Philadelphia, London: W. B. Saunders Company, 1998:629-635

Finegold SM. Aspiration pneumonia. Rev Infect Dis 1991;13 (Suppl 9):S737-S742

Finegold SM. Lung abscess. In: Mandell G, Douglas L, Bennett JE (eds). Principles and practice of infectious diseases. 5th edn. Philadelphia, London: Churchill Livingston, 2000:751-755

Gudiol F, Manresa F, Pallares R, Dorca J, Rufi G, Boada J, Ariza X, Casanova A, Viladrich PF. Clindamycin vs penicillin for anaerobic lung infection. High rate of penicillin failures associated with penicillin-resistent Bacteroides melaninogenicus. Arch Intern Med 1990;150:2525-2529

Marik PE, Careau P. The role of anaerobes in patients with ventilator-associated pneumonia and aspiration pneumonia: a prospective study. Chest 1999;115:178 -183

Marik PE. Aspiration pneumonitis and aspiration pneumonia. N Engl J Med 2001;344:665-671

Mangino JE, Fass RJ. Lung abscesses and pleural abscesses. In: Armstrong D, Cohen J (eds). Infectious Diseases. London: Mosby, 1999, 2.29:1 8

Mier L, Dreyfuss D, Darchy B, Lanore JJ, Djedaini K, Weber P, Brun P, Coste F. Is penicillin G an adequate initial treatment for aspiration pneumonia? A prospective evaluation using a protected specimen brush and quantitative cultures. Intensive Care Med 1993;19:279-284

12 Refluxkrankheit – Diagnose und Therapie

Ingo Hoegl

12.1 Definition

Der Begriff „gastroösophageale Refluxkrankheit" beschreibt jegliche Beschwerden oder pathologische Veränderungen, die durch Episoden von gastroösophagealem Reflux ausgelöst werden.

12.2 Epidemiologie

In westlichen Ländern klagen etwa 10-20% der erwachsenen Bevölkerung mindestens 1 x pro Woche und etwa 4-10% täglich über Sodbrennen – das häufigste und verlässlichste Symptom der Refluxkrankheit. Letztere kann zwar prinzipiell in jeder Altersstufe auftreten, der Gipfel der Erkrankung liegt aber in der 6. bis 7. Dekade.

12.3 Symptomatik

Es existiert ein breites Spektrum subjektiver Symptome, wobei keines als spezifisch gelten kann: *Sodbrennen (brennender retrosternaler oder im Epigastrium lokalisierter Schmerz,* der häufig in den Hals aufsteigt, seltener in den Rücken ausstrahlt); *Regurgitation* von Säure in den Mund oder saures Aufstoßen, meist von Sodbrennen begleitet (Erbrechen möglich); intermittierende Dysphagie; Odynophagie; kardiale Symptomatik wie Bradykardie bzw. Tachykardie oder Extrasystolen; *Laryngitis posterior/„gastrica"* (Rötung im Bereich der Aryknorpel) mit Heiserkeit, stetem Räuspern, belegter Stimme oder Globusgefühl; chronischer *Husten,* nächtliche Hustenanfälle; *chronische Bronchitis, Asthma bronchiale;* Foetor ex ore, dentale Erosionen.

12.4 Ätiologie

Man unterscheidet eine primäre von einer sekundären Refluxkrankheit. Der sekundären Form kann eine anatomisch fassbare Läsion des Ösophagus, des Magens oder seines Eingangs (Kardia) bzw. Ausgangs – z.B. Zustand nach Kardiomyotomie [s. Kap. 13] oder Magenausgangsstenose – oder eine die Motilität beeinflussende Erkrankung (z.B. Sklerodermie, diabetische Neuropathie) zu Grunde liegen, bzw. sie kann im Rahmen einer Schwangerschaft auftreten. Auch zahlreiche Medikamente (z.B. Kalziumantagonisten, Anticholinergika, bei Asthma bronchiale eingesetzte [!] Beta-2-adrenerge Substanzen und Theophyllin) können durch ihren relaxierenden Effekt auf den unteren Ösophagussphinkter als Nebenwirkung eine sekundäre Refluxkrankheit auslösen.

Die primäre Form ist ätiologisch weitgehend ungeklärt. Dabei findet sich ein pathologischer Rückfluss von Säure, Pepsin und/oder Gallesekret, verursacht durch eine Insuffizienz des unteren Ösophagussphinkters (verminderte Kontraktionsantwort auf Stimulierung; inadäquat verlängerte, intermittierende Sphinkterrelaxationen) bzw. durch eine Verminderung der Selbstreinigungsfunktion des Ösophagus (unkoordiniert ablaufende sekundäre Peristaltik, welche die Exposition für regurgitierten Mageninhalt verlängert).

12.5 Diagnostik

Wichtigstes diagnostisches Hilfsmittel ist die *Endoskopie*. In nahezu 50% der Fälle findet sich dabei allerdings eine makroskopisch normale Mucosa. Auch die *24-h-pH-Metrie* (s. Kap. 6) besitzt eine begrenzte Sensitivität: Bei bis zu 25% der Patienten mit typischen Refluxsymptomen und bei etwa 1/3 der Patienten mit endoskopisch negativen Ergebnissen werden normale Befunde erhoben. (Protonenpumpenhemmer müssen 1 Woche vor der ph-Metrie abgesetzt werden.) Zur Objektivierung und Quantifizierung des (allerdings selten isoliert vorkommenden) *duodenogastroösophagealen Refluxes von Galle* stehen fiberskopische spektrophotometrische Systeme zur Verfügung (Bilirubindetektion durch 12-stündige, PC-unterstützte Erfassung bzw. Analyse der Absorptionswerte von Bilirubin). Mittels Manometrie (s. Kap. 6) können die Insuffizienz des unteren Ösophagussphinkters und/oder die Motilitätsstörung der Speiseröhre, aber auch andere Motilitätsstörungen wie Achalasie etc. nachgewiesen werden.

Endoskopisch wird die Refluxösophagitis nach Savary und Miller folgendermaßen eingeteilt:

Stadium 0: Refluxsymptome ohne Ösophagitis
Stadium I: Einzelne oder mehrere, nicht konfluierende erythematöse Schleimhautveränderungen
Stadium II: Konfluierende, streifenförmige Schleimhautläsionen, nicht über die gesamte Zirkumferenz
Stadium III: Ausbreitung der Schleimhautalterationen über die gesamte Zirkumferenz
Stadium IV: Stadium III und zusätzliche Folgen/Komplikationen wie Ulcera, Strikturen, peptische Stenosen und Barrett-Ösophagus.

Beim sog. *Barrett-Ösophagus* – von Barrett erstmals 1950 beschrieben – handelt es sich histologisch um Zylinderepithel (Darmepithel, intestinalisiertes Epithel, intestinale Metaplasie) anstelle des üblichen Plattenepithels. Der Barrett-Ösophagus ist eine prämaligne Veränderung und meistens Folge einer chronischen Refluxkrankheit. Durch Entartung (Dysplasie) kann es zur Bildung von Adenokarzinomen kommen.

12.6 Therapie

Die Mehrzahl der Patienten mit Symptomen wie z. B. Sodbrennen wird anfänglich keine Endoskopie benötigen. Obwohl keine gesicherten Daten über eine Wirkung von Lebensstilveränderungen vorliegen, werden allgemeine Maßnahmen wie Meiden von fetthaltigen Nahrungsmitteln, Süßspeisen, stark sauren Fruchtsäften bzw. stark gewürzten Speisen sowie alkoholischen Getränken empfohlen. Die letzte Einnahme von Speisen sollte 3 Stunden vor dem Schlafengehen erfolgen. Zusätzlich sollte auf eine Gewichtsreduktion geachtet werden. Eine Nikotinkarenz hat wohl nur eine minimale, wenn überhaupt eine Wirkung bei der Behandlung der Refluxösophagitis. Bleiben diese Maßnahmen ohne Erfolg, sollte für einen Zeitraum von 2-4 Wochen eine Medikation mit einem Protonenpumpenhemmer erfolgen. Kommt es darunter zu keiner Besserung, muss eine Endoskopie durchgeführt werden. Diese sollte sofort stattfinden, wenn Alarmsymptome vorliegen: Dysphagie, Anämie, Gewichtsverlust, Bauchschmerzen, antazidarefraktäre Schmerzen oder Erstsymptome nach dem 50. Lebensjahr. Therapeutisch ist bei

Refluxösophagitis Grad 0-II eine Behandlung mit Omeprazol 20 mg (Antra MUPS®, Gastroloc®), Lansoprazol 30 mg (Agopton®, Lanzor®) bzw. Pantoprazol 20 mg (Pantozol®, Rifun®) und bei Refluxösophagitis III. bis IV. Grades mit Omeprazol 40 mg, Pantoprazol 40 mg bzw. Lansoprazol 30 mg für 8 Wochen angezeigt. In schweren Fällen ist eine weitere Steigerung auf das Doppelte möglich. Zur Rezidivprophylaxe ist in leichten Fällen eine Medikation bei Wiederauftreten der Symptomatik und in schweren Fällen eine Dauergabe von Omeprazol 20 mg, Lansoprazol 30 mg bzw. Pantoprazol 20 mg angebracht.

Eine Operation durch laparoskopische Fundoplicatio (s. Kap. 13) ist eine Option für jüngere Patienten (< 40 Jahre) und für Patienten, die auf Grund ihrer Lebensumstände keine dauerhafte Medikation einnehmen wollen; ebenso ist sie bei Auftreten von Aspirationspneumonien angezeigt.

Refluxkrankheit – Diagnose und Therapie

Diagnostik
- Klinische Symptomatik (Sodbrennen, thorakale/epigastrische Schmerzen, Regurgitation etc.)
- Endoskopie
- ggf. 24-h-pH-Metrie (evtl. auch Bilirubin-Detektion), Manometrie, radiologische Untersuchung

Therapie
- Protonenpumpenhemmer (stadiengerechte Dosierung)
- In Einzelfällen operative Revision (laparoskopische Fundoplicatio)

Weiterführende Literatur:

Dent J, Brun J, Fendrick AM, Fennerty MB, Janssens J, Kahrilas PJ, Lauritsen K, Reynolds JC, Shaw M, Talley NJ, on behalf of the Genval Workshop Group. An evidence-based appraisal of reflux disease management – the Genval Work Shop Report. GUT 1999;44(Suppl 2):S1-S16

Koop H. Refluxkrankheit. In: Hahn E, Riemann J (Hrsg). Klinische Gastroenterologie. Stuttgart, New York: Thieme, 1996:557-567

Meining A, Classen M. Gastrooesophageale Refluxkrankheit. Internist 1998;39:1215-1222

Moss SF, Arnold R, Tytgat GNJ, Spechler SJ, Delle Fave G, Rosin D, Jensen RT, Modlin IM. Consensus statement for management of gastrooesophageal reflux disease. J Clin Gastroenterol 1998;27:6-12

Schmidt C, Baumeister B. Die gastrooesophageale Refluxkrankheit. Dtsch Med Wschr 1999;124:56-61

13 Chirurgie

Hubertus Feussner

Trotz eindrucksvoller Erfolge der konservativen bzw. nicht-invasiven Therapie ist die chirurgische Behandlung der Dysphagie in vielen Fällen immer noch die erste und wirkungsvollste Behandlungsoption oder zumindest eine gute Alternative zu anderen Behandlungsstrategien. Grundsätzlich gilt aber, dass nicht nur die Diagnostik, sondern auch die Therapie der Dysphagie meist ein interdisziplinäres Problem darstellt. Die erfolgreiche Behandlung von Schluckstörungen kann häufig nicht nur durch *eine* Fachdisziplin erreicht werden, sondern verlangt eine maßgeschneiderte interdisziplinäre Behandlung unter Einbeziehung chirurgischer, interventioneller und konservativ-rehabilitativer Maßnahmen. Die krankheitsorientierte und nicht die abteilungsspezifisch geprägte Vorgehensweise ist in besonderem Maße gefragt. Damit ist aber die Kenntnis der spezifischen chirurgischen Vorgehensweisen auch für die Vertreter nicht-operativer Disziplinen erforderlich, um die Behandlungsoptionen und Erfolgsaussichten möglicher chirurgisch-therapeutischer Alternativen einschätzen zu können.

Daher wird in diesem Kapitel das Spektrum operativer Verfahren vorgestellt. Es geht dabei nicht darum, den Inhalt einer Operationslehre zu vermitteln, sondern es sollen sinnvolle Indikationen für chirurgische Verfahren dargestellt werden. Diese kommen nicht nur aus dem Bereich der Chirurgie im engeren Sinne (z. B. Viszeralchirurgie, Thoraxchirurgie), sondern auch aus der Hals-Nasen-Ohren-Heilkunde bzw. aus der Mund-Kiefer-Gesichtschirurgie.

Die nachfolgende systematische Darstellung chirurgischer Behandlungsverfahren der Dysphagie macht die Unterscheidung zwischen morphologischen und funktionellen Ursachen erforderlich. Cum grano salis gilt dabei, dass morphologische Ursachen in aller Regel primär-chirurgisch angegangen werden, während bei funktionellen Schluckstörungen zunächst konservative bzw. semi-invasive Behandlungsverfahren im Vordergrund stehen.

13.1 Morphologische Ursachen

An morphologischen Ursachen kommen in erster Linie maligne oder benigne Tumoren, aber auch Verätzungen, aberrierende Gefäße, extraluminale Prozesse o.ä. in Frage.

13.1.1 Hypopharynx- und Ösophaguskarzinom

Bei den bösartigen Erkrankungen des Hypopharynx und des Ösophagus handelt es sich vorwiegend um Plattenepithelkarzinome, die unbehandelt eine sehr schlechte Prognose haben. Für ihre Entstehung kommt dem kombinierten Alkohol- und Nikotinabusus eine besondere Bedeutung zu. Davon abzugrenzen ist das Adenokarzinom der distalen Speiseröhre, das auf dem Boden der sog. Barrett-Metaplasie entsteht; infolge langdauernder Einwirkung gastroösophagealen Refluxes kommt es dabei zu einer Umwandlung der normalen Plattenepithelauskleidung der distalen Speiseröhre in ein Zylinderepithel (s. Kap. 12). Die Inzidenz dieser Adenokarzinome steigt parallel zur Zunahme der Refluxkrankheit in allen westlichen Ländern besorgniserregend an. Grundsätzlich versprechen hier chirurgische Maßnahmen die besten therapeutischen Erfolgsaussichten, sofern eine so genannte R0-Resektion (vollständige Entfernung eines Tumors) erreicht werden kann. An gut standardisierten Verfahren kommen totale oder segmentale Ösophagektomien in Frage, die entweder transthorakal, transabdominal oder transzervikal durchgeführt werden können. Als Ersatz für die resezierte Speiseröhre stehen Magen (Umformung des Magens in einen sog. Magenschlauch), Dickdarmsegmente oder Dünndarmsegmente zur Verfügung.

13.1.2 Benigne Raumforderungen/Stenosen

Bei benignen Raumforderungen handelt es sich meist um sog. gastrointestinale Stromatumoren (z.B. Leiomyome), die bei Größenzunahme und/oder Beeinträchtigung des Schluckakts reseziert werden müssen. Heute kommt hierfür die minimal-invasive thorakoskopische Exzision in Frage. Strikturen nach (Laugen-)Verätzungen sind meist langstreckig und können zunächst mittels Bougierung behandelt werden. Langfristig ist jedoch auch hier eine Resektion der Speiseröhre und die Rekonstruktion der Passage durch ein Koloninterponat erforderlich, da Verätzungsstrikturen ein gewisses malignes Entartungsprofil aufweisen.

13.1.3 Postoperative (iatrogene) Schluckstörungen

Die Fortschritte in der resektiven Hypopharynx- und Speiseröhrenchirurgie haben auch zur Folge, dass man heute häufiger mit dem Problem der postoperativen Schluckstörung konfrontiert wird. Es handelt sich dabei meist um prä- und intradeglutitive Anschluckstörungen. Zahlenmäßig am bedeutsamsten sind narbige Anastomosenstenosen, die meist durch eine längere Bougierungstherapie beseitigt werden können und nur in Einzelfällen eine operative Revision erforderlich machen. Nicht selten wird der Schluckakt aber auch durch die eingeschränkte Sensibilität, die unzureichende Ventral-Kranialbewegung des narbig gefesselten Larynx/Pharynx oder durch die gestörte Öffnungsfunktion des oberen Ösophagussphinkters beeinträchtigt. Hier ist dann das gesamte Spektrum der konservativ-rehabilitativen Behandlungsmöglichkeiten gefragt.

13.2 Funktionsstörungen

Gut definiert und bzgl. ihrer Erfolgsaussichten hinreichend belegt sind operative Eingriffe bei Dysphagie auf Grund von Funktionsstörungen der tubulären Speiseröhre und des unteren Ösophagussphinkters.

13.2.1 Funktionsstörungen des unteren Ösophagussphinkters (UÖS)

Der UÖS schließt die Speiseröhre gegenüber dem Magen ab und schützt damit das säureempfindliche Plattenepithel gegen die Einwirkung von Magensäure und anderer Noxen (Gallensäuren, Enzyme usw.). Während des Schluckakts relaxiert der Schließmuskel und gewährleistet somit den ungestörten Übergang des Speisebolus in den Magen. Funktionsstörungen des UÖS manifestieren sich entweder als Öffnungsstörungen oder im Sinne einer insuffizienten Verschlussfunktion.

13.2.1.1 Achalasie

Die Achalasie beruht auf einer Öffnungsstörung des UÖS und einer wohl konsekutiven zunehmenden Motilitätsstörung der tubulären Speiseröhre mit progressiver Dilatation. Von wenigen Ausnahmen abgesehen (jugendliches Alter oder V. a. sog. Pseudoachalasie) erfolgt die Primärbehandlung der Achalasie durch die sog. pneumatische Dilatation der Kardia. Dadurch wird der UÖS als funktioneller Sphinkter zwischen Speiseröhre und Magen soweit geschwächt, dass der ösophagogastrale Bolusübertritt wieder möglich wird. Bei etwa der Hälfte aller Patienten kann mit einer ein- bis zweimaligen Dilatation ein befriedigendes Therapieergebnis erzielt werden. Bei therapierefraktären Rezidiven ist die chirurgische Intervention in Form der Durchtrennung des UÖS indiziert, die minimal-invasiv laparoskopisch vorgenommen werden kann. Zur Deckung der freiliegenden Schleimhaut wird meist ein Funduszipfel (Thal'sche Fundoplastik) aufgesteppt. Die funktionellen Ergebnisse nach Myotomie sind ausgezeichnet. Durch die Reduktion des Druckes im UÖS kann die Dysphagie beseitigt werden, ohne dass eine postoperative Refluxkrankheit resultiert.

13.2.1.2 Gastroösophageale Refluxkrankheit

Die gastroösophageale Refluxkrankheit ist heute die wohl häufigste Erkrankung des gesamten Gastrointestinaltrakts, so dass die Bezeichnung „Volkskrankheit" gerechtfertigt ist. Sie beruht auf der unzureichenden Verschlussfunktion des UÖS. Fast immer lässt sich eine axiale Hiatushernie nachweisen, ohne dass dieser jedoch die alleinige kausale Bedeutung zukommt. Die Behandlung ist in erster Linie konservativ-medikamentös, wobei sich insbesondere Protonenpumpenblocker ausgezeichnet bewährt haben.

In komplizierten Fällen kann es jedoch auf Grund persistierender Entzündungen und Vernarbungen zu Stenosierungen in der distalen Speiseröhre kommen, die von schweren Dysphagien gefolgt sein können. Bei unzureichendem Effekt der medikamentösen Behandlungsformen und spätestens in diesen schweren Fällen ist die chirurgische Intervention in Form einer sog. Fundoplicatio indiziert. Bei diesem Eingriff wird ein mobilisierter Anteil des Magenfundus um die distale Speiseröhre geschlungen, so dass die Ventilfunktion des UÖS wieder hergestellt wird. Auch dieser Eingriff wird heute minimal-invasiv durchgeführt.

13.2.1.3 Epiphrenische Divertikel

Epiphrenische Divertikel sind Ausstülpungen der Ösophagusschleimhaut oberhalb des ösophagokardialen Übergangs und entstehen auf dem Boden einer Öffnungsstörung des nachgeschalteteten UÖS. Sie entwickeln sich meist nach rechtslateral und sind – ähnlich wie die pathophysiologisch verwandten Zenker-Divertikel – eine Erkrankung des höheren Lebensalters. Entsprechend dem Pathomechanismus ihrer Entstehung umfasst die chirurgische Behandlung nicht allein die Abtragung des Divertikels, sondern auch die Schwächung des nachgeschalteten Sphinkters. Der Eingriff erfolgt in der Regel von transthorakal rechts. Nach der Myotomie wird die Schleimhaut in Analogie zur Behandlung der Achalasie mit einem Funduszipfel im Sinne einer Thal-Fundoplastik gedeckt.

13.2.2 Funktionsstörungen der tubulären Speiseröhre

13.2.2.1 Diffuser Ösophagusspasmus

Der diffuse Ösophagusspasmus ist ein Krankheitsbild, das durch unkoordinierte simultane und repetitive Kontraktionen der tubulären Speiseröhrenmuskulatur gekennzeichnet ist. Klinisch äußert er sich in episodenhaften retrosternalen Schmerzen. In medikamentös-therapieresistenten Fällen kann eine (thorakoskopische) Durchtrennung der Muskulatur der tubulären Speiseröhre in Ausnahmefällen sinnvoll sein.

13.2.2.2 Parabronchiale Divertikel

Divertikel der mittleren Speiseröhre – als parabronchiale oder auch als Traktionsdivertikel bezeichnet – sind klinisch meist völlig asymptomatisch und werden nur als Zufallsbefund entdeckt. Die Pathogenese ist letztendlich ungeklärt. Eine Behandlung, die in der transthorakalen Resektion besteht, ist nur in Sonderfällen mit massiver symptomatischer Speise-Retention erforderlich.

13.2.3 Funktionsstörungen des oberen Ösophagussphinkters (OÖS)

Bei allen chirurgischen Behandlungsoptionen der oro-pharyngo-ösophagealen Dysphagie ist zu berücksichtigen, dass es sich bei der ersten Phase des Schluckakts um ein hochkomplexes Zusammenspiel verschiedener Funktionseinheiten handelt, die mit einem isolierten chirurgischen Eingriff nicht immer befriedigend behandelt werden können. Bolusformation und -beschleunigung müssen durch die Zunge vorbereitet werden und gleichzeitig ist ein Abschluss der angrenzenden Räume erforderlich. Die Kehlkopfhebung und -ventralbewegung muss simultan begleitet sein von einer Erschlaffung des OÖS.

13.2.3.1 Zenker-Divertikel

Im einfachsten Fall liegt lediglich eine Relaxationsstörung des OÖS vor. Diese Funktionsstörung führt im zeitlichen Ablauf zu einer allmählichen Wandausstülpung im Bereich des Punctum minoris resistentiae und damit zur Entstehung des Zenker-Divertikels. Dem Pathomechanismus entsprechend ist hier eine Durchtrennung der Pars horicontalis des Musculus cricopharyngeus das entscheidende Therapieprinzip, an die die Divertikulektomie oder Divertikulopexie angeschlossen wird. Dieser Eingriff wird transzervikal vorgenommen. Das Divertikel wird über einen schrägen Hautschnitt vor der Halswirbelsäule freigelegt und nach Durchtrennung der Pars horicontalis des Sphinkters über einem Klammernahtapparat abgesetzt.

Bei großen Divertikeln kommt neuerdings die minimal-invasive endoluminale sog. Schwellenspaltung in Betracht, so dass man auf einen Hautschnitt verzichten kann.

13.2.3.2 Pharyngo-ösophageale Dysphagie

Problematischer ist die Indikationsstellung zur operativen Therapie bei sonstigen Fehlfunktionen des OÖS. Diese treten relativ selten isoliert im Sinne einer idiopathischen Relaxationsstörung („zervikale Achalasie") auf. Hier kann u.U. eine einfache *Myotomie* (in Analogie zur Behandlung der ösophagealen Achalasie, s. 13.2.1.1) indiziert sein. Allerdings ist vor einem Eingriff stets zu prüfen, ob der Anschluckdruck noch ausreichend ist, um eine zervikale Myotomie mit Aussicht auf Erfolg durchführen zu können. Ein derartiger Eingriff ist nur gerechtfertigt, wenn manometrisch sichergestellt werden kann, dass die Beseitigung des Passagehindernisses zur Verbesserung der Dysphagie ausreichen wird. Als unterer Grenzwert gilt ein pharyngealer Druck von etwa 30 mm Hg. In diesen Fällen kann jedoch eine eindrucksvolle Besserung der Dysphagie durch diesen relativ kleinen, allerdings sehr subtil vorzunehmenden Eingriff erreicht werden. In Einzelfällen kann man durch eine konsequente schlucktherapeutische Vorbereitung die Voraussetzungen für eine erfolgreiche Operation verbessern. Liegen hingegen die sehr viel häufigeren kombinierten Anschluckstörungen vor, kommen je nach dem zu Grunde liegenden Störungsmuster individuelle Vorgehensweisen in Betracht. Konservativ-rehabilitative Maßnahmen haben immer das Primat. Zusätzlich zur Myotomie kann eine *Veloplastik* zur Verhinderung der nasopharyngealen Aspiration erforderlich sein. Bei behinderter Ventral-Kranialbewegung des Larynx kann darüber hinaus eine Suspensionsoperation *(Hyoido-Mento-Laryngopexie)* hilfreich sein. In verzweifelten Fällen kann auch ein laryngealer Verschluss mit einer tracheo-ösophagealen Separation in Frage kommen. Dieser radikalchirurgische Eingriff ist allerdings nur indiziert bei völlig fehlendem Schluckreflex und einer Dysphagie ohne Aussicht auf Besserung.

13.4 Palliative chirurgische Optionen

Bisweilen führen weder konservativ-rehabilitative noch interventionelle oder chirurgische Maßnahmen zu einer Beseitigung der Dysphagie-Ursache. Dennoch kann unter Umständen eine chirurgische Maßnahme erforderlich sein, um die Lebensqualität des Patienten zu verbessern (Palliation). Als einfachstes Beispiel ist in diesem Zusammenhang die Anlage einer perkutanen endoskopischen Gastrostomie (PEG) zu nennen. Falls die Platzierung eines sog. Stents oder die Anlage einer PEG nicht möglich sind, kann statt dessen eine (laparoskopische) Gastrostomie oder Jejunostomie angelegt werden. In Sonderfällen kann bei nicht mehr resektablen malignen Obstruktionen einmal die Anlage eines chirurgischen Bypass gerechtfertigt sein

Literatur:

Brune B, Feussner H, Neuhaus H, Classen M, Siewert JR. Laparoscopic gastrojejunostomy and endoscopic biliary stent placement for palliation of incurable gastric outlet obstruction with cholestasis. J Gastrointest Surg 1997;1:167-173

Stein HJ, Feussner H, Siewert JR. Indikation zur Antirefluxchirurgie des Ösophagus. Chirurg 1998;69:132-140

Stein HJ, Feussner H, Siewert JR. Antireflux Surgery: A current comparison of open and laparoscopic Approaches. Hepatogastroenterology 1998;45:1328-1337

Feussner H. Chirurgische Verfahren bei Funktionsstörungen des Ösophagus. Sprache – Stimme – Gehör 1999;23:1:52-57

Feussner H, Siewert JR. Traditionelle extraluminale Operation des Zenker-Divertikels. Chirurg 1999;70:753-756

Omote K, Feussner H, Stein HJ, Ungeheuer A, Siewert JR. Endoscopic stapling diverticulostomy for Zenker's diverticulum. Surg Endosc 1999;13:535-538

Feussner H. Treatment of gastroesophageal reflux disease – European view. Digestive Endoscopy 2000;12:107-111

Papaziogas W, Radovanovich N, Feussner H, Stein HJ, Siewert JR. Die laparoskopische Kardiomyotomie bei Achalasie. Minimal Invasive Chirurgie 2000;9:119-122

14 Geriatrische Aspekte von Schluckstörungen

Anja Kwetkat

14.1 Einleitung

Warum sind Schluckstörungen im Alter von besonderer Bedeutung? Zum einen wegen ihrer Häufigkeit vor allem im Rahmen altersassoziierter neurologischer Erkrankungen, zum anderen weil geriatrische Patienten einige Besonderheiten aufweisen, die es im Zusammenhang mit Dysphagien zu berücksichtigen gilt. Darüber hinaus ist auf Grund der demographischen Entwicklung von einer stetigen Zunahme der älteren Bevölkerung und dabei vor allem der Hochaltrigen, also der über 80-jährigen, auszugehen (Bundesinstitut für Bevölkerungsforschung, 1993).

14.2 Grundlagen physiologischer Veränderungen im Alter

Physiologische Altersveränderungen bedingen eine veränderte ***Körperzusammensetzung*** mit einem abnehmendem Wasseranteil am Körpergewicht. Nach Untersuchungen von Blechmann & Gelb (1999) nimmt die fettfreie, also stoffwechselaktive Körpermasse vom 55. Lebensjahr an um ca. 1% pro Jahr ab, das Gesamtkörperfett hingegen zu. Dies ist im Wesentlichen bedingt durch die Reduktion der körperlichen Aktivität. Daraus erklärt sich auch der reduzierte Energiebedarf von 1% pro Jahr ab dem 55. Lebensjahr.

Durch die ebenfalls physiologische Abnahme des ***Hunger- und Durstempfindens*** sowie des Appetits kommt es zu einer verminderten Kompensation der Flüssigkeits- und Nahrungszufuhr nach einer Durst- bzw. Fastenperiode. Damit sind die Betroffenen für die Entwicklung einer symptomatischen Exsikkose und Mangelernährung prädisponiert.

Die ***Abnahme der Muskelmasse*** betrifft nicht nur die Extremitäten, sondern auch *Zunge und Kaumuskulatur*. Dies reduziert vor allem die Kraft beim Schlucken und Kauen. Anderweitig verursachte Schluckstörungen und deren Therapie können so erschwert werden.

Zu den altersbedingten Veränderungen des ***Ösophagus*** zählen der für gewöhnlich asymptomatisch *reduzierte Ruheverschlussdruck* des oberen und unteren *Ösophagussphinkters* mit verzögerter Relaxation beim Schlucken. Im übrigen ***Gastrointestinaltrakt*** kommt es insbesondere zu einer Abnahme der Motilität, die jedoch ohne klinische Auswirkungen bleibt.

14.3 Ernährung im Alter

Die o. g. physiologischen Veränderungen erfordern einige Modifikationen, um eine ausgewogene und ausreichende Ernährung zu sichern.

14.3.1 Energiebedarf

Wie bereits erwähnt, ist der Energiebedarf durch verminderte körperliche Aktivität reduziert. Nach Ergebnissen von Chernoff (1995) nimmt er zwischen dem 30. und 80. Lebensjahr um ca.

600 kcal/Tag ab. Die Deutsche Gesellschaft für Ernährung (DGE, 1991) empfiehlt daher die in Tab. 14.1 dargestellte ***altersadaptierte Kalorienzufuhr.*** Diese Empfehlungen beziehen sich jedoch auf gesunde Senioren. Erhöhte Muskelaktivität im Rahmen von Erkrankungen, z. B. ausgeprägter Tremor bei Parkinson-Syndromen oder ständiges Umherlaufen eines Demenzpatienten, muss im Energiebedarf entsprechend berücksichtigt werden. Gleiches gilt für den erhöhten Energiebedarf bei Infekten oder anderen schweren Erkrankungen. Entsprechend den Empfehlungen des Enteral Nutrition Handbook (1989) kann als ***Faustregel*** gelten: 30 kcal/kg Körpergewicht/Tag x Korrekturfaktor (Korrekturfaktor: 1,5 bei Mangelernährung, 1,6 bei Schädelhirntrauma etc.).

Tab. 14.1: Energiezufuhr-Richtwerte für gesunde Erwachsene mit vorwiegend sitzender Tätigkeit unter Berücksichtigung des Lebensalters nach DGE (1991)

Altersgruppe (Jahre)	Energiezufuhr (kcal/Tag) Männer	Frauen
19–25	2600	2200
26–50	2400	2000
51–65	2200	1800
> 65	1900	1700

14.3.2 Nährstoffbedarf

Der Nährstoffbedarf scheint im Wesentlichen ***unverändert*** zu sein. Die Diskussion um einen möglicherweise höheren Bedarf an Proteinen oder Vitaminen (insbesondere B2, B6, B12, C und D) bzw. an Eisen, Jod und Calcium ist jedoch nach wie vor nicht abgeschlossen. Die derzeitigen Empfehlungen der DGE (1991) für Senioren unterscheiden sich aber nicht wesentlich von denen jüngerer Erwachsener und stellen die aktuelle Grundlage für die Ernährungsplanung dar. Geht man von einem gleichbleibenden Nährstoff-, aber einem reduzierten Energiebedarf aus, bedingt dies eine ***erhöhte Nährstoffdichte*** der verwendeten Nahrungsmittel: also tendenziell mehr Nährstoffe pro zugeführter Kalorie. Nur so lässt sich eine Mangel- oder Überernährung vermeiden.

14.3.3 Flüssigkeitsbedarf

Nach Aussagen von Miller (1999) beträgt er im Alter unter normalen Umständen ***30 ml/kg Körpergewicht pro Tag.*** Bei sehr geringem Gewicht kann mit dieser Regel der Bedarf jedoch unterschätzt werden, weshalb unabhängig vom Gewicht nach Empfehlungen von Chernoff (1995) nicht weniger als ***1500 ml täglich*** zugeführt werden sollten. Erhöhte Umgebungstemperatur, Fieber, verringerte Flüssigkeitsaufnahme oder erhöhte Flüssigkeitsverluste fördern die Entstehung eines Flüssigkeitsmangels und damit der Exsikkose. Sie müssen entsprechend in der Flüssigkeitsbilanz berücksichtigt werden.

14.4 Mangelernährung im Alter

Die genannten Veränderungen wie Abnahme des Körperwassers, des Durst- und Hungerempfindens sowie die erforderliche Steigerung der Nährstoffdichte begünstigen die Entwicklung von Mangelernährung und Exsikkose, häufige Probleme in der Geriatrie.

14.4.1 Definition, Häufigkeit und Prognose

Mangelernährung in der Geriatrie bedeutet meist die Kombination aus ***Protein- und Energiemangel,*** der gewöhnlich auch mit einem Mangel an Mikronährstoffen verbunden ist. Die Häufigkeitsangaben schwanken stark und reichen in verschiedenen Studien von 1–4% bei „gesunden" Senioren bis hin zu *25–60% für Alten- oder Pflegeheimbewohner* oder 35–65% der Krankenhauspatienten (Omran & Morley, 2000).

In der Bethanien-Ernährungsstudie wurde von Volkert et al. (1992) nachgewiesen, dass mangelernährte im Vergleich zu normalernährten Senioren über einen Zeitraum von 18 Monaten eine ***verdoppelte Sterblichkeit*** aufwiesen. Die prognostische Auswirkung der Mangelernährung in Bezug auf die Lebenserwartung ist also absolut ernst zu nehmen.

14.4.2 Ursachen und Risikofaktoren

Malnutrition im Alter ist meist ***multifaktoriell*** bedingt. Neben den genannten physiologischen Veränderungen, die gemeinsam mit Erkrankungen zur Mangelernährung führen können, müssen weitere „geriatrie-spezifische" Ursachen berücksichtigt werden. Dazu zählen neben der Dysphagie jedweder Ursache (meist neurologisch bedingt nach Schlaganfall oder bei Parkinson-Syndrom, oft bei Ösophaguserkrankungen) z. B. ***Inappetenz*** infolge *Depression, Demenz* oder unerwünschter *Arzneimittelnebenwirkungen,* sozioökonomische Ursachen, ***Multimorbidität,*** Immobilität und Hilfsbedürftigkeit bei der Nahrungsaufnahme sowie ***Kauprobleme,*** z. B. durch schlecht angepassten Zahnersatz. Immerhin ist nach Ergebnissen der Berliner Altersstudie davon auszugehen, dass in der Gruppe der 70–100-jährigen ca. 50 % der Ober- bzw. Unterkieferprothesen schlecht angepasst bzw. erneuerungsbedürftig sind. Einen wesentlichen Risikofaktor stellt laut Thomas (1999) auch die ***Krankenhausaufnahme*** dar, da neben der zur Aufnahme führenden akuten Erkrankung auch häufige Untersuchungen am nüchternen Patienten zum Ausfall von Mahlzeiten und somit zum Defizit an Energie und Nährstoffen führen. Die komplexen Beziehungen zwischen alterbedingter Protein Energy Malnutrition (PEM) und Dysphagie wurden in Kap.1 (Abschn. 1.2.2.11) dargestellt.

14.3 Diagnostik

Die gering ausgeprägte Symptomatik der Mangelernährung im Alter sowie ihr multifaktorieller Charakter erschweren die Diagnostik. Problematisch ist darüber hinaus das oft fehlende oder herabgesetzte ***Problembewusstsein*** aller in der Patientenversorgung Tätigen. Sowohl die *Anamnese* als auch die Erfassung *anthropometrischer Maße* wie Körpergewicht, Hautfaltendicke, Oberarmumfang etc. und *Laborparameter* weisen bei Betagten Probleme auf (fehlende Normwerte für Hochbetagte, Interaktionen mit Begleiterkrankungen und Medikamenten etc.).

Zur Erleichterung der Diagnostik wurden daher ***Screening-Verfahren*** entwickelt, von denen das

„Mini Nutritional Assessment (MNA)“ am weitesten verbreitet ist. Im ***MNA*** werden die Bereiche Anthropometrie, Medikation, Essgewohnheiten und subjektives Befinden erfasst. Bei einem Zeitaufwand von ca. 10 Minuten ermöglicht das MNA sowohl die Diagnose als auch die Früherkennung der Malnutrition sowie die Therapieverlaufskontrolle. Auf Grund der Untersuchungen von Lauque et al. (1999) ist das MNA daher sowohl für den Klinikalltag als auch für die ambulante Praxis geeignet.

14.4 Therapiemaßnahmen

Grundlegend für eine adäquate Therapie ist die Erkennung der Mangelernährung und deren individueller Ursachen, um diese dann zu beseitigen. Im Falle einer Schluckstörung muss davon ausgegangen werden, dass der Patient zumindest ein erhöhtes Risiko zur Entwicklung einer Mangelernährung hat. Sein Ernährungszustand sollte daher entsprechend überwacht werden. Liegt bereits eine manifeste Mangelernährung vor, ist deren Ausmaß zu erfassen und die kausale bzw. symptomatische Therapie im Sinne eines Stufenschemas einzuleiten.

14.4.1 Kausale Therapie

Dabei steht die ***Diätüberprüfung*** an erster Stelle. Nicht selten ernähren sich Patienten mit Schluckstörungen von Brei oder Pudding, was möglicherweise die Energiezufuhr sichert, aber zu einem Nährstoffdefizit führt.

Die ***optimale Therapie der Grunderkrankung*** steht selbstverständlich im Vordergrund. Dazu zählt z. B. neben der zahnprothetischen Versorgung auch die antidepressive Medikation bei Inappetenz mit Gewichtsverlust infolge Depression oder die Organisation ausreichender Betreuung z. B. durch ambulante Dienste, um für Demenzkranke eine adäquate Nahrungs- und Flüssigkeitszufuhr zu ermöglichen. Auch bei geriatrischen Patienten ist funktionelle Schlucktherapie erfolgversprechend und sollte entsprechend dem gesetzlichen Grundsatz „Rehabilitation vor Pflege“ keinem Patienten vorenthalten werden.

Die ***Überprüfung der Medikation*** ist wegen der häufigen unerwünschten Arzneimittelnebenwirkungen und deren Beteiligung an der Entwicklung von Ernährungsstörungen sinnvoll. Das häufig verwendete Digitalis kann bereits im therapeutischen Bereich zu gastrointestinalen Nebenwirkungen führen. Bei Problemen sollte die Indikation des jeweiligen Medikamentes überprüft bzw. ein Substanzwechsel in Betracht gezogen werden.

Der Begriff der ***Hilfsmittelversorgung*** klingt im Zusammenhang mit Ernährung eher ungewöhnlich, dient aber gleichfalls dem Erhalt bzw. der Wiederherstellung der Selbstständigkeit und damit der Lebensqualität. Häufige Anwendung finden z. B. *Bestecke mit verdickten Griffen* (Abb. 14.1*) oder ein sog. *Einhänderbrett* (Abb. 14.2*), das die Fixierung einer Brotscheibe zum Bestreichen erlaubt und Patienten mit Hemiparesen selbstständiges Essen ermöglicht. Insbesondere bei neurogenen Dysphagien kann ein *Trinkbecher mit Nasenausschnitt* (Abb. 14.3*) Anwendung finden, der das Schlucken bei nur geringer Reklination des Kopfes erleichtert.

---

*Alle Abbildungen dieses Kapitels finden Sie auf den Seiten 65 bis 80.

14.4.2 Symptomatische Therapie

Sie sollte jeweils begleitend zur kausalen Therapie und an das Ausmaß der Mangelernährung angepasst erfolgen.

1. Stufe – Kostumstellung: Aufhebung unnötiger Nahrungsmittelrestriktionen, Umstellung auf Wunsch- bzw. energiereiche Kost. Bei Kau- oder Schluckbeschwerden muss auf die Anpassung der Lebensmittelkonsistenz geachtet werden (weiche Lebensmittel, Brot ohne Rinde, Breikost). Möglicherweise kann das Andicken von Flüssigkeiten zur Vermeidung einer Aspiration erforderlich sein.

2. Stufe – orale Nahrungssupplemente: Sie stehen in unterschiedlichen Geschmacksvarianten auf Milch- oder Fruchtsaftbasis zur Verfügung. Ihre Effektivität zur Steigerung der Energie- und Nährstoffzufuhr ist belegt (Eisenbart et al., 1999). Mittlerweile wurde das Angebot um Supplemente unterschiedlicher Konsistenz bzw. Brei-Instantpulver mit individuell zu variierender Konsistenz erweitert.

3. Stufe – enterale Ernährung: Bei dieser Form der invasiven Ernährungstherapie kommen *nasogastrale Sonden* oder die *perkutan-endoskopische Gastrostomie (PEG)* zum Einsatz. Letztere eignet sich insbesondere zur Versorgung von Patienten mit neurologischen Schluckstörungen, da sie u.a. durch das fehlende Fremdkörpergefühl im Oropharynx die Rehabilitation begünstigt. Einfaches Handling und geringe Komplikations- und Dislokationsrate sind weitere für die Geriatrie wichtige Vorteile.

4. Stufe – parenterale Ernährung: Sie stellt die Ultima Ratio dar und ist als Langzeitverfahren ausgewählten Indikationen wie z. B. dem Kurzdarmsyndrom vorbehalten.

Zusammenfassung

- Aufgrund altersphysiologischer Veränderungen und der in der Geriatrie typischen Multimorbidität haben ältere Menschen, insbesondere geriatrische Patienten, ein besonderes Risiko zur Entwicklung einer Mangelernährung.
- Da das Auftreten einer Mangelernährung mit einer deutlich erhöhten Sterblichkeit verbunden ist, sind frühzeitige Risikoerkennung, Diagnostik und konsequente Therapie erforderlich.
- Die kausale Therapie neurologischer Schluckstörungen sollte auch bei geriatrischen Patienten die funktionelle Schlucktherapie umfassen („Rehabilitation vor Pflege").
- Die Optimierung des Zahnstatus bzw. des prothetischen Ersatzes ist sowohl kausale Therapie der Mangelernährung und Schluckstörung als auch Voraussetzung einer optimalen symptomatischen Therapie.
- Zur adäquaten symptomatischen Ernährungstherapie hat sich ein Stufenschema etabliert: Kostumstellung/Ernährungsberatung – orale Nahrungssupplemente – enterale Ernährung – parenterale Ernährung (als ultima ratio).

Literatur:

Blechmann MB, Gelb AM. Aging and gastrointestinal physiology. Clin Geriatr Med 1999;15:429-438

Bundesinstitut für Bevölkerungsforschung (BIB). Forschungsbericht „Die Alten der Zukunft" – Bevölkerungsstatistische Datenanalyse, Wiesbaden, 1993

Chernoff R. Effects of age on nutrient requirements. Clin Geriatr Med 1995;11:641-651

Deutsche Gesellschaft für Ernährung (DGE). Empfehlungen für die Nährstoffzufuhr, 5. Aufl. Frankfurt: Umschau, 1991

Eisenbart E, Oster P, Schuler M, Schlierf G. Orale Ernährungstherapie bei Mangelernährung. Z Gerontol Geriat 1999;32: 64-68

Enteral Nutrition Handbook. Columbus, Ohio, USA: Ross Labarotories, 1989

Lauque S, Nourhashemi F, Vellas B. Testwerkzeuge für die Ernährungsanamnese bei älteren Personen. Z Gerontol Geriat 1999;32:45-54

Miller M. Altern und Wassermetabolismus bei Gesundheit und Krankheit. Z Gerontol Geriat 1999;32: 20-26

Omran ML, Morley JE. Assessment of protein energy malnutrition in older persons, part I: History, Examination, Body Composition, and screening tools. Nutrition 2000;16:50-63

Thomas DR. Ursachen der Proteinkalorien-Mangelernährung. Z Gerontol Geriat 1999;32: 38-44

Volkert D, Frauenrath C, Kruse W, Oster P, Schlierf G. Malnutrition in geriatric patients – diagnostic and prognostic significance of nutritional parameters. Ann Nutr Metab 1992;36:97-112

Autoren:

Dormann Arno, Dr. med., Arzt für Innere Medizin/Gastroenterologie, Ltd. Oberarzt, Allgemeine Innere/Gastroenterologie, Klinikum Minden, Friedrichstr. 17, D-32427 Minden, Tel 0571-801-3001, Fax 0571-801-3044, email arno.dormann@klinikum-minden.de

Emmerling Peter, Prof. Dr. med., Arzt für Mikrobiologie und Infektionsepidemiologie, Chefarzt, Institut für Mikrobiologie, Immunologie und Krankenhaushygiene, Städtisches Krankenhaus München-Schwabing, Kölner Platz. 1, D-80804 München, Tel 089-3068-2364, Fax 089-3068-3914

Feussner Hubertus, Prof. Dr. med., Arzt für Chirurgie, Konsiliaroberarzt, Chirurgische Klinik und Poliklinik, Klinikum rechts der Isar der Technischen Universität München, Ismaningerstr. 22, D-81675 München, Tel 089-4140-2030, Fax 089-4140-6030, email feussner@nt1.chir.med.tu-muenchen.de

Hannig Christian, Prof. Dr. med., Arzt für Radiologie, Oberarzt, Institut für Röntgendiagnostik, Klinikum rechts der Isar der Technischen Universität München, Ismaningerstr. 22, D-81675 München, Tel 089-4140-2612

Heintze Michaela, M.A., Sprachheilpädagogin, Schlucktherapeutin, Abteilung für Schlucktherapie, Neurologisches Krankenhaus München (NKM), Tristanstr. 20, D-80804 München, Tel 089-36087-187, Fax 089-36087-197, email prosiegel-nkm@t-online.de

Herbst Wiebke, M.A., Logopädin und Sprachbehindertenpädagogin, Schlucktherapeutin, Abteilung für Schlucktherapie, Neurologisches Krankenhaus München (NKM), Tristanstr. 20, D-80804 München, Tel 089-36087-188, Fax 089-36087-197, email prosiegel-nkm@t-online.de

Hoegl Ingo, Dr. med., Arzt für Innere Medizin/Gastroenterologie, Oberarzt, 5. Medizinische Abteilung, Städtisches Krankenhaus München-Schwabing, Kölner Platz. 1, D-80804 München, Tel 089-3068-3428, Fax 089-3068-3924

Kauer Werner, Dr. med., Arzt für Chirurgie, Assistenzarzt, Chirurgische Klinik und Poliklinik, Klinikum rechts der Isar der Technischen Universität München, Ismaningerstr. 22, D-81675 München, Tel 089-4140-2035, Fax 089-4140-4940, email kauer@nt1.chir.med.tu-muenchen.de

Koch Felicitas, M.A., Sprachheilpädagogin, Schlucktherapeutin, Abteilung für Schlucktherapie, Neurologisches Krankenhaus München (NKM), Tristanstr. 20, D-80804 München, Tel 089-36087-187, Fax 089-36087-197, email prosiegel-nkm@t-online.de

Kwetkat Anja, Dr. med., Ärztin für Innere Medizin, Oberärztin, Zentrum für Aktugeriatrie und Frührehabilitation, Städtisches Krankenhaus München-Neuperlach, Oskar-Maria-Graf-Ring 51, D-81737 München, Tel 089-6794-362214, Fax 089-6794-2579

Prosiegel Mario, Dr. med., Arzt für Neurologie, Arzt für Physikalische und Rehabilitative Medizin, Chefarzt, Neurologisches Krankenhaus München (NKM), Tristanstr. 20, D-80804 München, Tel 089-36087-130, Fax 089-36087-197, email prosiegel-nkm@t-online.de

Schelling Angela, Dr. med., Ärztin für Hals-Nasen-Ohrenheilkunde, Neurologisches Krankenhaus München (NKM), Tristanstr. 20, D-80804 München, Tel 089-36087-139, Fax 089-36087-197, email prosiegel-nkm@t-online.de

Schomerus Peter, Dr. med., Arzt für Innere Medizin, Oberarzt, 4. Medizinische Abteilung, Städtisches Krankenhaus München-Schwabing, Kölner Platz. 1, D-80804 München, Tel 089-3068-2625, Fax 089-3068-3910

Sönnichsen Brigitte, Diätassistentin, Ernährungsteam, Medizinische Klinik, Klinikum Minden, Friedrichstr. 17, D-32427 Minden, Tel 0571-801-2075, Fax 0571-801-2098

Wagner-Sonntag Edith, M.A., Psycholinguistin, Leitende Sprach- und Schlucktherapeutin, Abteilung für Schlucktherapie, Neurologisches Krankenhaus München (NKM), Tristanstr. 20, D-80804 München, Tel 089-36087-168, Fax 089-36087-197, email prosiegel-nkm@t-online.de

Wuttge-Hannig Anita, Dott. (U.C. Rom), Ärztin für Radiologie, Strahlentherapie, Nuklearmedizin, Gemeinschaftspraxis Radiologie-Strahlentherapie-Nuklearmedizin Dres. Wuttge, Karlsplatz 3-5, D-80335 München, Tel 089-5525260, Fax 089-55252627, email a.wuttge-hannig@radiologie-wuttge.de

Sachverzeichnis: